Parti républicain radical
et radical-socialiste

TROISIÈME CONGRÈS
ANNUEL

Marseille (octobre 1903)

Prix : **50 centimes**

Paris, au siège du Comité Exécutif
9, Rue de Valois, 9

CONGRÈS

DU

PARTI RÉPUBLICAIN

Radical et Radical-Socialiste

TENU A MARSEILLE

Les 8, 9, 10 et 11 Octobre 1903

PREMIÈRE SÉANCE. — 8 OCTOBRE 1903

La séance est ouverte à deux heures, sous la présidence de M. Dubief, *Président du Comité exécutif,*

Assisté de MM. Puech, Hubbard, Henri Michel, Hector Depasse, Georges Robert, *Vice-Présidents ;*

Et de MM. Chambon, Genet, Maurice Sarraut, Reneux, Silvy, Archain, Edouard Ignace, *Secrétaires.*

Le Président. — Je prie les membres du bureau de la Fédération des Comités radicaux et radicaux-socialistes marseillais de vouloir bien prendre place au Bureau.

Allocution du Président Dubief

Au nom du Comité exécutif du parti républicain radical et radical-socialiste, j'adresse aux Congressistes venus en si grand nombre des quatre points de l'horizon du pays pour assister à cette assemblée, un cordial salut de bienvenue ; et, tout de suite, sans plus de préambule, je déclare ouverts les travaux du Congrès et je donne la parole au Président de la Fédération des Comités radicaux et radicaux-socialistes marseillais, M. Nicolas Estier. (*Applaudissements*).

Discours de M. Estier

Mes premières paroles, au nom de la Fédération marseillaise du parti radical et radical-socialiste, doivent être des paroles de remerciement pour le Congrès de 1902, qui, malgré les sollicitations pressantes dont il a été l'objet de la part des représentants de nos cités sœurs, Toulouse, la grande métropole intellectuelle du Midi, Lille, la florissante cité manufacturière du Nord, a désigné comme siège de vos troisièmes assises démocratiques la ville de Marseille.

Ce poste, nous le savons, a été choisi par vous parce que c'est un poste de combat, parce que là, plus qu'ailleurs, il était nécessaire que la bonne parole fût semée. Et qu'on ne se méprenne pas sur ma pensée, sur celle de la Fédération dont je suis l'organe. Jamais, à aucun moment, ni avant cette réunion ni au cours de ce Congrès, il n'est entré et il n'entrera dans nos intentions, de vous mêler à des querelles, ou même à des questions locales ou personnelles. Ces querelles, nous les viderons ; ces questions, nous les traiterons sous votre seule autorité morale, entre nous, à leur jour, à leur heure, avec l'ampleur relative qu'elles méritent, avec le souci de la dignité qui s'attache à notre titre de radicaux et de radicaux-socialistes, avec les alliances que comportent à la fois et le souci de cette dignité, et l'intérêt général du parti républicain *(Applaudissements)* ; mais ces discussions doivent vous rester étrangères et rien dans nos paroles ni dans nos actes ne tentera de les substituer aux questions de doctrine pure, de principe et de tactique politique que vous avez à solutionner.

Votre présence seule parmi nous suffit d'ailleurs à démontrer à ceux qui, d'après le mot du Président du Conseil, ont « partie liée avec la réaction », où est la vraie doctrine démocratique, celle qui, avec une persistance absolue, déclare que le parti radical et radical-socialiste ne connaît pas d'adversaires à gauche, celle qui affirme la nécessité du bloc républicain en face du bloc réactionnaire, celle qui proclame intrépidement le devoir démocratique intégral poursuivi sans la préoccupation dégradante de l'unique succès électoral. *(Applaudissements)*.

Vos intentions, vos actes, comme les nôtres, seront peut-être d'ailleurs travestis. Mais la critique, d'où qu'elle vienne (elle a même précédé notre réunion), est indifférente à des hommes uniquement soucieux de l'avenir de leurs idées et du triomphe de leurs aspirations politiques, économiques et philosophiques.

Du reste, à tous les reproches qu'on pourrait esquisser contre vous, vous répondrez, Citoyens, par votre œuvre même, en abordant avec la maturité qu'ils comportent, les grands problèmes qui depuis longtemps agitent et passionnent la Démocratie en travail.

Au premier rang de ces questions, vous placerez l'étude des voies et moyens destinés à développer la Défense et l'Action républicaine, d'une part, en laïcisant définitivement l'enseignement, et d'autre part, selon la formule de notre cher président Dubief, en affranchissant la politique française, au dedans comme au dehors, de toute préoccupation d'ordre confessionnel, par la dénonciation du Concordat (*Vifs applaudissements*) et la séparation des Eglises et de l'Etat.

Vous y joindrez l'étude de toutes les questions fiscales, économiques et sociales, si bien indiquées dans le Manifeste du Comité exécutif qui nous a réunis ici : lois militaires, contrats de travail, retraites ouvrières, réformes financières, épuration de l'administration et de la magistrature (*Bravos et applaudissements*), etc.

Enfin, vous maintiendrez à notre parti son unité de direction : vous direz cette année, comme vous le disiez il y a deux ans, que notre pensée suprême est une pensée d'union entre « tous les fils de la Révolution, quel-
« les que soient leurs divergences, en face de tous les
« hommes de contre-révolution, grossis des complices
« qu'ils ont trouvés dans les rangs de nos anciens
« amis ».

Mais, en même temps, vous resterez fidèles, comme le souhaitait l'an dernier à Lyon le citoyen Robin, en ouvrant vos travaux, vous resterez fidèles à la méthode de travail et à la défense des principes qui assurent à notre Parti une existence propre, indépendante, sans confusion possible avec d'autres organisations politiques.

Cette distinction nécessaire — il importe de l'affirmer à Marseille plus qu'ailleurs, — vous la maintiendrez sans jeter l'anathème sur le parti socialiste, notre allié (*Très bien !*) S'il m'était permis d'employer une fois de plus une comparaison un peu usée, mais toujours exacte, vous continuerez à considérer ce parti comme un bataillon démocratique lancé en tirailleurs, un peu indiscipliné peut-être jadis, dont les coups de fusil, aujourd'hui encore, s'égarent parfois sur nos colonnes, mais dont l'action virile et énergique aide certainement au mouvement propulseur en avant qui doit être l'essence même du radicalisme.

D'ailleurs, à part la transformation de la société actuelle en société collectiviste, à part la lutte de classes, il est peu de points où le programme du parti socialiste évolutionniste ne se confonde avec celui du parti radical-socialiste *(Très bien)* Que dis-je? Ce programme même, n'est-ce pas à nous, à nos doctrines, qu'il a été textuellement emprunté? L'action politique avait peut-être forcé nos devanciers, pour des raisons de tactique qu'il est de bon goût de critiquer à cette heure, de placer les doctrines économiques au second plan, la fondation et la défense du régime républicain passant au premier; mais notre programme économique ne contient-il pas depuis longtemps l'énumération des réformes les plus décisives en faveur des classes prolétariennes, en faveur de la modification et de l'amélioration de notre état social? Et nul ne me contredira quand j'affirmerai qu'à ce dernier point de vue le programme des Edgar Quinet, des Eugène Pelletan, des Schœlcher, des Madier de Montjau, n'est inférieur en rien, ni en caractère pratique, ni en amour de l'humanité, ni même en hardiesse, aux théories des socialistes modernes. *(Bravos et applaudissements)*.

Aussi ne manque-t-on pas de dire, à Marseille plus qu'ailleurs, que nous sacrifions aux doctrines collectivistes, que nous nous inclinons devant elles ; on oublie de faire remarquer qu'une différence capitale nous en sépare ; que, alors que les socialistes poursuivent l'abolition de la propriété individuelle, nous ne voulons, nous, — votre Congrès de Paris le déclarait il y a trois ans, — « ni en commencer, ni même en préparer la suppression ; » nous voulons, au contraire, dans ce siècle où, selon le mot de Henri Heine, « toutes nos constitutions et nos institutions n'ont pour fondement que l'argent, » nous voulons, après avoir, par une série de réformes mûries, bien conçues et bien exécutées, abaissé la féodalité financière, nous voulons faciliter de plus en plus l'accession vers la propriété individuelle des travailleurs de la ville et des champs. *(Applaudissements)*.

Mais si les théories collectivistes paraissent aujourd'hui s'emparer des esprits plus qu'autrefois, ce n'est pas parce que nous leur avons sacrifié, ni montré trop de faiblesse, c'est parce que — l'un de nos chefs, Léon Bourgeois, le constatait dès 1887, — c'est parce que « la société actuelle n'a pas fait tout son devoir, « c'est parce que dans les masses populaires l'impa- « tience de ne pas voir se réaliser les réformes si « longtemps promises, finit par envahir les esprits, et « nous avons soutenu — nous soutenons encore — « que la véritable manière de se défendre contre ces « théories, ce n'est pas de repousser violemment les « masses populaires éprises d'idéal et de justice, et de « vouloir les courber à nouveau sous un joug poli- « tique quelconque ; c'est au contraire de leur donner « chaque jour plus nettement la certitude qu'avec elles « et pour elles on va vers cet idéal de justice sociale qui « les étreint, qu'elles espèrent chaque jour voir éclairer « leur horizon et qui recule cependant toujours devant « elles comme un mirage trompeur. » (*Applaudisse-ments*).

Et maintenant, chers concitoyens, à l'œuvre. Soyez les bienvenus dans cette Ville qui fut toujours et qui restera, — ainsi que je le rappelais naguère au banquet offert au citoyen Combes, — l'un des remparts de la Démocratie (*Applaudissements*). Malgré de récentes et regrettables vicissitudes, Marseille demeure la cité qui jetait à la face de l'empire l'élection du grand tribun Gambetta et du vieux proscrit Esquiros : il y a deux ans à peine, dans une solennelle protestation, elle affirmait sa reconnaissance envers les fondateurs de la Troisième République sur le nom vénéré de Brisson (*Triple salve d'applaudissements*).

Tout d'ailleurs dans notre ville, tout autour d'elle vous parlera de Liberté, de Démocratie, de République.

Ces forêts de pins dans lesquelles, à vos courtes heures de loisir, vous pourrez aller entendre la chanson du vent, vous rappelleront, selon la comparaison du vieil Homère, le murmure d'un peuple assemblé qui frémit ; elles vous feront songer aux tumultes des agoras et des forums des antiques cités et aux leçons que tracent à la Démocratie moderne les assemblées popu-laires de la Grèce et de Rome.

Cette forteresse, dont l'imposante silhouette se pro-file si pittoresquement au fond de notre Vieux-Port, fut

élevée par le despotisme de Louis XIV pour réduire e⁻
contenir les Marseillais, fiers de leurs franchises mu
nicipales et de leur autonomie : cette éternelle menace
aux vaincus consacre un mémorable souvenir de résistance à la tyrannie.

Il n'est pas jusqu'au bruit des flots qui baignent nos
plages qui n'ait aussi sa portée, sa signification morale
et sa philosophie symbolique. Si vous voulez bien,
dans une heure de rêverie, prêter l'oreille aux mur-
mures qui s'élèvent de nos calanques baignées par la
mer azurée, éclairées par notre brillant soleil, vous
croirez peut-être entendre encore, à travers les âges,
les échos de ce chant populaire qui, proféré d'abord
sur ce rivage, a traversé de ville en ville la France de
1792 et éclaté au pied des Tuileries, dernier asile de la
royauté mourante, porté sur les lèvres des Marseillais
du 10 août (*Applaudissements*).

Enfin, peut-être, dans cette heure de rêverie encore,
en écoutant plus attentivement, entendrez-vous reten-
tir entre ces murs les éclats de la grande voix de Mira-
beau, élu député de Marseille aux Etats Généraux, les
paroles enflammées de Barbaroux, des Durand-Mail-
lane, des Granet, de tous ces révolutionnaires, fils de
la Provence, épris d'idéal et d'idées généreuses, qui,
dans des rôles différents, avec les Danton, les Robes-
pierre, les Saint-Just, tous réconciliés aujourd'hui
dans la reconnaissance de la postérité comme ils l'ont
été dans la mort, ont contribué à faire sortir des flancs
de la société ancienne, le monde nouveau et ont édifié, superbe, généreuse, rayonnante à jamais sur
l'univers, à travers les siècles, la France de la Révolution (*Vifs applaudissements*).

Que ces échos, que ces souvenirs dictent, mes chers
concitoyens, les délibérations de votre troisième Congrès, et planent sur ses assises démocratiques et de
rénovation sociale. (*Ovation*).

Le Président. — La parole est au citoyen Puech
pour la lecture de son rapport sur l'œuvre du Comité
exécutif pendant l'année 1902.

Discours du citoyen Puech

Citoyens,

Le Comité exécutif que vous avez élu au Congrès
de Lyon n'a pas voulu remettre en vos mains les

pouvoirs que vous lui avez délégués, sans vous rendre un compte, au moins sommaire, de ses délibérations, de ses actes, et des considérations d'ordre général dont il s'est toujours inspiré.

L'organisation de notre grand parti, vous le savez, est de date récente ; elle fut ébauchée, il y a deux ans, au Congrès de Paris. Ce Congrès, presque improvisé, ne fut pas seulement un succès, il fut aussi et surtout une révélation.

Il fit ressortir aux yeux de tous qu'il y a dans ce grand pays de France, au point de vue radical et radical-socialiste, des forces et des ressources presque illimitées, morcelées, disséminées encore, mais qui ne demandent qu'à se connaître, qu'à se grouper, qu'à s'unir, qu'à marcher compactes et résolues, pour le triomphe de nos communes revendications (*Applaudissements*). L'année suivante, l'année dernière, le Congrès de Lyon dépassa toutes nos espérances. Il y eut plus de 800 mandats et plus de 400 groupes politiques adhérents. Au cours de la présente année, l'effectif des forces radicales et radicales-socialistes s'est encore largement accru. Nous comptons à l'heure actuelle près de 1.200 mandats et plus de 600 groupes adhérents. Si notre propagande continue, méthodique et persévérante, au Congrès de l'année prochaine nous aurons plus de 1.500 mandats et 1.000 organisations adhérentes ; 1.000 organisations, 1.000 Comités répandus sur toute la surface du territoire. C'est exactement ce que possédait, il y a plus d'un siècle, et au moment de sa toute-puissance, ce Club des Jacobins auquel on a bien voulu quelquefois nous comparer. (*Applaudissements*).

Et, dans deux ans, en 1906, à la veille des élections législatives, il n'y aura pas une circonscription de France où notre·parti n'ait arboré son drapeau, et déjà remporté quelque victoire.

Cette masse chaque jour grandissante de volontés et de forces, c'est à vous qu'il appartient aujourd'hui d'en assurer l'organisation définitive, de la cimenter, de la fondre, et de la faire vibrer dans une même inspiration et dans un même élan.

A cet égard, votre Comité exécutif, son bureau, ses commissions, se sont tenus à la hauteur de la grande tâche que vous leur avez confiée. Ils ont tenu des séances régulières, ils ont examiné, délibéré, approuvé de nombreux rapports. Le Comité a exercé avec une scrupuleuse vigilance sa surveillance et son contrôle sur la politique générale, sur les élections, sur les discussions parlementaires, et aussi sur les actes du Gouvernement, un Gouvernement dont la plupart des membres se réclament de la doctrine de notre grand parti. Je n'entrerai pas, bien entendu, dans le détail de cette œuvre vraiment considérable ; ce serait long, quelque peu inutile, en tout cas fastidieux au moment où tant de grands sujets s'imposent à vos préoccupations. Qu'il me suffise de rappeler que chaque fois que le Président du Conseil, allant droit devant lui, faisait front, sans hésitation et sans défaillance, à nos éternels ennemis (*Bravos et applaudissements*), à nos irréductibles adversaires, chaque fois qu'il donnait à la démocratie militante cette consolante impression d'un gouvernement qui sait vraiment ce qu'il veut et va droit au but, nous ne lui avons ménagé ni les félicitations, ni les encouragements ; qu'au contraire, lorsque, par exemple, au moment où la question des autorisations s'est posée devant la Chambre, des bruits fâcheux sont venus jusqu'à nous, que nous avons appris que le Gouvernement hésitait à s'engager à fond, le Comité a fait son devoir, sans forfanterie, sans ostentation, mais sans faiblesse, avec la mâle franchise qui convient à des républicains, avec la légitime autorité qu'il tenait de votre délégation souveraine, il a, sur la proposition de notre ami Maurice Sarraut, voté un ordre du jour qui a enlevé tous les scrupules et dont je demande la permission de faire repasser sous vos yeux les termes énergiques : « Le Comité exécutif du « parti radical et radical-socialiste approuve les con- « clusions du rapport Rabier, invite les députés du « parti à repousser en bloc, par catégories, les « demandes d'autorisations des congrégations. (*Très* « *bien !*). Il affirme que le pays républicain ne compren- « drait pas que le gouvernement hésitât à poser la « question de confiance. »

Votre Comité n'est demeuré indifférent à aucune manifestation, fête, cérémonie ou anniversaire d'ordre politique. C'est ainsi qu'à la manifestation Etienne Dolet, il s'est fait représenter par notre ami Hector Depasse qui a prononcé un discours au nom du parti.

Que dirais-je de la propagande ? Brochures, circulaires, correspondance, ordres du jour, intervention directe ou par conférencier dans toutes les campagnes électorales : rien n'a été négligé.

Le Comité exécutif a même été appelé, en maintes circonstances, à interposer son autorité légitime dans des conflits survenus entre candidats, qui pouvaient tourner au préjudice de la cause républicaine. Il est vrai de dire qu'à ce dernier point de vue quelques-uns de ses efforts n'ont pas toujours été couronnés de succès. Il y a eu, de la part de nos amis, de regrettables défaillances. Le Comité exécutif, dans le désir ardent où il est, de ne troubler ici la sérénité de vos discussions par aucune question personnelle, a pensé qu'il était sage de jeter, dans la mesure du possible, un voile sur le passé. (*Très bien !*) mais il n'est pas possible que des faits pareils se renouvellent impunément (*Très bien !*) Aussi, dans un projet de règlement sur lequel vous serez appelés à délibérer, nous vous proposons des sanctions sévères pour l'avenir. (*Applaudissements*). Un parti sans règle et sans discipline est un parti sans consistance et sans force. (*Très bien !*) Il faut que les soldats de l'idée radicale et radicale-socialiste sachent se soumettre librement à une règle et une discipline devenue nécessaire. Cette discipline et cette règle ne sauraient offenser personne, puisqu'elles émanent de l'autorité souveraine de nos Congrès. N'oubliez pas, citoyens, que nos ennemis s'organisent puissamment. Notre ami Louis Bonnet vous indiquera, vous exposera tout à l'heure le mécanisme de cette organisation savante. Ils sont en train de nous livrer la suprême bataille, une bataille impitoyable et sans merci. Quel est donc celui d'entre nous qui ne voudrait pas se soumettre à la loi commune au moment où, si je puis ainsi dire, le clairon résonne de toutes parts (*Applaudissements*), au moment où retentissent de tous côtés les sonneries de la plus formidable lutte que l'esprit d'obscurantisme et de réaction ait encore livrée contre la pensée moderne et contre l'esprit laïque (*Nouveaux applaudissements*) ; au moment où nous sommes condamnés à vaincre ou à reculer d'un demi-siècle (*Frénétiques applaudissements*), à vaincre ou mourir, ou nous avons la volonté de vaincre et où la victoire, une victoire éclatante est à ce prix ?

C'est surtout par d'innombrables conférences que notre propagande s'est affirmée. La conférence, le discours, la parole en public, le verbe, en un mot, voilà, sans aucun doute, le moyen de propagande le plus efficace, le plus rapide et le plus pénétrant C'est surtout par la parole de ses orateurs qu'un parti politique s'impose, s'étend, fait prévaloir ses revendications et son programme. A cet égard, les membres de votre Comité exécutif se sont prodigués. Malgré tout, il ne leur a pas été possible de donner satisfaction à toutes les demandes qui nous étaient adressées par les Comités adhérents. Il faut donc à notre parti de nouveaux conférenciers, de nouveaux orateurs. Il faut que tous ceux d'entre vous qui se sentent le courage et la force de se faire les champions et les apôtres de notre foi démocratique, s'offrent et prennent rang. Il y a sans doute parmi vous de très nombreux citoyens de talent qu'une regrettable timidité seule retient. C'est à eux que le Comité exécutif adresse un pressant appel. Il faut secouer cette timidité qui n'est plus de raison. Il faut venir à nous. Soyez d'ailleurs sans inquiétude. C'est la conviction qui fait les orateurs (*Vifs applaudissements*). Rappelez-vous ce qui s'est produit à toutes les époques héroïques de notre histoire : rappelez-vous 1789. En 1789, des entrailles mêmes de ce peuple de France, dans le sein duquel dix-huit siècles d'esclavage semblaient avoir éteint jusqu'à la conscience même de ses droits, surgit tout à coup la plus éclatante légion de héros civiques qui aient jamais incarné le dévouement, l'audace et le génie. Pourquoi n'en serait-il pas de même aujourd'hui ? Est-ce que les circonstances, à plus d'un siècle d'intervalle, ne sont pas analogues ? Est-ce que nous ne touchons pas, aujourd'hui comme alors, à l'une de ces époques fatidiques où les vieilles institutions sociales croulent et se brisent sous la poussée des idées nouvelles, et où il faut que ce soit par la force ou par l'action régulière des lois (*Applaudissements*) qu'un monde nouveau sorte de leurs ruines ?

Telle a été, citoyens, du moins dans sa physionomie générale, la vie intérieure et extérieure de votre Comité.

Il s'est irréductiblement inspiré des deux considérations qui forment en quelque sorte les deux pôles de la politique de notre grand parti.

D'une part, briser les hautaines résistances d'un clergé devenu factieux (*Bravos*), qui met de plus en

plus au service de la réaction la plus violente, les subsides et le prestige qu'il tient de la République elle-
même (*Vifs applaudissements*), et faire tomber, l'une
après l'autre, toutes les barrières que les prétentions
théocratiques et les directions d'ordre surnaturel opposent encore à la radieuse expansion de la vérité
scientifique et de la libération intégrale de l'intelligence
humaine (*Nouveaux applaudissements*).

D'autre part, préparer, préconiser, imposer dans le
plus bref délai aux Pouvoirs Publics toutes les mesures de protection et d'amélioration sociale qui sont
de nature à procurer au travail et aux travailleurs de
toutes sortes : ouvriers, employés, petits patrons, petits propriétaires, avec un mieux être incessant, la
sécurité du lendemain et l'affranchissement économique que nous attendons depuis trop longtemps,
(*Très bien!*)

Oh ! Citoyens, la production et la circulation des richesses ont pris, au cours du siècle dernier, un essor
merveilleux. Les forces de la nature, animées par la
science et désormais dociles à la volonté de l'homme,
assurent aux entrepôts du commerce international un
courant surabondant et inépuisable de ressources et
de produits. Le besoin matériel, les maux qui viennent
de la pauvreté ne devraient plus exister pour personne.
Le mot de « misère » ne devrait plus rappeler qu'un
souvenir déjà lointain (*Très bien!*) Malheureusement et
par une de ces contradictions économiques qui dé-
routent la conscience humaine, la répartition de la richesse continue d'être irrationnelle, aveugle, inique.
C'est là le douloureux problème sur lequel tout républicain digne de ce nom doit surtout porter son effort.
Aussi bien, votre Comité exécutif n'a jamais perdu de
vue la formule sociale qui trace la voie et fixe le but
du parti radical et radical-socialiste : le droit à l'existence pour tous dans la mesure des ressources communes. Pour les valides du travail, un travail qui soit
conforme aux prescriptions de l'hygiène et aux exigences de la dignité humaine ; pour les invalides, les
vieillards, les enfants, l'intervention de la société dans
la mesure de leurs besoins légitimes.

Citoyens, j'ai fini. Vous ne me pardonneriez pas cependant de m'asseoir sans avoir adressé, au nom du
Comité exécutif, et en votre nom à tous, nos remercîments les plus chaleureux à la presse républicaine,

et sans pousser avec vous le cri qui devient de plus en plus le cri de ralliement de notre grand parti :

« Vive la République démocratique sociale ! » (*Vifs applaudissements*).

Le Président. — Citoyens, l'œuvre du Comité exécutif **est** accomplie ; nous avons rempli notre devoir et notre mandat. L'Assemblée dira si, après le rapport éloquent de notre ami Puech, elle juge que nous avons accompli notre tâche au gré de ses intentions et de ses volontés. Et maintenant je vous demanderai de procéder à la nomination du Congrès lui-même.

Plusieurs voix. — Maintien du bureau.

Le Président. — J'entends proposer le maintien du bureau ; je mets aux voix cette proposition.

(A l'unanimité le maintien des pouvoirs du bureau est décidé).

Le Président. — Quelques-uns de nos collègues du bureau ne sont pas encore arrivés et se sont fait excuser. Pour que nous soyons au complet, voulez-vous me permettre de vous demander de vous désigner comme vice-président à la place du citoyen Félicien Paris, absent, le président de la Fédération marseillaise, M. Leblanc ? *Cris* : oui, oui.

Cette proposition étant adoptée, le citoyen Leblanc prend place au bureau.

Je vous propose encore de remplacer MM. Balans, Léon Janet, César Trouin, Petitjean secrétaires absents, par MM. Billès, Gastinel, Dr Roussy et Pensa.

La proposition est adoptée et le bureau constitué.

Le Président. — Je demande que, pour les besoins du service, et comme il est d'usage, le citoyen Bouffandeau, secrétaire général du Comité exécutif (*Très bien ! très bien !*) et le citoyen Resch, secrétaire général de la Fédération marseillaise, soient admis au bureau (*Très bien ! très bien !*)

L'Assemblée approuve cette motion.

Le Président. — Voci maintenant les dépêches et lettres d'excuses de plusieurs de nos collègues qui ne pourront assister au Congrès ; (lecture est faite, par le Président, de ces lettres et dépêches).

Voici les noms des excusés : Sauzède, député et maire de Carcassonne ; Gervais, député de la Seine ; Purrey, de Constantine ; Desmons, vice-président du Sénat ; Fouget, maire d'Auch ; Mas, député ; Brouillet, vice-président du Conseil général de la Nièvre ; Fernand Rabier, député ; Lagasse, ancien député ; Lockroy, député ; Laurent, de Bar-le-Duc ; Clémentel, député ; Girod, député ; Albert Sarraut, député de l'Aude ; Debaune, député du Cher ; Albert Le Roy, conseiller général de l'Ardèche, Thomas, délégué de l'Yonne au Comité exécutif ; Gouzy, député ; Lasalle, de Malauze ; d'Iriart d'Etchepare, député des

Basses-Pyrénées; Guillemet, ancien député; Defumade, député; Alfred Faure, ancien député; Ranson, conseiller municipal de Paris; Sireyjol, député; Joseph Salles; Abel Bernard, député; Trouin, député; Clément, député de la Martinique; Knight, sénateur; Roux, de Sisteron; docteur Cahen, de Vichy; Jalot; Ruau, député; Dufaux, de Passenans; Seignobos, maire de Samastre; Chevallier, de Longeville; Braud, député de Rochefort; Pochon, sénateur de l'Ain; Girard, délégué de l'Ain.

(Parmi ces excusés, plusieurs pensent assister aux séances suivantes du Congrès).

LE PRÉSIDENT. — Notre éminent ami, le citoyen Brisson, s'excuse de ne pouvoir assister à la première réunion du Congrès; il fait annoncer qu'il sera demain au milieu de nous. *(Applaudissements),*

Discours du Président Dubief

Je dois à ma fonction expirante de Président du Comité exécutif du parti radical et radical-socialiste, autant, je le sais, qu'à vos sympathies qui me sont précieuses, l'honneur de présider cette magnifique Assemblée. J'en éprouve une grande fierté et vous en exprime une profonde reconnaissance.

Mais, vous me permettrez de reporter sur mes collaborateurs du Comité exécutif une part, la meilleure part, de l'honneur que vous me faites en ce moment, et tout particulièrement sur notre Secrétaire général, notre ami Bouffandeau *(Bravos)*, dont, pendant cette année le zèle et le dévouement ne se sont pas lassés un seul instant *(Nouveaux bravos)*.

J'adresse en votre nom au Président et aux Membres de la Fédération marseillaise, l'expression de notre gratitude pour l'accueil si courtois et si fraternel que nous avons reçu ici.

Je savais, quant à moi, ce que serait cet accueil; car j'ai eu cette bonne fortune de passer dans cette ville de Marseille quelques années de ma vie; je connais ses enthousiasmes généreux et ses ardeurs républicaines que réchauffe l'éclatant soleil de Provence. J'en ai gardé des souvenirs inoubliables, et aujourd'hui, mon cœur se réjouit de retrouver ici, dans l'ami qui m'est resté cher, M. Nicolas Estier, le Président d'honneur de la Fédération des Comités radicaux marseillais *(Applaudissements)*. En vous tous, Citoyens, je salue les Délégués de la France radicale et radicale-socialiste, les représentants du vieux parti républicain reconstitué, les fils légitimes de la Révolution française (*Applaudissements*).

Vous venez faire entendre la grande voix du peuple républicain dans ce Congrès d'où doivent sortir des déclarations qui auront, je l'espère, sur l'avenir et sur les destinées de mon pays, des conséquences utiles et profondes pour les intérêts de la démocratie.

Chers Concitoyens, nous sommes ici un grand parti, nous sommes le pilier d'airain sur lequel repose le Gouvernement ; nous sommes un parti qui a droit de faire connaître ses intentions, ses aspirations, j'allais dire ses volontés..... (*Applaudissements*).

L'heure est grave, décisive. Nous avons, pendant dix-huit mois, mené campagne, nous avons fait front à l'ennemi, et je suis de ceux qui rendent hommage aux hommes courageux, hardis, qui, sans défaillance, sont allés jusqu'au bout de leurs devoirs. (*Applaudissements, vifs applaudissements*). Je suis de ceux qui gardent la reconnaissance des services rendus, et alors même que cette campagne n'aurait pas donné tous les résultats que nous devions en attendre, alors même que certaines écoles congréganistes se rouvriraient, que certaines chapelles fermées seraient rendues au culte, qu'il nous serait donné d'assister à ce spectacle de la loi momentanément bafouée par les Congrégations aux applaudissements insolents de l'épiscopat, nous devrions toujours au Gouvernement de M. Combes une particulière reconnaissance pour avoir donné à la Nation cette impression que nous avions avec nous le pays (*Vifs applaudissements*) ; que nous n'avons rien à craindre de la croisade religieuse et qu'au contraire, le pays recueillerait comme un bienfait et comme une délivrance l'acte qui brisera tous les liens dont la puissance cléricale s'efforce de ligotter la République en marche vers ses destinées (*Vifs applaudissements*).

Oui, là a été le profit de cette bataille et de cette expérience : A lui seul ce résultat justifie l'une et l'autre.

Mais, aujourd'hui, est-ce que nous allons nous arrêter là ? Est-ce que nous allons déposer les armes ? Est-ce que nous allons dire que l'œuvre satisfaisante est terminée, et allons-nous nous exposer à des atermoiements qui équivaudraient au recul et à la faillite même ?

Je dis que nous ne le pouvons pas ; je dis qu'il faut revenir à la grande politique de notre parti, à celle que pour mon compte je n'ai cessé de préconiser, à la politique des principes et des doctrines, qui ne fait ni division, ni différence entre les congrégations autorisées et celles qui ne le sont pas (*Vifs applaudissements et bravos prolongés*) ; à la politique qui ne voit qu'une chose dans la congrégation : une institution malfaisante, une sorte de corps étranger (*Nouveaux applaudissements*) qu'il faut chasser de notre organisme politique et social. Dans ce pays de clair bon sens, comment pourrions-nous bien faire comprendre qu'il y a quelque chose de différent entre les congrégations qui ont bénéficié, sous le premier Empire ou sous la Restauration, en 1806 ou en 1825, d'une autorisation et celles qui n'en ont pas bénéficié ? (*Applaudissements*). N'ont-elles pas, les unes et les autres, même origine, même esprit et même but, et ne sont-elles pas, par conséquent, également dangereuses et également condamnables ?

Il faut donc faire l'expulsion complète des congrégations ; il n'y a plus là d'arbitraire, plus de fantaisie, ni de caprice ; il n'y a plus que le souci d'appliquer indistinctement à tous un traitement égal en vertu de nos principes et pour la sauvegarde même de notre société future.

Il faut, parallèlement à cette œuvre, faire la politique d'affranchissement du pays lui-même et aller jusqu'au bout de notre politique ; assez d'articles 7 sans sanctions ; assez d'applications de décrets sans résultats. Allons à l'œuvre nécessaire (*Applaudissements*) ; allons à la résolution virile et faisons la séparation des Eglises et de l'Etat ! (*Vifs applaudissements*).

Au même moment s'impose à nous la loi sur l'enseignement, réclamée par le pays ; et laissez-moi vous le dire, ne nous attardons pas à chercher des détours et à dissimuler avec des habiletés de procédure ou de formules notre solution qui est le monopole de l'Etat (*Vifs applaudissements*). Allons au monopole loyalement, franchement, et parlons clair. Disons qu'il appartient à l'Etat de donner l'enseignement aux enfants du pays, parce que seul il peut le donner neutre, parce que seul il ne l'enveloppera pas de superstitions et de dogmes, parce que seul il peut assurer au pays l'unité morale par une éducation uniquement inspirée de science et de raison.

Il est des républicains excellents qui voudraient que l'Etat pût déléguer le droit d'enseigner, mais cette autorisation à qui la donnerait-il? sinon à ceux-là seuls dont il pourrait faire les maîtres de ses propres écoles? A quoi bon alors déguiser le monopole?

Non, ne cherchons pas à ruser, à nous dissimuler par des chemins détournés; allons droit à notre but; un grand parti a tout intérêt à marcher la tête haute et le drapeau déployé sur la route plane, peu propice aux embûches et aux surprises, qui ne manquent pas au contraire de l'assaillir lorsqu'il s'aventure par les petites traverses. (*Applaudissements*).

Et, chers concitoyens, ce n'est pas seulement pour cela que nous sommes réunis aujourd'hui.

En 1901, avec le premier Congrès, le parti radical et radical-socialiste s'est ressaisi sous la présidence de nos Maîtres d'alors ; de nos chefs éminents et aimés, de Goblet, d'Henri Brisson, dont je suis heureux (laissez-moi le dire au cœur même de sa circonscription de député) de saluer le grand caractère et la haute probité politique (*Vifs applaudissements*) en lui adressant l'expression de mon profond respect et de mon admiration, pour le noble exemple d'une vie politique aussi belle, aussi pure, aussi unie que la surface de votre mer bleue par une journée du mois d'août.

De Léon Bourgeois encore, dont la puissante action a été ralentie par de douloureux déchirements de cœur, qui nous le rendent plus cher encore de toute l'affection que nous avons pour ceux qui souffrent (*Sensation*).

Le Congrès de 1901 a marqué l'éveil de notre politique.

En 1902, nous en avons fait l'organisation, et maintenant nos forces sont prêtes et nous voici armés pour la bataille, précisément à l'heure et au tournant politique où les hésitations et les défaillances seraient fatales au parti qui assume, pour la plus grande part, les responsabilités du pouvoir.

Je vous le demande; ne nous laissons arrêter par rien, par aucune des combinaisons qui nous ont immobilisés autrefois ; il y va de l'avenir de la République ! (*Applaudissements*).

Mais ce n'est pas tout. Un grand parti ne peut pas limiter son effort à une action anticléricale et antireligieuse ; n'oubliez pas que nous avons charge d'autres intérêts non moins grands, non moins précieux. N'oublions pas que nous avons à alléger les charges qui pèsent si lourdement sur les épaules du prolétariat; que nous avons à faire des réformes militaires, des réformes fiscales; n'oubliez pas surtout que nous avons à assurer par des lois l'organisation et la protection du travail; et que nous avons promis des retraites à ceux qui ont peiné pour le bien commun, dont le labeur a contribué à augmenter la richesse nationale et qui ont bien droit, sur le soir de leur vie, à une bouchée de pain et à un abri.

N'oublions pas que pour accomplir cette œuvre, nous avons droit à des Magistrats fidèles (*Applaudissements*) et à des Administrateurs dont les écarts et les trahisons soient énergiquement réprimés (*Vifs applaudissements*).

Oui, nous avons tout cela à faire, et c'est la tâche pressante pour mettre la République à l'abri des assauts de la réaction et pour lui préparer de meilleurs lendemains, tandis qu'au dehors nous nous efforcerons, en vrais patriotes que nous sommes, dans cette Assemblée où je sens passer le frisson des sentiments les plus purs et des plus nobles aspirations, à avoir une politique coloniale et étrangère digne de nous; une politique coloniale qui s'inspire de cette idée que nous avons assez conquis, que notre Empire est assez grand pour occuper toute notre activité; qu'il faut nous en tenir au domaine acquis pour le mettre en valeur (*Applaudissements*); une politique étrangère qui tende loyalement à entretenir entre les nations des rapports d'amitié réciproques. (*Nouveaux applaudissements*).

Oui, nous sommes le grand parti de la paix, non pas de la paix quand même, mais de la paix dans la dignité basée sur la justice, bienfaisante et sereine; avec ce but, de substituer aux horreurs sanglantes de la guerre, pour l'honneur de la civilisation, les bienfaits de l'arbitrage ! (*Vifs applaudissements*).

Voilà, Citoyens, comment j'entrevois la politique du grand parti auquel j'ai l'honneur d'appartenir; c'est dans cette voie que je vous convie à marcher. Ne cherchons pas notre étoile dirigeante dans les nébuleuses lointaines où certains esprits généreux et féconds veulent édifier la Cité nouvelle. Que ceux-là conservent leur idéal; le nôtre est plus rapproché, plus tangible; notre étoile brille plus près de nous; elle est assez belle cependant pour fixer nos regards ; marchons résolument vers elle : mettons-nous donc en face de notre programme et soyez sûrs que si en le réalisant nous faisons faire un pas à la démocratie, nous aurons bien servi par là même les idées de liberté, de solidarité et de progrès et bien mérité de notre temps, de notre pays et de l'humanité. (*Ovation*).

Le Président. — Je reçois un certain nombre d'adresses au Président du Conseil et aux membres du gouvernement ; la première est de M. Maujan, et à ce sujet, notre ami Maujan demande la parole pour une question d'ordre. Voici le texte de cette proposition :

« *Le Congrès du parti radical et radical-socialiste adresse à M. Combes, président du Conseil, ses vives félicitations pour l'énergie avec laquelle il a conduit et assuré la défense républicaine et laïque, et lui exprime son entière confiance en vue de réaliser, par l'union des républicains sincères, une politique définitive d'action et de réformes démocratiques et sociales.* »

A la suite de cette adresse et comme complément, on me donne le texte suivant de notre ami Estier :

« *Le Congrès associe à ses félicitations le citoyen Pelletan, qui, avec une rare fermeté démocratique, applique au ministère les doctrines et théories qu'il professait comme député.* » (Applaudissements).

Plusieurs voix — Pas de renvoi à la Commission.

Le Président. — Le citoyen Mourgeon, délégué des Batignolles, fait également parvenir au bureau le texte suivant :

« *Le Congrès radical et radical-socialiste, réuni à Marseille, envoie au citoyen Combes, président du Conseil, l'assurance de sa confiance. Le Congrès espère en son énergie pour faire aboutir l'application stricte de la loi sur les congrégations et pour préparer la séparation des Eglises et de l'État (Très bien !) et l'abrogation de la loi Falloux. Les congressistes, venus de tous les points de la France, assurent au citoyen Combes que ces mesures, depuis si longtemps réclamées par le pays, auront l'approbation de tous les républicains dignes de ce nom.* »

Je ferai remarquer qu'il n'y a pas incompatibilité entre les deux ordres du jour que vous venez d'entendre.

M. Emile Martin, délégué du Cantal. — Je demande la priorité pour l'ordre du jour Maujan (*Bruit*).

Le Président. — La parole est au citoyen Maujan.

Discours du citoyen Maujan

Citoyens,

Si j'ai déposé une motion de confiance pour le président du Conseil, c'est parce que j'estime qu'un grand parti comme le parti radical et radical-socialiste doit s'expliquer, à l'ouverture de ses travaux, sur la politique générale suivie jusqu'au moment du Congrès.

On a déposé différents ordres du jour Le mien s'adresse purement et simplement à la politique suivie par le président du Conseil. Il adresse en même temps au président du Conseil le vœu de le voir entrer d'une façon énergique dans l'étude des réformes démocratiques et sociales. Je n'ai pas voulu préciser, parce que nous sommes justement ici réunis en Congrès pour déterminer les points du programme de la démocratie; et il y a une différence nécessaire entre une adresse de félicitations adressée au chef du Gouvernement pour la politique suivie, et les desiderata du parti radical et radical-socialiste que devra exprimer le Congrès (*Très bien !*)

Je vous demande la permission de justifier le texte de mon ordre du jour.

Je demande que des félicitations soient adressées au Président du Conseil pour le remercier de l'énergie avec laquelle il a mené et soutenu la défense républicaine et laïque, et avec laquelle il a appliqué les idées de tout le parti républicain.

Citoyens, lorsque le gouvernement actuel a été formé, il fallait appliquer la loi de 1901, qui était l'œuvre du cabinet Waldeck-Rousseau, l'œuvre de la majorité républicaine qu'il avait su grouper. Le président du Conseil n'a pas hésité à accepter le pouvoir dans des conditions particulièrement difficiles, ce pouvoir qui n'était pas si recherché qu'il l'est à l'heure actuelle *(Bravos et vifs applaudissements)*.

Le président du Conseil a accepté le pouvoir comme un devoir; il l'a accepté sans peur, et je puis dire que lorsqu'il le quittera, la démocratie n'aura pas de reproche à lui adresser en raison même de son énergie et de sa probité politique. *(Applaudissements et mouvements divers)*.

Il faut bien le dire, la loi de 1901 a causé certaines déceptions ; l'arme mise à la disposition de la majorité était une arme défectueuse, d'une trempe un peu molle. Nous avons été obligés de boucher les trous de cette loi, et je dois le dire, nous n'avons pas fait en cette matière une besogne très fructueuse et très décisive.

Mais c'est avec cette arme mal trempée, c'est avec cette arme médiocre que nous sommes allés à la bataille; et si on a pu dire avec raison que nous avions mené jusqu'à présent la petite guerre, une guerre de guérilla, nous avons fait ou du moins le président du Conseil, qui a été le chef hardi de cette guérilla, a fait une grande chose : il a donné l'impulsion, il a su grouper le parti tout entier ; il a donné l'élan, il a été l'âme du combat ; c'est à lui que nous devons d'être prêts pour la bataille décisive qui va se livrer et l'accomplissement des grands problèmes sociaux dont vient de vous parler le citoyen Dubief. (*Vigoureux applaudissements*).

Cela il ne faut pas l'oublier. Je n'insisterai pas davantage sur ce point, dans cette ville de Marseille qui a eu le plaisir, la bonne fortune, d'entendre la parole du citoyen Combes, et qui a acclamé en lui la bonne foi politique, le courage civique et l'esprit de décision. (*Applaudissements*).

« *La seconde partie de ma proposition demande, citoyens, que nous exprimions notre entière confiance en vue de réaliser par l'union des républicains sincères une politique définitive d'action et de réformes démocratiques et sociales.* » (Très bien !).

C'est là la conclusion même du discours du citoyen Dubief.

Oui, nous avons, jusqu'à présent, fait de la défense républicaine et laïque, et nous sommes allés au combat avec une arme défectueuse et avec des moyens médiocres. L'heure est maintenant venue d'inaugurer une politique de principes, l'heure est venue de développer une grande œuvre, et il appartient au Congrès de l'affirmer hautement devant le pays tout entier.

Mais tout autre est l'œuvre d'un Congrès et tout autre peut être l'action parlementaire. Si nous devons ici, en toute indépendance, proclamer notre idéal, nous sommes obligés, au Parlement, de tenir compte des volontés de nos camarades de bataille, qui sont à notre aile droite et à notre aile gauche, et je ne crois pas que nous ayons à faire ici des mises en demeure au gouvernement. (*Interruptions et applaudissements*).

Je demande donc au parti radical et radical-socialiste de prendre ses responsabilités et d'affirmer hautement — ce qu'on n'a pas toujours fait à la Chambre — qu'il est tout entier avec le Président du Conseil. (*Vives acclamations.*)

J'ai déposé ma motion précisément pour permettre à chacun d'exprimer son idée sur l'attitude du gouvernement.

Plusieurs voix. — Vous avez raison.

M. Maujan. — Nous avons le droit de tout dire. Si parmi les congressistes, il est des membres du parti radical et radical-socialiste qui estiment que le Président du Conseil n'a pas fait son devoir (*Bravos*), qu'ils viennent s'expliquer ici.

Mais nous ne voulons pas qu'il y ait d'ambiguïté ; nous voulons que le pays sache nettement qui nous sommes et où nous allons. Nous ne voulons pas, au moment où le Congrès est réuni, où le parti radical et radical-socialiste va pouvoir exprimer son idéal, l'empêcher de le faire ; nous voulons, au contraire, dire et affirmer hautement notre opinion. (*Interruptions*).

Je me réserve, bien entendu, de répondre si ma motion était

contestée ; mais je pense que cette fois nous sommes tous bien d'accord. (*Très bien ! Applaudissements*) (*Cris* : Aux voix, la clôture).

LE PRÉSIDENT. — Je donne la parole au citoyen Henry.

M. HENRY demande la division de l'adresse du citoyen Maujan.

PLUSIEURS VOIX. — La clôture !

LE PRÉSIDENT. — Si on me demande la clôture, je serai bien obligé de la mettre aux voix. Insiste-t-on ?...

Plusieurs congressistes ont demandé la parole.

La parole est au citoyen Charles Bos.

M. Charles BOS. — Citoyens, je ne veux faire qu'une simple observation de forme sur la procédure proposée. Chacun prendra évidemment ses responsabilités (*Interruptions*); mais il me paraît qu'il n'est pas possible de mettre aux voix une motion, alors que des orateurs ont demandé la parole ; il m'est impossible d'admettre que l'on puisse mettre aux voix une motion sans qu'elle ait été discutée (*Bravos*). J'ajoute, sans préjuger du fond de la proposition qui nous est faite, que cette façon de procéder ne serait pas tout à fait conforme aux doctrines républicaines. (*Cris* : oh ! oh ! oh!) On ne peut pas imposer un vote sans discussion, lorsque celle-ci a été demandée.

M. ASTIER appuie la manière de voir de M. Charles Bos.

LE PRÉSIDENT. — La parole est au citoyen Bourrat.

M. BOURRAT. — Citoyens, le citoyen Charles Bos est venu dire qu'on ne pouvait pas adopter la motion Maujan sans la discuter. Ce n'est pas sur ce point que je prends la parole ; c'est pour demander au Congrès si nous ne devons pas, dans les circonstances actuelles, alors que tout le ministère fait front à la réaction, être reconnaissants au Ministre de la Marine et à tous les membres du Cabinet. (*Vifs applaudissements*). Je demande que cette motion s'adresse au gouvernement tout entier. (*Bravos et vigoureux applaudissements. Bruit.*)

LE PRÉSIDENT DUBIEF rétablit le calme en faisant appel à la dignité de l'assemblée qui doit savoir entendre toutes les opinions pour se prononcer en toute connaissance de cause.

Il donne ensuite la parole au citoyen Gustave Hubbard, député des Basses-Alpes.

M. Gustave HUBBARD. — Citoyens, je crois que ce qui est indispensable, c'est que nous dégagions bien le point sur lequel il n'y a pas ici de division, sur lequel il ne doit pas y en avoir, sur lequel il ne peut y en avoir ; et. en ce qui concerne les félicitations adressées au Président du Conseil, je considérerais comme regrettable toute discussion à ce point de vue, tout débat, dans lequel on essaierait de proposer des divisions. (*Très bien !*)

Mais vous avez entendu plusieurs motions : celle du citoyen Maujan et celle du délégué Mourgeon. Il y a là deux opinions ; il y a deux indications : une sur laquelle on peut croire que l'accord est complet — et je comprends très bien la hâte que vous avez de la voter — et à laquelle je n'opposerai pas une résistance aussi grande que quelques-uns d'entre nous (*Interruptions*) ; et la seconde partie, qui a été traitée d'une façon qui, je l'avoue, ne me paraît pas tout à fait conforme à ce qu'on attend dans le Congrès, à ce qu'on attend dans une enceinte républicaine comme celle-ci. Je crois qu'il y aurait intérêt, si l'on veut travailler rapidement à bien éclaircir le débat — et ne voyez là aucune intention d'ajournement de ma part. Nous ne sommes pas ici pour nous surprendre les uns les autres, nous savons bien ce que nous pensons, nous savons bien ce que nous voulons.

Une voix : Nous voulons féliciter le Ministère.

Il y a plusieurs textes et tous indiquent au Gouvernement actuel que nous sommes avec lui et lui adressent les félicitations qu'il mérite en face des calomnies abominables dont il est l'objet de la part de la réaction. Sur ce point-là quels sont donc les républicains qui ne voudraient pas faire bloc ? Quels sont donc ceux qui ne voudraient pas être compacts dans le front de l'armée républicaine et anticléricale ?

Je ne vois pas ces républicains, et je suis persuadé que Bos n'a obéi à aucun parti pris quand il a demandé que le parti radical et radical-socialiste réfléchisse avant d'adopter une proposition qui ne serait pas discutée.

Cris divers : Aux voix.

Je dis donc, Citoyens, que le premier devoir des républicains est de s'écouter les uns les autres ; c'est pour cela que je demande à l'assemblée qu'on laisse la discussion se produire.

Un délégué : Je demande que les deux auteurs des motions et le Président rédigent un texte qui sera soumis à l'assemblée.

M. Resch. — Au nom d'un grand nombre de Congressistes, je demande la priorité pour l'ordre du jour Maujan ; mes amis et moi qui l'avons signé estimons que l'adresse au citoyen Combes ne doit pas souffrir de discussion. (*Applaudissements*).

Cris : Aux voix !

Le Président. — Il y a une demande de priorité formulée à la fois par les citoyens Maujan et Bourrat, auxquels se joint le citoyen Resch. Mon devoir est de mettre aux voix l'adresse pour laquelle la priorité est demandée ; mais je dois faire remarquer qu'il n'y a pas discordance entre cette motion et celle du citoyen Mourgeon, dont je devrai mettre aux voix la seconde partie, puisque j'ai entendu demander la division.

Je m'efforce de répondre au sentiment du Congrès ; il me semble qu'il désire qu'on se prononce tout de suite sur la motion ; ceux qui ne voudront pas adopter ses termes voteront contre, quittes à voter ensuite pour la seconde proposition.

Je donne la parole au citoyen Maurice Faure.

M. Maurice FAURE. — Citoyen Président, je ne demande à prononcer qu'un simple mot ; je pense que mon sentiment sera partagé par un grand nombre de délégués et par ceux de la Drôme notamment. Les trois ordres du jour qui ont été présentés expriment tous des sentiments qui sont dans tous nos cœurs : nous devons les voter tous les trois. Nous demandons en conséquence, pour traduire ces sentiments, qu'on vote les trois ordres du jour en bloc. (*Vifs applaudissements*).

LE PRÉSIDENT. — Je donne la parole au citoyen Maujan.

M. MAUJAN. — Citoyens, en déposant mon ordre du jour, j'avais demandé la priorité ; mais on est venu combattre la deuxième partie de cet ordre du jour.

Je demande, afin que les choses se passent correctement et pour que chacun prenne ici ses responsabilités, la permission de relire le texte de ma motion. (*Bruit*).

L'orateur commence la lecture, mais ne peut continuer à cause du bruit, et y renonce.

LE PRÉSIDENT, *après avoir obtenu le silence* : Citoyens, je mets aux voix la proposition la plus large. Que ceux qui sont d'avis d'adopter en bloc, conformément à la proposition de notre ami Maurice Faure, les propositions qui, toutes les trois, contiennent des félicitations à l'adresse du Ministère pour la lutte soutenue contre la Congrégation, veuillent bien lever la main.

Le vote est acquis à la presque unanimité. (*Vives acclamations*).

LE PRÉSIDENT. — Voici le texte d'une nouvelle proposition qui vient de m'être remise et qui fait suite à celle que vous venez de voter :

« *MM. Maujan, député, Delpech, sénateur, et Billès, vice-président de la Fédération radicale et radicale-socialiste des Bouches-du-Rhône, devant se rendre dimanche au banquet de Clermont-Ferrand, nous avons l'honneur de proposer au Congrès de voter la résolution suivante :*

« *Le Congrès du Parti radical et radical-socialiste charge M. Maujan, député, M. Delpech, sénateur, et M. Billès, vice-président de la Fédération radicale et radicale-socialiste des Bouches-du-Rhône, d'exprimer aux 4.500 républicains, réunis dimanche prochain en un banquet à Clermont-Ferrand, sous la présidence de M. Combes, leurs sentiments de fraternité républicaine et de solidarité démocratique, et d'apporter à*

M. le Président du Conseil l'ordre du jour qui vient d'être voté par le Congrès. (Applaudissements et protestations).

« *Signé* : Estier, Maurice Sarraut, L. Bonnet, Roland. »

M. Louis Blanc. — Je propose purement et simplement d'envoyer immédiatement par le télégraphe les ordres du jour de félicitations qui viennent d'être votés par l'assemblée.

Le Président. — Je mets aux voix la proposition de notre ami Louis Blanc, qui est préjudicielle.

La motion est adoptée. Aucune main ne se lève à la contre-épreuve

Le Président. — L'adresse sera envoyée immédiatement par télégramme.

Le Président. — Il faut continuer l'ordre des travaux et faire aujourd'hui la besogne qui nous incombe, afin que nous puissions demain aborder les grandes questions à l'ordre du jour.

Au nom du Comité exécutif, je demande au Congrès de vouloir bien sanctionner les propositions que je vais avoir l'honneur de lui faire. Je demande la permission de diviser le Congrès en huit grandes Commissions. Ces Commissions, vous les connaissez ; ce sont : la Commission du Règlement ; la Commission des Vœux ; la Commission des Réformes fiscales ; la Commission de l'Enseignement ; la Commission des Assurances et Réformes sociales ; la Commission des Réformes administratives et judiciaires ; la Commission des Réformes militaires, et la Commission de l'Agriculture, du Commerce et de l'Industrie.

Je ne crois pas qu'il soit nécessaire de voter sur cette proposition, car cette réglementation correspond à l'organisation même du Comité exécutif.

Adopté à l'unanimité.

Vous avez également à procéder à la vérification des mandats, et il y a lieu de nommer une Commission à cet effet. Nous avons pensé que ses membres devaient être désignés au hasard, par un tirage au sort, et qu'elle pourrait se composer de 33 délégués pris parmi les Congressistes présents. Les délégués sont tous possesseurs de cartes, les numéros tirés qui correspondront aux numéros des cartes désigneront les délégués qui feront partie de la Commission chargée de la vérification des pouvoirs.

En ce qui concerne l'apurement des comptes de la Commission des Finances du Comité exécutif, nous avons pensé qu'il convenait aussi de nommer une Commission, moins nombreuse, mais également désignée par le sort.

Nous assurerons ainsi la plus grande somme possible d'impartialité.

Les Commissions se réuniront à partir de 9 heures le soir, et de 8 heures 1/2 le matin. On peut faire partie de trois Commissions.

Toutefois, en ce qui concerne les réunions des Commissions, il est nécessaire qu'elles n'aient pas lieu toutes à la même heure, car il serait impossible aux membres qui font partie de plusieurs Commissions d'y siéger.

Nous demandons enfin à la Commission de vérification des pouvoirs qui sera nommée, de vouloir bien se réunir immédiatement et de se mettre au travail pour pouvoir, dès demain, à la séance de dix heures du matin, apporter le résultat de ses investigations. Comme vous le savez, il y a un intérêt supérieur à ce que nous ne nous éternisions pas dans des querelles de personnes et de clochers !

Il faut que cette vérification soit faite sérieusement, mais rapidement.

Le Congrès se réunirait demain matin, à 10 heures.

Pas d'opposition ? Adopté.

M. Nicolas ESTIER, *Président de la Fédération Marseillaise.* — Il va vous être remis un imprimé-programme indiquant les locaux où auront à siéger les diverses commissions ; les membres de la Fédération Marseillaise portés sur ces listes comme Commissaires vous indiqueront les personnes où vous devrez vous adresser pour faire ouvrir les locaux.

LE PRÉSIDENT. — Un certain nombre de vœux ont déjà été déposés.

Le citoyen Hector Depasse vient de me remettre la communication suivante, sous forme d'adresse à envoyer à M. Léon Bourgeois, Président de la Chambre des Députés :

« *Le Congrès radical et radical-socialiste adresse au Présid`*
« *dent de la Chambre des Députés, à l'élu de la majorité répu-*
« *blicaine, l'expression de sa respectueuse sympathie.*

« *Il conserve le souvenir reconnaissant des efforts entrepris*
« *par l'ancien Président du Conseil pour la réalisation des*
« *réformes démocratiques et le félicite de son admirable pro-*
« *pagande en faveur de la justice sociale.*

« *Le Congrès tient à s'associer de tout cœur aux cruelles*
« *épreuves que Léon Bourgeois vient de traverser et lui renou-*
« *velle pour l'avenir son absolue confiance.*

« Signé : DEPASSE, DUBIEF, PUECH. »

Cette adresse est votée à l'unanimité.

Il est ensuite procédé au tirage au sort de deux commissions. Lesquelles se constituent immédiatement après la séance de la manière suivante : *Commission de la vérification des pouvoirs et des affaires soumises au contrôle et à l'arbitrage :*

Président : M. BELLANGER.

Vice-Présidents : MM. DESTIEUX-JUNCA, sénateur ; SILVY, secrétaire du Comité exécutif.

Secrétaire-rapporteur : M. G. FABIUS DE CHAMPVILLE.

Membres : MM. Courdy, Malignon, Molina, Gustave Cahen, Marini, Lefebvre (de Levallois-Perret) ; Pélas, Couderchet, Reneux, Chesseron, Bertrand, Falot, Joubert-Peyrot, Gavaudan, Charrière, Poirson, Rebillard, d'Allard, Jourdan. Blumenthal, Bernard, Vigné, Bonnafous, Goldschild, Lefebvre (d'Hyères), Leroy, Loyer, Dauzon.

Voici la composition de la *Commission des finances* :

Président : M. JACQUIER.

M. DECHA, rapporteur des comptes du Congrès de Lyon, déposés par M. Gaidon.

M. CADET, rapporteur pour l'apurement des comptes du Comité exécutif.

M. Gilbert RENAUT, rapporteur du projet de budget.

Membres : MM. Monnier, Gunsburger, Brulport, Mate, Rénesy, Roussy, Marline.

La séance est levée à 5 heures.

DEUXIÈME SÉANCE. — 9 OCTOBRE 1903
(matin)

La séance est ouverte à 10 heures, sous la présidence de M. DUBIEF, député de Saône-et-Loire, président du Comité exécutif.

LE PRÉSIDENT. — Nous avons à procéder à la nomination du bureau. Voici les noms que je soumets à votre adhésion ; ce sont ceux des citoyens Henri Brisson, Berteaux, Lafferre, Estier.

J'ai gardé le nom du citoyen Estier pour la fin, car je me propose de le soumettre à vos suffrages pour la présidence de cette séance.

PLUSIEURS VOIX : Maurice Faure, Debierre, Béraud pour une séance.

AUTRES VOIX : Estier.

LE PRÉSIDENT. — Je mets aux voix la candidature du citoyen Estier, réservant les noms de Maurice Faure, Debierre et Béraud pour une autre séance.

Le citoyen Estier est élu président à l'unanimité.

Sont élus vice-présidents :

MM. Bizot de Fonteny, Louis Blanc, sénateurs ; Adolphe Chérioux, conseiller municipal de Paris ; Louis Martin, député du Var ; Léon Francq, vice-président du Comité républicain, du commerce et de l'industrie ; Huc, directeur de la *Dépêche de Toulouse*.

Secrétaires :

MM. Paul Degouy, du *Voltaire* ; Armand Charpentier, de l'*Action* ; Marini, président de la Jeunesse radicale-socialiste de Paris ; Ferrero, de la Haute-Savoie ; Brizollara, du Nord ; Myard, conseiller général de Saône-et-Loire ; Burot, de la Charente ; Laurent Chat, secrétaire général de la Fédération autonome du Rhône.

Secrétaires permanents du Congrès : MM. F. Bouffandeau et Resch.

Le citoyen ESTIER, en prenant possession de la présidence, prononce l'allocution suivante :

Allocution du citoyen Estier

Je vous remercie du grand honneur que vous me faites, qui est absolument improvisé, car au moment où vous m'avez nommé nous étions, mes collègues et moi, au sein de la Commission de vérification des pouvoirs, occupés à traiter une question d'une certaine importance, puisqu'il s'agit de la moralisation du parti républicain.

Par les différents rapports qui vont vous être présentés, vous verrez que le travail de la Commission a procédé surtout d'une grande pensée d'apaisement et de conciliation. Je veux aussi profiter de mon titre éphémère et provisoire pour tâcher de maintenir les bonnes relations qui doivent exister entre les membres du Congrès, et je m'inspirerai pour cela de la grande pensée d'apaisement et de conciliation dont je parlais tout à l'heure, tout en maintenant au sein du Congrès la discipline qui fait la force du parti radical et radical-socialiste.

Il est inutile que je vous dise que les questions qui vont être traitées étant des questions personnelles et par conséquent délicates, je fais appel à toute votre indulgence pour les rapporteurs ; je fais appel à l'impartialité, à la courtoisie et à la bienveillance des membres du Congrès, d'autant plus que je n'ai pas la haute autorité de ceux qui m'ont précédé et de ceux qui me suivront. Je vous promets néanmoins d'apporter moi-même, dans la direction de ces débats, toute mon impartialité et mon dévouement.

La 9e Commission de la vérification des Pouvoirs est prête à rapporter ; s'il y a un rapporteur, je l'invite à prendre la parole.

AFFAIRE VIGNÉ (D'OCTON.)

M. BLUMENTHAL. — Citoyens, la question qui nous occupe est très grave ; il s'agit de l'honneur d'un député, membre du Parlement ; je vais donc me borner à donner lecture du rapport *in extenso*, en vous faisant remarquer que ce rapport n'a pas été accepté par la commission, qui a adopté des conclusions plus mitigées, dont les termes sont encore entre les mains du Président.

M. Bepmale. — Je viens d'entendre le rapporteur dire que le rapport dont lecture va être donnée n'a pas été accepté par la Commission. Il me semble impossible de créer ainsi un préjugé ; ce que nous voulons ce sont les volontés de la Commission.

Plusieurs voix : lisez le rapport.

Autres voix : non, non.

Le Président. — S'il y a un rapporteur, je vais donner la parole au rapporteur ; sinon, l'affaire n'étant pas prête, nous passerons à autre chose.

M. Dauzon, député, parlant au nom de la Commission. — Je faisais partie de la Commission de vérification des Pouvoirs ; j'ai assisté aux débats auxquels a donné lieu ce qu'on appelle l'incident Vigné (d'Octon) : Sans avoir pris une connaissance approfondie du dossier, je puis donner les explications nécessaires pour éclairer l'opinion du Congrès. Je vous prie néanmoins de m'excuser si ce rapport n'est pas fait avec toute la méthode désirable.

Le rapporteur primitivement désigné par la Commission nous a fait connaître les conditions dans lesquelles s'était produit l'incident Vigné ; les voici :

Le 16 juin 1902, est venu à la Chambre un débat qui n'a pas eu de sanction, bien que des orateurs eussent été inscrits. Vigné (d'Octon) avait demandé à M. Meslier, député de Paris, de lui céder son tour de parole pour attaquer l'élection de Flourens, qui était contestée.

Vous savez que Flourens avait battu notre ancien ami Charles Gras.

M. Meslier avait entre les mains le dossier complet de cette élection, et il se disposait, lorsque cette affaire serait appelée à la tribune de la Chambre, de prendre la parole et de combattre l'élection de Flourens.

La veille du 16 juin, le Président de la Chambre appela cette affaire. M. Vigné se rendit auprès de M. Meslier et il lui dit : « Je suis d'accord avec de nombreux amis, c'est moi qui dois attaquer l'élection de Flourens ; renoncez à la parole et donnez-moi le dossier, je me fais inscrire. » (*Interruptions*).

Une voix : « Ce n'est pas vrai, il a dit qu'il était d'accord avec Gras. »

M. Dauzon. — Soit, d'accord avec Gras.

Meslier remit alors le dossier à Vigné, et il le lui

remit d'une façon régulière. En effet, c'était une véritable décharge que de remettre ainsi entre les mains
d'un député ami, un dossier. Meslier se fit donc rayer,
certain qu'à l'heure dite Vigné remplirait le devoir
qu'il avait à accomplir.

Or, le lendemain, au moment où le Président de la
Chambre appelait l'élection Flourens, Vigné était
absent.

Voix : Dans les couloirs.

M. Dauzon. — Il était absent de la salle des séances,
et la Chambre valida sans débat l'élection Flourens.
M. Meslier n'ayant plus le dossier ne put monter à la
tribune pour attaquer cette élection.

Quelques instants après on appelait l'élection de
Lodève, dont Vigné est le député.

Cette élection devait, disaient les adversaires de la
droite, donner lieu à un débat et à des révélations
annoncées, et même MM. Lasies et Auffray s'étaient
inscrits pour combattre cette élection. Au moment où
elle fut appelée (et je vous rappelle que ce moment
suivit de près le moment où fut appelée l'élection de
Flourens), à ce moment aucun des orateurs de la
droite inscrits ne se présenta, et l'élection de Lodève
fut validée sans débat, comme l'avait été celle de
Flourens.

Voilà le fait matériel.

Messieurs, il est certain qu'une pareille coïncidence
était de nature à frapper les membres de la Chambre ;
une émotion légitime s'empara d'eux, et on reprocha
au député Vigné de n'avoir pas été présent. L'affaire se
compliqua, des plaintes furent portées. On demanda·
la constitution d'un jury d'honneur. Vigné refusa de se
présenter devant lui, prétextant que c'était là une
atteinte portée à sa dignité et à sa loyauté et qu'il ne
pouvait pas céder. Cependant, il se rallia, sur l'insistance de ses amis, à cette façon de voir, et le Comité
exécutif entendit Charles Gras, Meslier et Vigné.

Il y a quelques instants, notre collègue Blumenthal,
rapporteur de ce débat, nous disait que ce fut pour
ceux qui assistèrent à cette réunion du Comité exécutif,
une heure poignante de leur vie politique.

A la suite de cette audition, un jugement fut rendu
qui se divisait en trois parties. La première écartait le
docteur Meslier qui, lui aussi, demandait à se dégager

vis-à-vis de ses commettants ; il voulait établir que s'il avait remis le dossier, il l'avait fait avec la plus entière bonne foi et qu'on ne pouvait l'incriminer. La personnalité du docteur Meslier fut donc écartée du débat et son attitude reconnue correcte et loyale.

Je vais d'ailleurs vous donner lecture de la portion du jugement relative à l'attitude de Vigné. La voici :

« 2° En ce qui concerne Vigné, la Commission entend laisser de côté les preuves qui n'ont pas un caractère de certitude absolue ;

Mais bien qu'il ne soit pas établi qu'il y ait eu entente entre Vigné et les députés de la droite, le fait de n'avoir pas été présent à l'heure où sont venus en discussion des débats sur l'élection qu'il avait pris l'engagement de combattre constitue au moins une grave négligence. Cette négligence est d'autant plus regrettable que dans les circonstances particulières où elle s'est produite, elle était de nature à provoquer les interprétations les plus fâcheuses. Signatures : Delpech, Président, etc... »

Ce jugement a été rendu il y a plus d'un an.

Aujourd'hui, les délégués du département de l'Hérault et notamment ceux de l'arrondissement de Lodève, demandent au Congrès l'exclusion de M. Vigné, qui, ayant été ainsi blâmé au sein de sa circonscription, et blâmé au haut de l'échelle par le Comité exécutif du parti radical et radical-socialiste, ne saurait représenter des électeurs qui ne lui ont point donné de mandat. Vigné est ici en qualité de député, disent-ils, mais il n'est pas le délégué d'un groupe.

La discussion s'est ainsi engagée dans la commission. Différents orateurs ont pris la parole. Il est inutile de poser ici la question de l'accusation; elle est dans l'esprit de tout le monde et personne ne peut se soustraire aux conséquences de la gravité d'une accusation pareille.

Au sein de la commission, la question s'est posée de savoir si, en vertu d'un jugement rendu, on pouvait demander l'exclusion d'un membre du parti.

M. Vigné a été appelé à se défendre. Il a dit : « Qu'est-ce qu'il y a contre moi ? Il y a le jugement du Comité exécutif du parti radical et radical-socialiste, lequel indique qu'on n'a pu établir qu'il y ait eu entente entre moi et les députés de la droite, mais qui reconnaît que j'ai commis une négligence. Je m'en accuse, dit-il, j'aurais dû être plus vigilant ». *(Cris : oh ! oh! oh !).* — Messieurs, je traduis en ce moment exactement les paroles de Vigné *(Très bien! très bien!)* Je crois inutile de m'expliquer davantage; mon rôle est déjà assez ingrat, et je vous assure qu'il est difficile, dans une question pareille, d'apporter tout le tact et la modération qui convient.

M. Vigné a donc exprimé à la commission ses regrets pour son manque de vigilance, et il a demandé qu'on lui apporte la preuve de son indignité.

Or, Messieurs, il paraît que cette preuve n'aurait pas été apportée; car, nous, membres de la Commission, nous n'avions en face de nous pour tout document que le jugement du Comité exécutif; or ce jugement n'apporte pas la preuve nécessaire et il contient ceci : « Attendu qu'il n'est pas démontré qu'il y ait eu entente avec les députés de la droite ».

Messieurs, votre commission avait à juger rapidement des questions délicates. Elle assumait une lourde responsabilité, et prononcer l'exclusion de M. Vigné dans des conditions pareilles, c'était peut-être s'exposer à une erreur matérielle.

C'est là, Messieurs, la raison pour laquelle on a demandé l'adoption des conclusions que voici. Pour ma part, j'ai demandé à défendre cette pensée que nous ne pouvions prendre une responsabilité aussi grave que celle de l'exclusion, et c'est pour cela que le citoyen Gavaudan a déposé une motion de blâme sans conclure à l'exclusion.

Personnellement, et je ne puis pas dire que je parle comme rapporteur (DES MEMBRES DE LA COMMISSION : *Si ! si !),* il me semble que cette motion donne satisfaction à la méthode que la Commission a employée dans une autre affaire dont on vous parlera tout à l'heure et sur laquelle il s'est produit un accord tardif; là, il avait été dit qu'on pouvait très bien blâmer un membre sans l'exclure. Il me semble, en effet, Messieurs, que la présomption grave qui pèse sur la tête de notre collègue Vigné est peut-être la punition la plus dure qu'il ait à supporter *(Très bien!)* Il me semble que cet état d'infériorité dans lequel il se trouve, ne pouvant venir apporter les preuves de son innocence, ni obtenir la preuve de son indignité, constitue pour lui une situation suffisamment pénible. Le blâme qui lui a été infligé pour sa négligence aura sa répercussion dans son arrondissement; c'est à lui qu'il convient de juger, dans sa conscience, l'attitude qu'il a à prendre ; mais nous, nous n'avons pas à la lui dicter. Nous devons juger sur les pièces, et, en l'état, la preuve matérielle nous fait défaut. Nous ne pouvons prononcer une condamnation (*Applaudissements et interruptions*).

C'est dans ces conditions que, très brièvement, je viens de rapporter l'opinion de la majorité de la commission. (*Très bien ! Applaudissements*).

CRIS : aux voix ! aux voix !

M. RIQUET, délégué de l'arrondissement de Lodève, interpelle violemment de sa place, disant : on n'a entendu qu'un son de cloche, c'est un escamotage ; il n'y a pas eu de discussion. (*Tumulte*).

LE PRÉSIDENT. — Il me semble qu'il y a une question de dignité pour le Congrès à poursuivre la discussion. Il y a un délégué du département de l'Hérault qui vient ici remplir un mandat ; il me paraît que le devoir impérieux du Congrès est de l'entendre. (*Applaudissements*). Mais, je ne veux pas vous influencer et je pense que le Congrès est absolument souverain.

La parole est au citoyen Riquet.

M. RIQUET, *délégué de l'arrondissement de Lodève*. — Je représente ici 10.000 électeurs républicains, j'estime que mon opinion a le droit d'être entendue. Mes amis et moi avons un mandat précis sur cette question, et nous le ferons connaître tout à l'heure.

Citoyens,

Vous venez d'entendre le rapporteur qui m'a précédé ; il vous a expliqué le cas Vigné mieux que je ne pourrais le faire. Mais, ce qu'il a laissé dans l'ombre c'est ceci : depuis cette affaire, le député Vigné n'est plus repassé dans l'arrondissement de Lodève, il n'est plus venu dans son arrondissement. Et pourtant, il a été maintes fois invité à s'y présenter ; à plusieurs reprises il a été convoqué devant ses électeurs et jamais il n'a paru. Croyez-vous, citoyens, que ce ne soit pas là un aveu complet de culpabilité ? Et quand on disait, tout à l'heure, que nous n'avions pas apporté la preuve absolue de l'indignité du député Vigné, nous devons nous demander s'il est possible, d'une façon matérielle, d'apporter cette preuve.

Comment ? s'il y a eu une entente, un truchement entre deux députés, pensez-vous qu'ils aient pu laisser traîner quelque part une quittance ? Et ne voyez-vous pas que deux personnes ainsi compromises ont intérêt à cacher cet acte, que je ne veux pas qualifier, car si je le qualifiais, je dirais que c'est une infamie? (*Rires, applaudissements, bruit*). Vous trouvez que je suis excessif? Je me contente alors de vous dire, pour être modéré dans la forme et dans le fond, que c'est une trahison. (*Oh ! oh !*)

Le Président s'adressant à l'orateur. — Le débat est assez pénible, je fais appel à tout votre calme.

M. Riquet, continuant. — Pour vous donner la preuve de ce que j'ai avancé, tout à l'heure, que le député Vigné n'avait pas paru dans l'arrondissement et n'avait accepté aucune convocation ou plutôt ne s'y était pas rendu, voici une lettre adressée par lui à un ami, le 1er août 1901, où il dit...

Plusieurs voix. — Ça ne regarde pas le Congrès, c'est l'affaire des électeurs de Vigné, vous nous faites perdre du temps.

M. Riquet. — Citoyens, on me dit que je vais faire perdre son temps au Congrès. J'estime que quand les intérêts de 10.000 électeurs républicains sont en jeu, le Congrès ne peut perdre son temps. (*Applaudissements*).

Voici donc ce que le 1er août 1902, le député Vigné écrivait en toutes lettres à ses électeurs :

« Mes chers concitoyens, ainsi que je vous le disais dans ma dernière lettre, dès que mes forces seront un peu revenues je serai au milieu de vous. J'accepte le Congrès, j'irai en réunion publique et je me justifierai, mais de grâce, je prie mes accusateurs de me laisser rétablir de la maladie qui, depuis un mois, menace mes jours. »

Voilà donc l'engagement formel de venir se justifier devant ses électeurs. A-t-il été tenu ? Non !

Et savez-vous, citoyens, comment le député Vigné a tenté dernièrement de se justifier ? Je vais vous le dire : le 30 août une nouvelle lettre de Vigné a paru dans l'*Indépendant de Lodève*.....

M. Vigné. — C'est un journal méliniste !

M. Riquet. — Mais ce journal, que vous qualifiez de méliniste, ne faisait que reproduire ce qui avait paru dans les deux grands journaux républicains du Midi, la *Dépêche* et le *Petit Méridional* ; sont-ils mélinistes aussi, ceux-là ? (*Interruptions, cris : lisez, lisez*).

Voici la lettre que Vigné a adressée à ses électeurs, lettre qui a paru dans l'*Indépendant de Lodève*, journal méliniste, dans le *Petit Méridional*, journal méliniste, et la *Dépêche de Toulouse*, journal méliniste, et lettre que je vais avoir l'honneur de vous lire.

L'orateur lit les fragments suivants d'une lettre très longue en agrémentant sa lecture de commentaires :

« Dix mois après le verdict... nobles cœurs.....

« Je travaille à l'œuvre de réparation, j'écris un livre vengeur pour me justifier..... ».

(*Interruptions de délégués rappelant le règlement de 15 minutes pour chaque orateur*).

Le Président. — Je ferai remarquer à l'orateur qu'il y a un quart d'heure qu'il a la parole.

M. Riquet. — Est-ce qu'on veut escamoter la discussion ? (*Bruit*).

L'orateur continue sa lecture au milieu du bruit et dit qu'il va conclure.

Par conséquent, le député Vigné, vous venez de l'entendre, offre à ses électeurs, comme justification, un livre à 3 fr. 50, c'est-à-dire que, non content d'avoir commis l'acte que je qualifiais tout à l'heure, ce député veut encore se faire des rentes avec sa trahison, il essaie d'en faire une affaire de librairie ! (*Cris : assez ! assez ! La clôture !*)

L'orateur continuant :

Je conclus et je dis que tout à l'heure le député Vigné va vous dire que ce qu'on a avancé vient d'ennemis personnels ; c'est inexact. Il va vous dire aussi qu'il y a un grand complot monté contre lui. (*Cris : assez ! assez ! Concluez*). Ceci est exact, le complot existe : c'est le complot de 10.000 électeurs radicaux-socialistes, c'est le complot des journaux républicains de la région, qui ont conclu comme je conclus moi-même en demandant la disqualification du citoyen Vigné (d'Octon). (*Bruit*).

M. Bertrand, du Gard. — Messieurs, je n'ai que deux mots à dire.

J'ai l'honneur de faire partie de la Commission de vérification des Pouvoirs. J'ai senti que je n'étais pas suffisamment éclairé pour prendre une décision ferme à l'égard du député Vigné. Je suis de ceux qui ont voté l'ajournement de façon à ce que tous les documents soient produits et que nous puissions prendre une décision en parfaite connaissance de cause. Mais aussi, comme nous sommes tous ici pour prendre notre part de responsabilités, j'estime que lorsque le citoyen Vigné, pour défendre son honneur, disait qu'il était allé à Madagascar et qu'il avait attaqué le général Galliéni, j'estime, dis-je, qu'il eût bien mieux fait, à la Chambre, d'attaquer l'élection de Flourens. (*Vifs applaudissements*), et je vous demande, citoyen Vigné, si vous avez le droit aujourd'hui de vous présenter ici comme représentant les électeurs de l'arrondissement de Lodève ?

Cris divers : aux voix ! Vigné à la tribune ! au pilori ! à la tribune ! monterez-vous ?

Le Président. — Le bureau est saisi à cette heure du texte adopté par la Commission de contrôle et d'arbitrage ; c'est le seul document qui lui soit parvenu.

M. Thomas monte à la tribune (*cris : la clôture !*)

Je suis ici pour proposer une sanction au Congrès, la voici :

« *Le Comité, après avoir entendu les explications fournies par la Commission compétente de Paris et par la Commission qui a siégé ici ce matin, déclare qu'il est regrettable que le citoyen Vigné n'ait pas compris que sa dignité ne lui permettait pas d'être présent au Congrès.* » (Exclamations).

Le Président. — Je fais appel une fois de plus à la courtoisie des membres du Congrès, et je pense qu'il serait nécessaire d'entendre le député Vigné.

M. Vigné parle dans le bruit..... après une altercation avec les délégués de l'Hérault..... Sur les 7 délégués de l'arrondissement de Lodève, il y en a 3 qui ont toujours lutté pour le parti. (*Cris : ce n'est pas vrai*).

Le citoyen Vigné ne pouvant arriver à se faire entendre plus longtemps, quitte la tribune. (*La clôture*).

Le Président. — Je mets aux voix la clôture.

La clôture est prononcée.

LE PRÉSIDENT. — Le bureau est saisi de trois propositions dont je vais donner lecture. L'une demande l'exclusion du citoyen Vigné (d'Octon); la deuxième, qui est la proposition de la commission, demande le maintien du vote de blâme, mais en décidant qu'il y a lieu de tenir compte du passé républicain de Vigné pour ne pas prononcer l'exclusion. Enfin, la troisième appuie l'opinion de la commission, mais ne dit rien sur le passé républicain de Vigné (d'Octon). Voici les textes :

Premier texte :

« *Les membres du Congrès, s'appuyant sur la décision du Jury d'honneur et sur les explications données par les délégués de l'arrondissement de Lodève, prononcent son exclusion.* Signé : Henry RIQUET. »

Deuxième texte : **PROPOSITION DE LA COMMISSION.**

« *Les membres de la commission d'arbitrage, regrettant la conduite du citoyen Vigné et appuyant le blâme voté contre lui, décident toutefois que, tenant compte de son passé républicain, il n'y a pas lieu de prononcer son exclusion.* Signé : GAVAUDAN. »

Troisième texte :

« *Le Congrès du parti républicain radical et radical-socialiste, s'associant aux conclusions de la commission du Comité exécutif de la commission spéciale du Congrès, blâme son attitude et passe à l'ordre du jour.* Signé : THOMAS. »

M. BELLANGER, *président de la commission.* — Au nom de la commission, je déclare que nous avons bien étudié la question et examiné le dossier d'un bout à l'autre. Nous inspirant des paroles dites par le président, nous avons pris une mesure de conciliation et et nous vous demandons de voter les conclusions de la commission. (*Bruit*).

Le citoyen GARIEL monte à la tribune au milieu du bruit.

LE PRÉSIDENT. — Bien que la clôture ait été prononcée, le citoyen Gariel est autorisé à s'expliquer sur la question de priorité des ordres du jour.

M. Gariel, directeur du *Petit Méridional*. — Je ne retiendrai pas longtemps votre attention. (*Bruit*). Je demande simplement la priorité en faveur de l'ordre du jour du citoyen Riquet, qui réclame l'exclusion (*Interruptions*) du citoyen Vigné Je la demande, parce qu'indépendamment de toute question personnelle, indépendamment de la décision du Comité exécutif, une question d'ordre électoral se pose, à savoir : si au sein du Comité exécutif, il y aura, comme représentant de l'arrondissement de Lodève, le citoyen Vigné qui pourra se prévaloir du mandat qui lui a été donné, ou si le citoyen Vigné sera considéré comme ne possédant plus aucun mandat.

A l'heure qu'il est, je dis que le citoyen Vigné ne possède plus aucun mandat et que lorsqu'il est à la Chambre et qu'il émet un vote, ce vote est immédiatement détruit par celui de Flourens. *(Bruit)*.

Le Président. — Comme il est d'usage, nous allons mettre aux voix d'abord l'amendement Riquet qui paraît s'écarter le plus des conclusions de la commission et dont voici les termes :

« *Les membres du Congrès, s'appuyant sur la décision du jury d'honneur et sur les explications données par les délégués de l'arrondissement de Lodève, prononcent son exclusion* ».

Cet amendement, mis aux voix, n'est pas adopté.

Les conclusions de la commission sont adoptées.

AFFAIRE DE MOISSAC

M. Silvy, *rapporteur*. — Citoyens, le Comité exécutif avait été saisi d'une plainte contre les agissements de M. Dupuy, de Moissac, et l'accusation était la suivante :

Dans l'élection de l'arrondissement de Moissac, trois candidats étaient en présence, deux de nos amis et un nationaliste, officier démissionnaire, Arnal, dont la conduite, lorsqu'il était militaire, avait soulevé l'indignation de tous les républicains. Au premier tour de scrutin, les deux radicaux-socialistes obtinrent ensemble environ 7.000 voix contre 6.000 au réactionnaire. C'était donc la victoire assurée à notre parti, à notre drapeau, mais il fallait observer la discipline républicaine, ce que ne fit pas le citoyen Dupuy, moins favorisé que le citoyen Bergougnan. Par sa faute Arnal passa au second tour.

Votre commission vient vous demander de voter un blâme sévère contre le citoyen Dupuy, mais de ne pas prononcer son exclusion.

C'est dans une pensée de conciliation et afin de faire l'union des républicains dans l'arrondissement de Moissac que votre commission vous fait cette proposition. Elle est d'accord avec le Comité exécutif.

Le citoyen Bergougnan, dont la conduite dans toute cette affaire a été parfaitement correcte, a déclaré et déclare encore qu'il se désiste de toute demande à cet égard, et qu'il veut contribuer, en ce qui le concerne, à l'œuvre d'union projetée. (*Applaudissements*).

Les journalistes et députés de la région déclarent qu'ils vont également collaborer à cette œuvre, que bientôt l'union sera faite dans l'arrondissement de Moissac, et qu'aux prochaines élections nous irons à une victoire républicaine certaine. (*Applaudissements*).

Voix : à condition que le Préfet soit changé.

Le citoyen Dupuy a fait des déclarations très nettes : il est désolé de s'être laissé entraîner à un acte d'indiscipline. Il réprouve le premier son erreur.

Nous proposons donc de blâmer le citoyen Dupuy, mais de ne pas avoir recours à une sanction plus forte. Vous direz avec nous qu'il est de l'intérêt supérieur du parti de passer l'éponge sur le passé. Non, vous n'irez pas plus loin et après avoir constaté la faute vous refuserez d'exclure cet ancien soldat du parti. *(Applaudissements.)*

Plusieurs voix demandent la clôture.

Autres voix : L'ordre du jour !

M. Sénac monte à la tribune. — Citoyens, des responsabilités existent incontestablement dans cette affaire ; je vous demande, au nom de la concentration et de l'union du Parti, de voter l'ordre du jour pur et simple et non pas un blâme. (*Protestations.*)

On demande la clôture.

Le Président. — Je vais mettre aux voix les conclusions de la commission. Voici comment la question se pose : Il y a la proposition de la commission, qui comporte un blâme sans exclusion ; il y a ensuite une demande d'ordre du jour pur et simple.

M. BEPMALE. — Je demande l'ordre du jour pur et simple ; en voici les raisons :

Je reconnais qu'une faute a été commise, qui mérite une sanction, mais ce que je n'admets pas, c'est que l'on relève les fautes superficielles commises dans l'élection de Moissac, alors qu'on laisse dans l'ombre d'autres élections où les mêmes fautes ont été commises.

Je ne veux pas faire de personnalités, mais j'ajoute ceci, c'est qu'il est des arrondissements dans lesquels nos amis ne se sont pas inclinés devant la discipline républicaine et qui ont été élus. Ce que je n'admets pas c'est que vous frappiez ceux qui ont échoué et que vous tressiez des couronnes à ceux qui ont triomphé. (*Applaudissements.*)

J'ajoute encore que le rôle de la commission du Comité exécutif devrait être non pas de frapper après l'élection, mais de prévenir avant. (*Très bien !*)

D'ailleurs, si dans l'arrondissement de Moissac des actes d'indiscipline ont été commis, la faute doit en incomber à l'administration ; et je dirai ceci, c'est que nous n'étions pas à ce moment sous un gouvernement réactionnaire, puisque le gouvernement actuel était au pouvoir. (*Applaudissements.*)

C'est pour ces raisons que je voterai l'ordre du jour pur et simple.

LE PRÉSIDENT. — Je donne la parole au citoyen Bellanger, président de la commission.

M. BELLANGER. — Ce qui vous est proposé serait une véritable prime à l'indiscipline. Il ne convient pas, après les télégrammes qui ont été envoyés à Moissac par le Comité exécutif, que les membres visés puissent repousser les demandes formulées par votre Comité exécutif. (*Bruit.*) Au point de vue de la discipline républicaine, le Comité a fait tout son devoir. Il a cherché à empêcher l'acte qu'a commis M. Dupuy, il a invité celui-ci à se désister en faveur du candidat de notre parti qui avait obtenu le plus de voix. Ce citoyen aurait dû s'incliner devant la demande du Comité exécutif. Il ne l'a pas fait. Nous ne pouvons laisser passer sans sanction une pareille conduite, et nous vous demandons de voter le blâme le plus énergique possible.

M. RANSON. — La question se pose tout simplement ainsi : Le citoyen Dupuy a-t-il commis un acte d'indiscipline? — Oui. Eh bien, en raison de l'importance et de la gravité de la question, j'estime que nous faisons un acte de justice en votant les conclusions de la commission.

CRIS : Aux voix! aux voix!

LE PRÉSIDENT. — Je mets aux voix les conclusions de la Commission, qui proposent d'approuver le blâme du Comité exécutif. D'ailleurs, le citoyen Dupuy accepte le blâme.

Ces conclusions sont adoptées à mains levées.

LE PRÉSIDENT. — La parole est à M. Fabius de Champville, rapporteur de la Commission de vérification des pouvoirs.

Citoyens,

Votre Commission, après avoir vérifié les pouvoirs et adhésions individuels de ses membres tant comme membres de la Commission que comme délégués ou adhérents au Congrès, votre Commission de vérification des pouvoirs s'est attachée, autant que le temps qui lui était accordé et les moyens dont elle disposait le permettaient, à déterminer, en suivant l'ordre alphabétique des départements, si les délégués ici présents ont des pouvoirs en bonne forme et si les adhérents individuels justifient leurs adhésions, soit comme élus ou anciens élus du parti, soit comme représentants délégués de journaux réellement républicains radicaux ou radicaux-socialistes.

La régularité des délégations et adhésions est prouvée pour l'unanimité des inscrits, à part quelques dossiers qui sont réservés et confiés à des rapporteurs désignés par la Commission.

Vous venez de décider sur deux des contestations qui nous ont été soumises.

Une protestation déposée par un Comité de Levallois-Perret est retirée purement et simplement.

La protestation relative au citoyen Nègre, après discussion et conformément aux conclusions favorables du rapporteur spécial, a été tranchée dans le sens de l'admission.

En effet, la délégation de ce collègue est en bonne et due forme et la situation de l'arrondissement prête à des interprétations sur lesquelles il est difficile de tabler en toute sûreté. Le mandat de M. le Dr Nègre a donc été validé.

L'exclusion de *Maysonnave*, ancien conseiller général invalidé, opposé aux candidats radicaux et agent électoral de nos adversaires, est demandée par la délégation des Bouches-du-Rhône.

La Commission, à l'unanimité moins une voix, propose la non admission de M. Maysonnave.

Une protestation déposée par M. Augé, délégué du Comité radical socialiste de la commune de Sérignan, contre la délégation donnée à M. Pierre Pouzaire par un Comité qui porte le même nom et fait de la politique antiradicale, a été également soumise à votre Commission.

Au moment de conclure dans le sens demandé par le délégué du Comité radical, et après avis conforme du rapporteur, M. Chesseron, la protestation a été ajournée, sur la demande même de M. Augé.

Voilà, Messieurs, quels sont, résumés, les résultats des discussions de votre Commission de vérification des pouvoirs.

Citoyens, laissez-moi, en terminant, vous demander de vous inspirer dans votre décision du grand besoin de conciliation que nous avons dans le parti républicain radical et radical socialiste.

Le Président. — Il n'y a qu'une portion de ce rapport qui soit contestée ; c'est celle relative à l'élection de Forcalquier.

Je soumets d'abord à vos votes les conclusions relatives à M. Maysonnave ; elles comportent son exclusion et sa disqualification.

(Les conclusions relatives à M. Maysonnave sont adoptées à l'unanimité.)

Le Président. — La parole est à M. Martinet, sur l'élection de Forcalquier.

M. Martinet. — Citoyens, c'est une question de principe que vous avez à trancher.

Dans l'affaire de Moissac, on vous a dit qu'un candidat radical avait manqué à son devoir en ne se désistant pas, au second tour, pour le républicain qui avait réuni le plus de suffrages au premier tour. Ici, c'est exactement le contraire.

Dans l'arrondissement de Forcalquier, nous étions 6 radicaux-socialistes sur les rangs au premier tour de scrutin. En ce qui nous concerne, nous avons fait notre devoir et nous nous sommes désistés au second tour en faveur du candidat collectiviste qui avait obtenu le plus de voix. Il en avait obtenu 1.200 ; nous en réunissions 4.000.

Nous pouvions avoir une unité de plus dans notre parti ; nous avons poussé l'esprit de discipline jusqu'au bout.

Mais, citoyens, il y a un délégué-adjoint au Comité exécutif qui, deux mois avant la période électorale, a pris parti pour le collectiviste. Il semble cependant qu'il aurait pu choisir dans les six radicaux-socialistes qui se présentaient en même temps. Je ne veux pas récriminer longuement, mais je dirai simplement que l'un des nôtres ne doit pas donner cet exemple d'indiscipline, je dis qu'il doit faire son devoir de républicain radical-socialiste au premier tour, quitte à faire l'union au second tour avec le collectivisme.

Je propose donc la motion suivante :

« *Le Congrès du Parti radical et radical-socialiste adresse un blâme au citoyen Nègre, délégué suppléant du Comité exécutif sortant, qui a pris parti, au premier tour de scrutin, pour le candidat collectiviste Isoard dans l'élection de Forcalquier, alors qu'il y avait en présence 6 candidats républicains radicaux-socialistes.* »

. Le Président. — La parole est au citoyen Nègre.

M. Nègre — Citoyens, M. Martinet, qui vient m'attaquer aujourd'hui, ne s'est jamais réclamé de notre parti ; ses bulletins de vote portaient : « Candidat d'action et de défense républicaines ». Je n'avais pris parti pour aucun candidat, parmi lesquels se trouvait un socialiste, et non un collectiviste.

Une voix. — Pardon, pardon, voyez les votes du citoyen Isoard.

Le Président. — Citoyen Nègre, veuillez continuer.

M. Nègre. — Dans ces conditions, les électeurs, sachant que je ne suis pas un politicien et que j'ai pas mal d'amis, me disaient : « Que pensez-vous de cette situation ? » Et, devant leurs hésitations, j'ai fini par me déclarer carrément du côté du citoyen Isoard, qui devait voter avec le Bloc.

UNE VOIX. — Bien que vous soyez républicain, je dis que vous avez eu tort de prendre parti pour le collectiviste au premier tour.

M. NÈGRE. — Le citoyen Martinet veut pouvoir dire dans notre arrondissement : « Nègre, mais nous l'avons terrassé au Congrès de Marseille » ; ce sont là des attaques personnelles, et c'est contre moi qu'on agit.

M. Gustave HUBBARD. — Malgré notre vieille amitié, je dois vous dire, citoyen Nègre, que je partage l'opinion qui vient d'être émise, et j'ai beaucoup regretté que vous, délégué du parti radical-socialiste, vous vous soyez jeté au premier tour dans la bataille pour un candidat collectiviste.

Je propose de faire un amendement à la motion présentée tout à l'heure et qui contient un blâme. Mais je déclare encore une fois que si le citoyen Nègre avait le droit de faire amicalement des réflexions avec ses amis, il n'avait pas celui de promener partout sa carte de délégué au Comité exécutif en faveur du candidat collectiviste.

M. NÈGRE. — Vous m'accusez ici à propos d'une fameuse carte... (*Mouvements divers.*)

LE PRÉSIDENT. — Vous êtes en présence de deux propositions. La première, de MM. Martinet et Hubbard, dit :

« *Le Congrès du parti radical et radical-socialiste regrette vivement que le citoyen Nègre, délégué suppléant du Comité exécutif sortant, ait pris parti au premier tour de scrutin pour le candidat collectiviste Isoard, dans la récente élection de Forcalquier, alors qu'il y avait six candidats radicaux et radicaux-socialistes.* »

La deuxième est la proposition de la Commission qui conclut purement et simplement à la validation des pouvoirs du citoyen Nègre.

UN DÉLÉGUÉ. — C'est le fait matériel que nous avons vérifié, et nous avons validé Nègre. Les conclusions sont qu'il n'y a pas lieu de statuer sur cette situation.

M. Hubbard. — J'accepte la validation.

La validation est adoptée.

Le Président. — Je mets aux voix la proposition Martinet, amendée par M. Hubbard.

La proposition est adoptée à mains levées.

La séance est levée et renvoyée à 2 heures.

TROISIÈME SÉANCE. — 9 OCTOBRE
(Après-midi).

M. ESTIER, *président*. — Nous allons procéder à la nomination du bureau.

VOIX DIVERSES : Président ! Berteaux ! Brisson !

UN DÉLÉGUÉ. — Je demande formellement que le citoyen Brisson soit nommé président.

LE PRÉSIDENT. — M. Brisson n'est pas présent à la séance ; il sera nommé président d'honneur, on ne peut pas lui faire l'injure de le mettre aux voix. (*Applaudissements*).

DIVERS : Berteaux ! Puech ! Lafferre !

M. LAFFERRE. — Je cède évidemment la présidence au citoyen Berteaux qui est là ; quant à moi, je ne suis pas candidat à la présidence. (*Très bien !*)

(La candidature Berteaux comme président, mise aux voix, est acclamée).

Vice-présidents : Bourrat, député ; Robin, conseiller général du Rhône ; Réveillaud, député ; Leydet, sénateur ; Léon Francq, vice-président du Comité républicain du commerce et de l'industrie.

Secrétaires : Guillaume Poulle, conseiller général de la Vienne ; Henri Salles, délégué de la Seine ; Grangeon, délégué de Puget-Théniers ; Garcin, conseiller général des Bouches-du-Rhône.

MM. F. Bouffandeau et Resch, secrétaires permanents du Congrès.

M. BERTEAUX prend la présidence :

Citoyens,

Je ressens profondément l'honneur que vous venez de me faire en m'appelant à présider la troisième séance de votre Congrès, je ressens cet honneur et je suis pénétré de la responsabilité qu'il m'impose. Je ne l'aurais vraiment pas accepté si je n'avais conscience que vous avez voulu, en m'appelant à présider vos travaux, marquer votre approbation du bon combat que nous avons mené contre ceux qui, faisant passer leur haine contre la République avant toute autre considération, livrent à notre France le plus abominable de tous les combats, et cherchent à l'atteindre dans ses œuvres vives, dans son crédit même.

L'année dernière, ayant l'honneur d'être rapporteur général du budget, j'avais constaté que les accusations portées contre nos finances étaient volontairement et manifestement exagérées, et que si, pendant une période passagère, on avait pu constater une certaine moins-value dans le rendement de nos impôts, notre situation financière n'était point menacée. Je déclarais alors que le déficit, dû à des circonstances absolument transitoires, disparaîtrait avec le budget de 1902.

J'ai été traité, à ce moment, d'optimiste. Je ne méritais point cette accusation, puisque le déficit de l'année 1902, qui n'était bien que de 115 millions, comme je l'avais indiqué, devait disparaître en 1903, conformément à mes prévisions.

Et ce n'est pas sans une légitime satisfaction que je constate les résultats obtenus depuis.

Le tableau officiel du rendement des impôts accuse, pour les huit premiers mois de l'exercice 1903, par rapport aux évaluations budgétaires, une plus-value de 46 millions; cette plus-value s'élève à plus de 90 millions, si nous comparons non plus les rendements aux prévisions, mais bien le produit des impôts de 1903 à celui de l'exercice précédent pendant cette même période de huit mois.

Est-ce là, je le demande à cette assemblée, la situation qui méritait les attaques inqualifiables de nos adversaires ! N'étaient-ils pas bien imprudents d'affirmer que la politique républicaine que nous poursuivons et que nous poursuivrons jusqu'au bout, entraînait, comme une conséquence inévitable le déficit permanent et grandissant ? (*Applaudissements*).

Et maintenant que, contrairement à leurs affirmations et à leurs espérances, le déficit a fait place aux plus-values, la campagne contre les caisses d'épargne et contre la rente française s'est-elle arrêtée pour cela ? Non, nos adversaires ne désarment pas, et pourtant la baisse de la rente a pris fin. Comment pouvait-il en être autrement ? La campagne, menée par nos adversaires, ne repose sur aucune raison sérieuse, et ce n'est

pas davantage la cause des déposants de caisse d'épargne qu'ils ont prise en mains; car ils savent bien de
quelles sérieuses et surabondantes garanties sont entourés les dépôts. Ce qu'ils cherchent surtout, ce
qu'ils veulent uniquement, c'est jeter le discrédit sur
notre politique en risquant de discréditer notre pays,
espérant, s'ils y parvenaient, faire croire que c'est la
politique de laïcité, de plein air, de plein soleil, qui
serait la cause d'une situation qu'ils auraient seuls
créée. (*Applaudissements*).

Mais leur espérance est vaine; notre situation présente est bonne, et elle s'améliore sans cesse, grâce au
labeur incessant du pays républicain, de la démocratie
dont en toute circonstance nous nous appliquons à
réaliser les généreuses aspirations.

Lorsque nous avons abordé, il y a quelque temps,
l'examen de la loi sur le service militaire de deux ans,
nous nous sommes heurtés au même système de
calomnies; vous vous rappelez sans doute la lettre
qu'un homme d'Etat du centre communiquait, il y a
quelques jours, aux journaux, et où il se disait disposé
à accepter le service militaire de deux ans, reconnaissant qu'il fallait l'appliquer à ce pays. Mais il prêten-
dait qu'il y avait deux manières de faire cette loi; l'une,
la sienne, par laquelle on augmenterait la puissance de
la France et l'autre, celle de ses adversaires, par
laquelle on arriverait à briser les forces de notre pays.

Nous avons le droit de protester hautement contre
de pareilles accusations; ce n'est point le parti radical
et radical-socialiste, ce n'est point le bloc républicain
qui portera atteinte aux forces vives de la France, et
lorsque nous demanderons à tous les Français d'acquitter désormais d'une façon strictement égale et par
suite complètement juste l'impôt du sang, nous aurons
conscience de ne diminuer en rien la puissance de
notre pays; nous l'augmenterons, au contraire, par
une meilleure utilisation de notre contingent et des
centaines de millions que la France donne chaque
année pour sa Marine et son Armée; nous arriverons
ainsi, par une répartition nouvelle et plus équitable, à
une diminution des charges militaires qui pèsent si
lourdement sur la nation française. (*Applaudissements*).

Je m'arrête, mes chers amis, et je m'excuse de n'avoir
apporté à cette assemblée qu'une improvisation évidemment très indigne des auditeurs qui m'écoutent;

mais je ne m'attendais pas vraiment à présider cette séance, car je suis appelé à diriger vos délibérations en l'absence d'un des chefs les plus estimés et les plus vénérés de notre démocratie. (*Applaudissements*). Laissez-moi le dire bien haut, ça a été pour nous une joie profonde de venir, cette année, tenir à Marseille les assises de notre Congrès, car il nous a semblé que nous payions ainsi à la Cité Phocéenne une partie de notre dette de gratitude envers elle pour avoir vengé l'abominable trahison de Paris. (*Bravos et vifs applaudissements*).

Soyez donc remerciés, vous, nos amis de Marseille, qui avez compris qu'un grand pays, un grand parti comme le nôtre se déshonore, lorsqu'il laisse disparaître de la scène politique un des hommes qui ont le plus hardiment combattu depuis leur jeunesse et dont la vie est un exemple de labeur, de rectitude et de haute probité. C'est à vous que nous devons d'avoir conservé à la Chambre le citoyen Brisson. Nous vous sommes reconnaissants d'avoir maintenu au service de la démocratie républicaine et laïque ce grand talent et ce grand caractère, car le citoyen Brisson est avant tout un grand caractère digne de servir d'exemple à tous ceux qui, plus jeunes que lui, doivent tendre à l'imiter pour le plus grand bien de notre pays, pour la glorification de la République, pour le progrès social, et je puis ajouter aussi, pour le progrès de l'humanité. (*Vives acclamations*).

RÉFORMES AGRICOLES, COMMERCIALES, INDUSTRIELLES ET ÉCONOMIQUES.

Le Président. — La parole est au rapporteur général de la huitième commission (1).

(1) Commission de l'Agriculture, du Commerce, de l'Industrie et des études économiques.
Président : M. Léon Francq.
Vice-Présidents : MM. Astier, Tavé, F. Cahen.
Secrétaires : MM. Bellanger, Vergias, Fabius de Champville, Coulon.
Membres : MM. Elie Manlout, Ferrary, Goldschild, Léon Janet, Marini, Mascuraud, Jaunet, Chabannes, Thomas, Querroy, Richard, Jouanneau, etc.
Rapporteur général au Congrès : Ferdinand Cahen, Délégué du Comité républicain du Commerce et de l'Industrie, Paris.

M. Ferdinand CAHEN, *Rapporteur général.* — Messieurs, la huitième Commission du Comité exécutif et du Congrès avait à examiner les questions concernant :

1° *L'Agriculture,* 2° *le Commerce,* 3° *l'Industrie,* 4° *les Etudes Economiques.*

On ne saurait définir plus exactement que ne l'a fait son Président M. Francq (Vice-président du Comité Républicain du Commerce et de l'Industrie), le but que s'est proposé votre huitième Commission :

« Le Comité exécutif est pénétré de la nécessité de poursuivre la réalisation de la prospérité publique.

« Déjà, notre pays se trouve particulièrement favorisé par la nature : le sol est merveilleux, le climat exceptionnel, la position géographique sur quatre mers avec des bassins fluviaux bien répartis, lui créent des avantages remarquables. Qu'on ajoute à cela que le Français est travailleur et pourvu d'un esprit génial, nul ne pourra s'étonner de l'état prospère de la France.

« Malheureusement, la prospérité acquise nous vient trop naturellement, et elle se répartit mal ; nous négligeons les moyens de la développer artificiellement, en ne tirant point du sous-sol toutes les ressources que celui-ci peut donner, en discutant toujours, sans les résoudre, les questions économiques de notre production, en n'appliquant point les mesures de développement et de défense de notre commerce.

« Cela tient, semble-t-il, à ce que, si nous enfantons aisément les idées, notre action cérébrale est si prompte, si impatiente, qu'une idée, avant qu'elle ait pu germer, se trouve remplacée par une autre. Les idées et les paroles marchent, les actes ne trouvent pas suffisamment leur place dans notre activité sociale.

« Si l'on ajoute à cela que, peuple relativement heureux, nous sommes encore (nous avons été, dirait-on volontiers) un peuple foncièrement économe ; qu'en conséquence nous manquons du stimulant provoqué par le besoin pour accroître la prospérité et le bonheur parmi nous, afin d'en mieux faire profiter les humbles et les déshérités de la nature et de la société par une plus juste répartition de la richesse.

« C'est cependant l'accroissement rapide et facile de cette richesse qu'il faut réaliser pour appliquer nos principes de solidarité, de fraternité et pour arriver enfin à faire la juste part du capital et du travail. Les organisations syndicales et mutuelles que les républicains ont créées et favorisées constituent des éléments merveilleux pour assurer équitablement cette répartition.

« C'est par cet accroissement que nous verrons naître la

puissance financière des petits et du nombre, puissance qui s'exercera à côté du génie et du travail pour le plus grand bien de tous.

« La finance, ne l'oublions pas, ne tire son hégémonie que de notre impatience, c'est-à-dire de notre penchant vers le gain rapide ; elle sait qu'au fond et pour ce motif si nous sommes économes, nous sommes également des joueurs, et que, poussés par un excès de crédulité, nous nous précipitons trop facilement à la Bourse sur les valeurs habilement présentées et majorées par elle ; elle s'empare ainsi du fruit de nos économies. Et il en résulte que le produit de notre activité nationale accroît sans cesse la fortune financière d'une minorité qui en use pour imposer ses volontés, au préjudice des faibles qui sont en majorité.

« Il s'agit donc d'aviser aux moyens d'accroître la richesse, de la mieux répartir et de la mettre entre les mains, en partie tout au moins, de ceux qui travaillent à son développement. Ces moyens sont nombreux, même à ne parler que de ceux que les nations rivales emploient. Il y a trop longtemps que l'on en parle toujours et qu'on ne les applique jamais.

« Il est temps que le gouvernement de la République agisse ; que le Parlement l'aide dans son action.

« La huitième Commission du Comité exécutif a ce rôle à remplir qui consiste à pousser les pouvoirs publics dans la voie d'application des moyens d'accroître la richesse nationale et de rendre ainsi le travail plus rémunérateur par l'amélioration économique des moyens de production et de transport et de se fructifier par la fortune acquise des travailleurs. »

M. Alfred Massé, député de la Nièvre, ne disait-il pas récemment, dans une autre Assemblée, ce qui s'applique également à celle-ci : « Les questions politiques ne sont pas les seules qui sollicitent votre attention ; vous vous préoccupez également de tous les grands problèmes économiques et sociaux, et pour le faire, vous n'attendez pas qu'ils se soient imposés à l'étude des pouvoirs publics ? »

Et il y a quelques jours à Albi, notre collègue et ami Pelletan, parlant au nom du gouvernement, déclarait que le « cabinet a la volonté inébranlable de poursuivre jusqu'au bout son œuvre contre le cléricalisme sans négliger les réformes économiques et sociales attendues par le pays. »

C'est en s'inspirant de ces considérations que, sur la proposition de son Président, votre huitième Commission a mis à l'étude un certain nombre de questions dont nous avons l'honneur de soumettre les rapports et les conclusions à votre sanction.

Nous ne saurions avoir la prétention d'aborder tous les problèmes économiques et sociaux qui figurent au programme de notre parti.

Nous avons donné la préférence à ceux dont la solution est réclamée depuis longtemps, notamment par le Comité républicain du Commerce et de l'Industrie et par les syndicats ouvriers et patronaux.

Quelques-unes de ces questions sont déjà l'objet de rapports devant le Parlement et nous faisons appel au dévouemeut de nos amis des deux Chambres, pour en faire aboutir quelques-unes des plus urgentes au cours de la présente législature.

Votre Commission a divisé son travail, comme nous vous l'avons dit, en quatre catégories : *Agriculture, Commerce, Industrie, Études économiques.*

AGRICULTURE. — Notre collègue, M. Klotz, a présenté à votre Commission un projet de programme agricole du parti. Il vous le rapportera après lecture de ce rapport général. Les propositions de M. Klotz ont été adoptées à l'unanimité par le Comité exécutif. Nous demandons au Congrès de les adopter également.

D'autre part, notre collègue M. Richard, de Chalon-sur-Saône, a rapporté son étude sur le *Crédit agricole* et les *Warrants agricoles.*

Le Gouvernement de la République a déjà beaucoup fait pour donner des facilités de crédit aux agriculteurs. La loi du 5 novembre 1894 a facilité la formation des Sociétés de crédit agricole ; la loi du 17 novembre 1897 consacre l'avance de 40 millions de la Banque de France et la redevance annuelle de 2 millions au profit de l'agriculture ; la loi du 18 juillet 1898 autorise la création de warrants agricoles ; la loi du 31 mars 1899 institue les caisses régionales de crédit mutuel, comme intermédiaires entre les Sociétés locales de crédit agricole mutuel et l'Etat pour la répartition des avances de l'Etat.

Le but du législateur n'a pas été atteint dans bien des départements pour des motifs longuement développés par le Rapporteur.

C'est en vue de remédier aux dispositions législatives en vigueur que la huitième Commission, bien que le Sénat paraisse vouloir donner partiellement satisfaction à nos vœux, a proposé, et que le Comité exécutif a adopté le projet de résolution ci-après sur lequel le Congrès aura à délibérer :

Le Congrès du parti républicain radical et radical-socialiste invite les Pouvoirs publics à donner suite aux propositions suivantes :

« L'article premier de la loi du 5 novembre 1894 sera complété par l'addition suivante au deuxième alinéa *in fine :* «*Elles ne pourront escompter les effets de leurs membres qu'au taux de l'escompte de la Banque de France, augmenté au maximum d'un quart pour cent pour les effets à deux signatures et de un demi pour cent pour les effets à une seule signature.* »

« L'article trois de la même loi sera complété par l'addition suivante au deuxième alinéa *in fine:* «*Les intérêts du capital social ne pourront être supérieurs à 4 %.* »

L'article V de la loi du 31 mars 1899 sera modifié ainsi : « *L'intérêt à allouer aux parts, lequel ne pourra dépasser 4 %.* »

L'article IX du décret du 16 janvier 1806, modifié par la loi du 17 novembre 1897, sera complété par l'addition suivante au 1° *in fine* : « *Les effets pour une opération agricole pourront avoir une échéance correspondant à la fin de l'opération, sans toutefois dépasser 12 mois.* »

L'article premier de la loi du 31 mars 1899 sera complété par l'addition suivante : « *Pour être attribuées à titre d'avances sans intérêts aux caisses régionales et locales de crédit agricole.* »

L'article II de la même loi sera complété par l'addition suivante au deuxième alinéa : « *Le taux de l'escompte ne devra pas dépasser de plus de 1/4 celui de la Banque de France.* »

L'article 1er de la loi du 18 juillet 1898 sera complété par l'addition du bétail à l'énumération des produits sur lesquels un warrant peut être créé. »

Le projet de budget du gouvernement ne pourra détourner de sa destination agricole une partie de la redevance annuelle de la Banque de France (1).

Le Président. — La parole est à M. Louis Martin.

M. Louis Martin. — Messieurs, il importe d'aller très rapidement en besogne. — Je viens à peine de terminer la lecture du rapport et si dans la question que je vais traiter il y a un point qui ait été déjà résolu par le Rapporteur, vous voudrez bien me corriger.

Mais, il me semble qu'il y a peut-être dans le rapport de l'Agriculture une omission. On nous demande de voter certaines dispositions de loi ayant pour objet de modifier une loi de telle ou telle façon. Est-ce qu'il ne vaudrait pas mieux voter le principe car, pour ce que l'on nous demande, il faudrait connaître le texte que l'on désire modifier. Nous ne pouvons rien faire sans que nous sachions précisément ce qui est contenu dans les articles. Nous pourrions toutefois poser les principes, et quant aux modifications à apporter dans les articles, ce serait le rôle de la Chambre de les y introduire.

Au nom des populations agricoles que je représente, je tiens maintenant à protester contre la main-mise, par le Ministre des Finances, sur la redevance annuelle de la Banque de France. Il me paraît que cette redevance devrait être à l'abri de toute tentative d'accaparement, et je voudrais que

---

(1) La Commission s'est préoccupée de l'hydraulique agricole et de l'utilisation des forces hydrauliques. Ces questions, mises à l'étude, seront rapportées ultérieurement.

ma protestation englobât toutes les avances de la Banque de France.

En outre — et j'appelle tout spécialement l'attention du Congrès sur cette question fort importante — pour les populations agricoles, il faudrait que si les caisses régionales n'ont pas demandé en totalité les sommes mises en réserve à leur disposition, celles-ci fussent distribuées sur la proposition d'une Commission siégeant au Ministère de l'Agriculture. Ce qui importerait, cependant, c'est que le Ministre ne s'en remît pas uniquement à l'avis de cette Commission supérieure, car elle est composée en grande partie d'éléments réactionnaires.

Ce n'est pas de la théorie que j'apporte à cette tribune ; je parle par expérience ; je pourrais fournir des témoignages. Lorsque nos caisses régionales prolétariennes, qui veulent arracher le paysan au joug du banquier, désirent se constituer et s'adressent à cette commission, leurs statuts sont épluchés de la façon la plus minutieuse et leurs administrateurs sont l'objet de mille questions ; il n'est pas d'observation qu'on ne leur fasse. On cherche à les décourager ; de telle façon que ce grand prolétariat agricole, qui a tant fait pour la République, qui est pour nous, parti radical-socialiste, l'élément le plus vaillant de notre action dans le pays ; ce grand prolétariat agricole, si nous n'y prenons garde, arrivera à se désintéresser de l'action publique,

Cette question est essentiellement grave, et je demande que le Congrès proteste énergiquement contre les agissements de la Commission et contre la façon trop parcimonieuse dont les caisses agricoles sont alimentées par les avances de la Banque de France. (*Applaudissements.*)

Le Rapporteur général. — La Commission se rallie au vœu du citoyen Martin.

Le Président. — La Commission se ralliant au vœu du citoyen Louis Martin, je mets aux voix l'ensemble des trois propositions.

Les trois propositions sont adoptées à mains levées.

M. Cahen, *Rapporteur général*, continue la lecture du Rapport de la 8e Commission.

Commerce. — Le Comité républicain du Commerce et de l'Industrie a saisi votre Commission d'un rapport intéressant de M. Jules Cahen sur l'Electorat des Chambres de commerce.

Notre collègue, M. Chabannes, a fait un rapport sur cette question intéressante, puisqu'il s'agit de permettre l'accès aux Chambres de commerce à ceux qui en sont injustement exclus et de démocratiser ces institutions par trop réactionnaires à quelques exceptions. (*Très bien !*)

Le Parlement et le Gouvernement s'occupent de cette question intéressante.

Voici, en attendant une solution, la proposition de votre Commission adoptée par le Comité exécutif et sur laquelle le Congrès a à se prononcer :

« *Le Congrès, considérant l'utilité de faire représenter dans chaque Chambre de commerce les industries régionales et les commerces les plus importants au développement et à la prospérité du département par un nombre proportionnel de membres,*

« *Emet le vœu que l'électorat aux Chambres de commerce soit étendu à tous les patentés comme pour les Tribunaux de commerce, en application de la loi de 1883.* (Très bien!)

« *Les catégories professionnelles et le nombre des Chambres de commerce sont fixés par décrets du Ministre du Commerce et de l'Industrie.* (Très bien !) »

Ces propositions, mises aux voix, sont adoptées à l'unanimité.

LE RAPPORTEUR GÉNÉRAL. — M. Chabannes a également rapporté une question soumise par le Comité républicain du Commerce et de l'Industrie sur la *Réforme de la procédure devant les Tribunaux de commerce concernant les préliminaires de la conciliation.*

Il s'agit de mettre un terme aux frais énormes qui écrasent les justiciables des Tribunaux de commerce sur des affaires que l'on peut solutionner.

La Commission a présenté, le Comité exécutif a adopté, le projet de résolution suivant, à soumettre au Congrès :

« *Les Pouvoirs publics sont invités à présenter un projet de loi rendant obligatoires les préliminaires de conciliation devant les Tribunaux de commerce et devant les Tribunaux civils, jugeant commercialement.* » (Bravos, très bien !)

Cette proposition est adoptée.

LE RAPPORTEUR GÉNÉRAL. — M. Bellanger a fait un rapport sur la réforme des Consulats.

Il s'agit d'obtenir des effets utiles de nos Agents consulaires, qui coûtent cher au budget, dans l'intérêt du commerce de la France à l'étranger.

La Commission a présenté et le Comité exécutif a adopté la résolution suivante, sur laquelle le Congrès est appelé à se prononcer :

« *Les Pouvoirs publics sont invités à établir une entente entre le ministère du Commerce et le ministère des Affaires étrangères, à l'effet : 1° de réviser les résidences mal distribuées de nos Consuls ; 2° de modifier le système actuel de recrutement des Consuls* (Très bien!) *et des examens avec extension de la partie commerciale et des stages commerciaux et en exigeant la connaissance de la langue du pays auquel les agents consulaires sont destinés* (Très bien !) ; *3° de seconder énergiquement l'action de l'Office du Com-*

merce extérieur contre l'inertie de certains Consuls. » (Très bien !)

M. Bourrat demande la parole. — Je propose de rappeler aux Consuls qu'ils sont absolument à la disposition de nos nationaux (*Très bien !*) et d'inviter le Gouvernement à ne pas réserver la carrière exclusivement aux réactionnaires (*Très bien! et applaudissements.*)

Le Président. — Il n'y a pas d'opposition ?

Ces conclusions sont adoptées à l'unanimité.

Le Rapporteur général. — MM. F. Cahen et Jaunet ont rapporté la question des colis postaux soulevée par le Comité Républicain du Commerce et de l'Industrie.

La question des colis postaux joue un rôle considérable dans la vie économique du pays. Il faut que ces colis postaux parviennent sûrement, rapidement et qu'en cas de perte le réclamant puisse se faire rendre justice sans délais épuisants et sans grands frais.

La Commission a proposé et le Comité exécutif a adopté la résolution suivante, que nous soumettons au Congrès :

« *Les Pouvoirs publics sont invités à améliorer le régime des colis postaux en créant des feuilles postales collectives pouvant servir à l'envoi simultané de plusieurs colis de même poids ayant un même destinataire* (Très bien!); *en réduisant de deux heures le délai global maximum de transport imparti aux Compagnies pour les colis de grande vitesse et les colis postaux ; en créant des colis express qui acquitteraient un supplément de 0,10 centimes, mais auxquels seraient attachés les avantages suivants : Transport accéléré garanti par l'imposition aux Compagnies d'un délai maximum restreint ; responsabilité effective du transporteur, même en cas d'avarie ou de retard, et en vue de consacrer cette responsabilité ; attribution de compétence aux juges de paix du domicile de l'expéditeur dans tous les litiges relatifs à la perte, à la spoliation, au retard ou à l'avarie de colis express, enfin, en commercialisant le service des colis postaux ou express et dans ce but en rattachant ce service au Ministère des Travaux publics, qui, en fait, exerce le contrôle sur les Compagnies qui en sont chargées.* » (Tres bien !)

Ces résolutions sont adoptées.

Le Rapporteur général. — MM. F. Cahen et Fabius de Champville ont rapporté la question intéressante et très délicate des *Ports francs*. Les conclusions soumises au Comité exécutif ont été ajournées. Le Congrès sera donc saisi ultérieurement de cette question, s'il y a lieu.

M. Fabius de Champville a rapporté la question non moins intéressante des *Trusts, Cartels* et *Syndicats*. Les conclusions soumises par votre Commission au Comité exécutif ont été également ajournées.

Le Congrès, s'il y a lieu, sera appelé à en délibérer.

Les questions de la *Marine marchande*, du *Régime douanier* et des *Traités de commerce* ont été l'objet de l'attention de la Commission.

Toutefois, nous n'avons pas jugé à propos de vous saisir pour l'instant de propositions fermes.

INDUSTRIE. — M. Francq a rapporté la question de l'*outillage des Colonies.*

La Métropole fait des sacrifices énormes de sang et d'argent pour conquérir des Colonies, et l'on néglige trop d'y créer un outillage capable de les faire prospérer et quand on crée cet outillage, on a le tort de gaspiller les capitaux en travaux d'art coûteux, trop coûteux, étant donné l'aléa dans les probabilités de recettes à opérer dans des pays encore peu connus.

Votre Commission, en conséquence, a proposé, et le Comité exécutif a adopté, la résolution suivante à soumettre au Congrès :

« *Les Pouvoirs publics sont invités à prendre toutes les mesures capables de mieux protéger et d'encourager les coloniaux dans leurs entreprises commerciales et industrielles ; de relier nos colonies à la Métropole par des moyens télégraphiques appartenant à la France ou placés sous son contrôle ; de mettre les Colonies françaises en état de défense contre toute entreprise d'une nation ou d'une coalition rivale ; d'outiller ces colonies ; de créer des ports et chemins de fer d'une manière suffisante mais économiquement, au lieu de gaspiller l'argent sur certains points et de négliger d'en appliquer sur certains autres.* »

Ce vœu est adopté.

LE RAPPORTEUR GÉNÉRAL. — M. Resch a élaboré un rapport sur le rachat du Chemin de fer :

« Votre Commission a été saisie à nouveau du projet de rachat des réseaux de l'Ouest et du Midi et de leur exploitation par l'Etat.

« Cette question avait déjà fait l'objet d'un rapport favorable que vous aviez adopté au Congrès de Lyon, en 1902.

« D'une manière générale, les Chemins de fer constituent le monopole le plus redoutable pour une démocratie.

« Il résulte des statistiques établies par les Compagnies de chemins de fer et publiées par le Ministère des Travaux publics, que la construction de nos grands réseaux a occasionné les dépenses suivantes, au 31 décembre 1901 :

« Actionnaires : 1 milliard 602 millions ; obligataires : 21 milliards 614 millions ; Etat, 4 milliards 443 millions. Total : 27 milliards 659 millions.

« Il résulte de ce tableau que les actionnaires n'ont fourni que les six centièmes du capital dépensé et que seuls ils participent à l'administration des réseaux.

« Il convient de tenir compte que le nombre d'actions représentées aux assemblées générales est infime; pour le P.-L.-M., par exemple, les actions représentées figuraient pour 51 millions en 1899. 64 millions en 1900, 60 millions en 1901, et 54 millions en 1902.

« Si l'on tient compte des actions représentées aux assemblées générales par les directeurs et les membres du Conseil d'administration, il en résulte que dans les assemblées d'actionnaires il n'y a point ou presque point d'électeurs indépendants.

« L'Etat a fourni aux Compagnies, sans que celles-ci paient ni l'intérêt ni l'amortissement des 4 milliards 443 millions, les seize centièmes du capital d'établissement, la somme de plus d'un milliard que les Compagnies doivent à l'Etat du chef de la garantie d'intérêt, ne rentre pas dans ce dernier chiffre.

« Cependant, l'Etat est désarmé vis-à-vis des Compagnies, et M. Baudin, Ministre des Travaux publics, le proclamait à la tribune, lorsque, reconnaissant que le contrôle était illusoire, il déclarait que si les Compagnies continuaient leur mauvaise exploitation, il ferait appel à... l'opinion publique.

« Il y a donc pour l'Etat, désarmé vis-à-vis de puissances financières aussi importantes que les Compagnies de chemins de fer, un intérêt primordial, ainsi que le proclamait Lamartine dans un de ses plus beaux discours, à avoir la gestion directe des réseaux ferrés.

« D'ailleurs, les Républicains ont toujours inscrit sur leur programme le rachat des Chemins de fer et leur exploitation par l'Etat.

« Nous ne rappellerons que pour mémoire les propositions de Gambetta, Laurier, Tolain, Goblet, etc., celles d'Allain-Targé, les discours de Waddington, de Pelletan, etc., réclamant l'application de la mesure que nous vous proposons.

« **Comparaison de l'exploitation de l'Etat et des Compagnies.** — Nous devons rappeler, pour établir la comparaison entre l'exploitation par l'Etat et l'exploitation par les Compagnies, que le réseau de l'Etat est le seul qui procure des bénéfices au Trésor.

« En 1899, ces bénéfices étaient de 15 millions.

« L'exploitation du réseau actuel de l'Etat date de 1878 ; ce réseau a été composé par des lignes mal comprises, sans cohésion entre elles, avec des rampes et des courbes difficiles.

« Il n'a pas la liberté de ses tarifs ni de son trafic ; sa liberté a été aliénée par les Conventions de 1883 au profit du réseau d'Orléans. Cependant, alors que le réseau d'Orléans occasionne annuellement au Trésor, par suite des sommes que l'Etat a allouées à cette Compagnie, une dépense par kilomètre de

7.660 francs, le réseau d'Etat n'occasionne qu'une dépense semblable de 6.342 francs.

« Au point de vue des transports, le réseau de l'Etat a des tarifs très inférieurs à ceux des Compagnies pour les houilles et les cokes, le sel, le fer brut, le minerai de fer, les pierres de taille brutes ou légèrement ébauchées, les engrais et les blés.

« Le nombre des wagons de marchandises du réseau de l'Etat est de 2,77 par 100.000 tonnes kilométriques, alors qu'il n'est que de 1,69 pour l'ensemble des six grands réseaux des Compagnies.

« Le matériel pour le transport des voyageurs est, sans contestation, bien plus confortable sur l'ensemble du réseau de l'Etat que sur l'ensemble du réseau des Compagnies.

« **Défense nationale.** — Des divers documents qui ont été publiés, il résulte qu'à aucun moment l'Etat n'a fait procéder au récolement du matériel moteur et du matériel roulant des Compagnies de chemins de fer.

« Aurions-nous, en cas de guerre, le nombre de locomotives et le nombre de wagons nécessaires pour le transport des troupes ? Tel est le point d'interrogation que nous devions vous poser.

« **Situation financière des Compagnies.** — Les Compagnies amortissent-elles leur capital ?

« Il convient de faire des réserves.

« Il faut tenir compte qu'elles empruntent annuellement pour leur propre compte, des sommes considérables qui se sont élevées pour toutes les Compagnies, sauf le Nord, depuis 1884 jusqu'à 1902, à 3 milliards 148 millions.

« Or, des statistiques publiées au 31 décembre 1901 il résulte que depuis leur origine les six grandes compagnies ont amorti 125 millions d'actions et qu'il leur reste à amortir 1 milliard 477 millions de ces mêmes actions, qu'elles ont amorti 2 milliards 492 millions d'obligations et qu'il leur reste à amortir 19 milliards 120 millions d'obligations.

« Les amortissements depuis l'origine des chemins de fer, c'est-à-dire depuis 1838 jusqu'à ce jour, se sont donc élevés à 2 milliards 7.617 millions et l'amortissement que les grandes compagnies devraient en effectuer avant 1960, s'élèverait à 20 milliards 507 millions.

« Le pourront-elles ?

« Il suffit de poser la question pour montrer l'impossibilité du remboursement.

« **Comparaison avec les nations voisines.** — Enfin, toutes les nations de l'Europe continentale ont procédé ou procèdent au rachat de leurs réseaux.

« Il n'y a que trois exceptions ; l'empire Ottoman, l'Espagne... et la France.

« Alors que les nations monarchiques procèdent au rachat, gardant précieusement dans leurs mains ce merveilleux instrument de défense économique et nationale, nous ne pouvons pas, nous, républicains, déclarer que les républicains français seraient incapables de réaliser cette opération.

« Il est de bon ton dans certains milieux de déclarer que le fonctionnarisme français se prêterait mal à cette opération. Le résultat que nous avons cité du réseau de l'Etat démontre que cette critique est mal fondée.

« C'est pour ces motifs que notre commission vous propose d'adopter la résolution suivante :

« *Le gouvernement et les républicains sont invités à demander aux Chambres, pour le moment, le rachat des réseaux de l'Ouest et du Midi, afin que par une expérience d'un plus grand réseau, on puisse établir des comparaisons encore plus probantes avec l'exploitation par les compagnies. Le Comité exécutif continuera les études avec le dévoué concours de MM. Bourrat et Klotz* » (Applaudissements).

Les conclusions du rapporteur sont adoptées.

Lé Rapporteur de la 8ᵉ commission. — M. F. Cahen a rapporté la question des *canaux, voies navigables* et *l'outillage des ports*.

La commission estime que cette question est des plus importantes pour l'avenir économique de la France. Le gouvernement actuel a repris, en le restreignant, le projet Baudin, Maurice Faure, Leydet, Destieux-Junca. Tout en l'approuvant et en l'engageant à persévérer, nous demandons l'extension de son programme dans la mesure compatible avec les ressources financières de l'Etat et des concours obtenus et à obtenir.

Le Comité républicain du commerce et de l'industrie nous a soumis les propositions qu'il a faites aux pouvoirs publics.

La commission, d'accord avec lui, propose donc que les travaux reconnus nécessaires soient entrepris autant que possible de 1905 à 1922.

Elle a proposé, et le Comité exécutif a adopté, la résolution suivante à soumettre au Congrès :

« *Les pouvoirs publics sont invités à poursuivre l'étude et la réalisation des travaux suivants :*

« *Canaux reliant l'Escaut à Dunkerque,*

« *Amélioration de la navigation de la Seine,*

« *Amélioration de la navigation du Rhône,*

« *Amélioration des canaux du Midi,*

« *Amélioration de la Garonne entre Castets et Bordeaux,*

« *Canal de la Chiers,*

« *Canal de l'Escaut à la Meuse,*

« *Canal du Nord,*

« *Amélioration de la Loire entre Nantes et Angers,*

« *Canal d'Orléans entre Combleux et Orléans,*

« *Canal de la Loire au Rhône,*

« *Canal de Marseille au Rhône,*

« *Canal du Rhône à Cette,*

« *Canal de la Loire à la Garonne,*

« *Étude de la canalisation du Rhône entre Arles et Lyon,*

« *Amélioration des ports de Dunkerque, Dieppe, le Havre, Rouen, Saint-Nazaire, Nantes, Bordeaux, Bayonne, Cette, Marseille, Canal du Berry (Amélioration).*

« *Canal de l'Ourcq (Prolongement).*

« *Canal de Moulins à Sancoins,*

« *Travaux divers (canal de la Haute-Seine, Ponts de Paris, écluses du canal du Midi, déviation des ruisseaux de Gargailhan et du Libron, raccordement aux gares des Chemins de fer du canal latéral à la Garonne et du canal du Midi, Dock d'armement à Saint-Nazaire, dragage du port extérieur de Boulogne, nouvelle forme de radoub et d'un deuxième bassin à flot à Bordeaux, approfondissement de la Gironde.*

« *Canal des deux mers et navigabilité de la Garonne.* »

Le Rapporteur. — Je ferai remarquer à l'Assemblée qu'il s'agit là d'un programme d'études.

M. Hubbard. — Citoyens, vous venez d'entendre l'énumération d'un très grand nombre de travaux relatifs aux canaux, etc... Je déclare qu'en principe je ne m'oppose pas à l'adoption de ce grand programme destiné à l'amélioration des moyens de transports. Mais si je ne m'oppose pas à cette mise en œuvre, j'appelle cependant l'attention de tous les républicains sur un point qu'on a très souvent laissé dans l'ombre. Il s'agit de la répartition équitable du crédit national et collectif de la France.

À ce propos, ma proposition peut être placée à côté de celle que faisait tout à l'heure notre ami Martin, relativement aux avances faites par la Banque de France aux syndicats agricoles.

Au nom des populations pauvres des montagnes, de ces pays dont la production agricole est si lamentablement abandonnée et qui se meurent faute d'eau, je viens apporter devant le Congrès l'expression de ce vœu. C'est que l'on ne donne pas toujours l'appui de l'Etat uniquement aux industries de transports qui donnent la possibilité de transporter le matériel et les produits agricoles, mais que l'on mette une partie des crédits au service des petits cultivateurs, c'est-à-dire qu'on procède à la création de canaux d'irrigation dans ces pays agricoles qui ont tant de peine à prospérer précisément parce qu'ils n'ont pas un arrosage suffisant.

Je demande que l'on comprenne désormais à côté du grand programme des travaux publics dont on vient de parler, un programme de travaux pour faciliter la production agricole et que l'on crée, par tous les moyens, un outillage agricole communal. (*Très bien !*)

Le Rapporteur. — La Commission se rallie au vœu de M. Hubbard.

M. Maurice Faure. — Messieurs, il me paraît, à moi aussi, que le caractère limitatif des grands travaux d'utilité publique à exécuter présente de graves inconvénients. Le programme qui nous est soumis n'a pas seulement un intérêt départemental, il a encore un intérêt interdépartemental. Il faut, en effet, mettre à la disposition des populations agricoles tous les moyens dont elles ont besoin pour développer leur production. Il y a à ce point de vue un projet très ancien, c'est celui qui a trait aux canaux dérivés du Rhône qui doivent comprendre, non seulement celui de Marseille à Arles, mais encore celui ou ceux d'Arles à Lyon. Ils intéressent tout particulièrement la région à laquelle j'appartiens. Cependant, ils présentent non seulement un caractère régional, mais un caractère d'intérêt national. Il ne s'agit pas d'améliorer seulement la navigation ; mais comme le disait le citoyen Hubbard, il faut encore mettre à la disposition des populations rurales des canaux de production agricole. Il y a, je le répète, un projet, le plus ancien de tous les grands projets d'utilité publique, c'est celui qui a trait aux canaux dérivés du Rhône, et nous ne devons pas seulement aller de Marseille à Arles, mais aussi d'Arles jusqu'à Lyon (*Bravos*). Cette question a une importance si capitale, elle s'impose avec une telle évidence à la sollicitude des pouvoirs publics, que tout récemment, quand on a discuté, au Sénat, la question des grands travaux publics, le Ministre de l'Agriculture a été obligé de convenir que le canal de Marseille à Arles n'était que l'amorce du grand canal de Marseille à Lyon qui donnera satisfaction en même temps au Commerce, à l'Industrie et à l'Agriculture.

M. Henri Michel. — C'est ainsi que nous avons toujours envisagé la question. J'étais rapporteur de ce projet, et j'ai dit, du haut de la tribune, nous l'avons tous dit, que nous considérions le canal de Marseille au Rhône comme le prélude du grand canal qui ira jusqu'à Lyon et qui seul donnera à la fois satisfaction aux populations rurales et aux habitants des villes, c'est-à-dire au Commerce, à l'Industrie et à l'Agriculture.

M. Maurice Faure. — Je remercie mon collègue d'apporter à ma thèse l'autorité de sa parole, et, pour conclure, je demande qu'on ajoute aux divers travaux prévus dans le rapport dont il vient de vous être donné lecture, le canal latéral de Marseille à Lyon.

Une voix. — C'est déjà dans le rapport.

M. Maurice Faure. — Permettez-moi maintenant de présenter une observation relativement à une question qui s'est posée devant la Fédération républicaine de la Drôme, et qui

se rattache au programme radical et radical-socialiste. C'es
la question des Syndicats agricoles.

À l'heure actuelle, la plupart des syndicats agricoles sont
aux mains des réactionnaires, qui ne manquent pas de s'en
faire une arme très puissante contre la République ; et les
républicains de la Drôme, en venant au Congrès, se sont préoccupés tout particulièrement des moyens d'assurer à la République le bénéfice de cette organisation.

Dans nos pays, ce sont les mélinistes et tous les tenants de
la réaction qui usent de ces syndicats pour asservir et ruiner
les paysans et nuire à la République (*Très bien !*)

D'ailleurs, ces monopoliseurs de syndicats agricoles ont,
dit-on, pour devise : « Par la croix et par la charrue » ; ce
qui ne laisse aucun doute sur leurs intentions.

Nous demandons donc que le Comité exécutif se préoccupe
de provoquer la création, dans tous les départements de
France, de Syndicats agricoles républicains. Il importe d'arracher à la réaction cette arme, ce puissant moyen de combat,
et de le mettre dans la main des républicains. (*Vifs applaudissements.*)

L'amendement de M. Maurice Faure est adopté dans la forme suivante :

« *Le Congrès invite le Comité exécutif à faire toutes les di-
ligences nécessaires pour provoquer la formation, sur tous les
points de la France, de syndicats agricoles républicains.* »

M. LEYDET, sénateur des Bouches-du-Rhône. — Chers Concitoyens, la question, ou plutôt les questions qui viennent
d'être débattues devant vous sont d'une grande importance,
et importante aussi sera la décision du Congrès radical et radical-socialiste aux yeux du Parlement ; c'est pour cela qu'en
deux mots seulement je veux appeler votre attention sur les
conséquences qui pourraient résulter de votre décision.

On vous demande (et nous serions tous de cet avis si nous
avions les moyens de le faire), on vous demande de faire tous
les travaux possibles et imaginables dans tout le territoire
de la France et pour lesquels il faudrait des centaines de
millions.

Vous savez qu'il avait été déposé à la Chambre un projet
de grands travaux que le Sénat a été amené à réduire, à
limiter à 10 ou 12 grands projets, parmi lesquels se trouve
celui du canal de Marseille au Rhône et pour l'exécution
desquels il faut près de 300 millions. Cette dépense sera faite
en quinze ans et les sommes nécessaires seront prises sur le
crédit voté chaque année au Ministère des Travaux publics.
Si on prenait à la lettre les conclusions de l'honorable rapporteur, il faudrait peut-être un milliard.

UNE VOIX. — Trois milliards.

M. LEYDET. — Il s'ensuivrait que si la Chambre prenait en
considération toutes vos demandes, elle ne pourrait voter le
projet qui lui revient du Sénat.

Je vous demande, tout en adoptant en principe les conclusions du rapporteur (et nous sommes tous de son avis) d'émettre le vœu que les travaux adoptés par le Sénat soient votés par les Chambres, de façon que ces travaux puissent être commencés immédiatement. Et alors, on pourra, selon le vœu émis, mettre tout de suite à l'étude les projets dont il est question dans le rapport qui vous est présenté.

Nous avons dit au Sénat, le rapporteur l'a dit, que nous devions mettre immédiatement à exécution les projets complètement étudiés et pour lesquels les départements, les Chambres de commerce et les municipalités font des sacrifices, tandis qu'une grande partie des travaux non étudiés n'ont pas encore fait l'objet de sacrifices de la part des départements, des Chambres de commerce et des municipalités.

Citoyens, j'ai terminé, et je vous demande dans l'intérêt public, dans l'intérêt des grands projets eux-mêmes qui depuis 50 ans sont demandés par les populations, de décider, de n'aborder que ceux qui ont déjà été votés par le Sénat, et d'insister pour que les 300 millions de travaux votés par cette assemblée le soient immédiatement par la Chambre, de façon à ce que les autres soient mis à l'étude sans délai.

M. Destieux-Junca, sénateur. — Je ne voudrais pas revenir sur les conclusions du rapport relatives aux questions agricoles, mais vous me permettrez — imitant en cela l'exemple de mon ami Maurice Faure — de rappeler au Congrès du parti radical et radical-socialiste qui est réuni en ce moment, que si les syndicats agricoles, et le crédit agricole, notamment, se trouvent entre les mains du parti réactionnaire, il faut convenir que la faute en est un peu à ceux de nos amis qui, à la Chambre ou au Sénat, ont voté le projet de loi instituant le crédit agricole tel qu'il avait été préparé par M. Méline.

Ce projet-là a favorisé singulièrement le parti réactionnaire et l'influence des ennemis de la République s'en est trouvée fortifiée ; car, lorsqu'il s'agit d'organiser le crédit agricole et les syndicats, il est certain que les grands propriétaires — si on part du principe que le crédit doit être mutuel — ont une prédominance absolue dans ces institutions.

La doctrine du parti radical et radical-socialiste était que le crédit agricole devait être organisé par l'Etat, et la Commission avait proposé à la Chambre cette motion qui n'a pas été adoptée.

Je voudrais que le Congrès radical et radical-socialiste émît un vœu en faveur du retour à l'organisation du crédit agricole par l'Etat ; de cette façon, tous les citoyens en profiteraient, et l'initiative de ce grand mouvement ne serait pas tout entière, comme cela arrivera fatalement, si nous n'y prenons garde, entre les mains des ennemis de la République.

Le Rapporteur général. — Je me félicite d'avoir provoqué l'intervention de mes collègues et je vois qu'il faut que je précise bien la situation. Il est entendu que tout ce qui vient d'être indiqué par la Commission doit être fait ; mais j'ai dit au gouvernement que c'est « tout en l'approuvant et en l'engageant à persévérer que nous demandons l'extension de son programme dans la mesure compatible avec les ressources financières de l'Etat et des concours obtenus et à obtenir. » Cela n'est pas limitatif et par conséquent il me semble qu'il y a là quelque chose qui donne satisfaction. Peut-être, il est vrai, ai-je commis un lapsus en n'ayant pas lu textuellement le contenu de ce rapport en ce qui concerne le canal d'Arles à Lyon ?

PLUSIEURS VOIX : Nous sommes d'accord.

LE PRÉSIDENT. — Messieurs, je constate que le Rapporteur donne satisfaction à tout le monde.

(Les conclusions de la Commission, mises aux voix, sont adoptées).

M. Gustave HUBBARD. — Je demande qu'on ajoute cette phrase au dispositif :

« *Dans tout programme de grands travaux publics une part devra être faite aux ouvrages hydrauliques destinés à fertiliser le sol et à développer l'outillage agricole.* »

LE RAPPORTEUR. — La Commission accepte l'amendement.

(L'amendement Hubbard, formulé par écrit, est adopté).

LE RAPPORTEUR continue la lecture de son rapport. — M. Francq a rapporté la question de la recherche des *gisements houillers, métallifères et des phosphates et des forces hydrauliques en France et dans nos possessions.*

La Commission estime que ces gisements constituent un élément sérieux de richesse que l'on ne doit point négliger, et que les Pouvoirs publics doivent stimuler l'initiative privée en pareille matière.

En conséquence, elle a proposé et le Comité exécutif a adopté la résolution suivante que nous soumettons au Congrès:

« *Les Pouvoirs publics sont invités à mettre le corps des mines en œuvre, à l'effet d'étudier, rechercher, reconnaître et signaler à l'industrie privée les gisements de houille, métallifères, de phosphates, les forces hydrauliques, et de prendre toutes mesures propres à encourager l'initiative privée pour l'exploitation de ces sources naturelles de richesses.* »

(Les conclusions de la commission sont adoptées).

LE RAPPORTEUR GÉNÉRAL. — M. Francq a rapporté les questions du transit international de la France, qui comprennent le *Canal des deux mers*, le *chemin de fer de Lons-le-Saulnier à Genève par la Faucille*, vers le Simplon, et le Canal maritime de Rouen à Paris; à cette occasion, l'œuvre connue sous le nom de *Paris port de mer*, de M Bouquet de la Grye, a été examinée.

Ce projet a été l'objet de rapports favorables au Conseil général des Ponts, au Conseil municipal de Paris, à la commission d'enquête, à la commission de défense militaire, à la Chambre des députés à plusieurs reprises.

L'intérêt général commande sa réalisation, les intérêts particuliers s'y opposent.

La commission a proposé, le Comité exécutif a adopté la résolution suivante à soumettre au Congrès :

« *Les Pouvoirs publics sont invités à déclarer d'utilité publique à bref délai, le Canal maritime de Rouen à Paris, qui ne coûtera rien à l'Etat, qui lui rapportera beaucoup, et qui créera entre la Manche et la Méditerranée une voie de transit international de premier ordre.* » (Bravos).

M. Nourisson a la parole sur cette question. — Je ne retiendrai pas longtemps votre bienvaillante attention.

Vous vous êtes prononcés tout à l'heure sur une question capitale, relative aux syndicats agricoles. Je représente une région montagneuse du centre de la France. Le sol y est très divisé, très morcelé. Il possède cependant des richesses naturelles considérables. Je m'explique : Quand je parle de richesses, je veux dire par là la force motrice qui descend de nos montagnes et qui est actuellement inutilisée en partie.

J'applaudis des deux mains à la création des syndicats agricoles; mais je pense qu'on ferait très bien d'y ajouter une motion préjudicielle, une indication, et voici pourquoi Ces populations dont je parle sont — sans vouloir les dénigrer, puisque j'en suis — relativement en retard en ce qui concerne la conception de leurs véritables intérêts; leur éducation n'est pas suffisamment faite. Utiliser les forces naturelles, les rendre productives et les mettre à la disposition de l'agriculture et de l'industrie, cela dépasse un peu leur intellect. Je demande donc aux bons citoyens qui se préoccupent de l'organisation des syndicats agricoles, que dès l'origine de la création de ces syndicats, ils s'efforcent tout d'abord de développer la question intellectuelle, l'éducation industrielle, l'éducation scientifique; je leur demande de faire jaillir les premières étincelles de la vérité scientifique, pour arriver progressivement à utiliser plus avantageusement les forces naturelles qui constituent la richesse de notre pays.

Voilà, en quelques mots, l'idée qui m'a poussé à venir vous parler de cette question. Si je vous la soumets, c'est parce que j'en ressens moi-même toute l'importance en ma qualité de paysan, fils d'un petit paysan. Je sais que mes compatriotes sont pour le moment au-dessous de leur tâche. Je vous supplie donc, citoyens, de voter les vœux qui sont nécessaires...

Le Président. — Je crois que les premières parties du rapport vous donnent satisfaction. (*Très bien !*)

M. Nourisson se déclare satisfait et quitte la tribune.

Etudes économiques. — Le Rapporteur général. — M. Jouanneau a rapporté la question de l'enseignement de la pêche maritime. Votre commission estime que la pêche maritime mérite un sérieux encouragement au point de vue militaire d'abord et pour développer une des richesses de notre littoral très étendu, et qu'un enseignement spécial doit être organisé sérieusement dans ce but.

En conséquence la commission a proposé, le Comité exécutif a adopté la résolution suivante à soumettre au Congrès :

« Les Pouvoirs publics sont invités à prendre les mesures nécessaires en vue d'enseigner la pêche maritime pour son rapide développement et de créer un office de la pêche. »

Cette proposition est adoptée.

Le Rapporteur — M. Jouanneau a rapporté également la question de la création d'une caisse de prévoyance de la Marine. Votre commission a proposé, le Comité exécutif a adopté un projet de résolution à soumettre au Congrès :

« Les pouvoirs publics sont invités à étudier la création d'une caisse de prévoyance de la Marine. » (Adopté).

Le Rapporteur général. — Enfin, la huitième commission a examiné une proposition émanant du cercle républicain de Coulommiers, relative à la suppression des travaux industriels dans les établissements congréganistes et à la réglementation du travail dans les prisons.

La commission propose, le Comité exécutif a adopté la résolution suivante à soumettre au Congrès :

« Les Pouvoirs publics sont invités à prendre des mesures dans le but d'éviter désormais que les produits fabriqués dans les établissements congréganistes et les prisons ne puissent nuire à l'industrie privée et aux contribuables. » (Très bien, supprimons d'abord les congrégations).

Ce vœu est adopté.

Le Rapporteur général. — La Commission, Messieurs, a été saisie de propositions diverses qui n'ont pu être rapportées en temps, et qu'elle examinera aussitôt que possible.

Tout en remerciant les auteurs de ces propositions, elle les prie de l'excuser d'un retard bien involontaire. (*Vives acclamations*).

Le Président. — Je demande à faire passer sous les yeux de l'assemblée un certain nombre de vœux qui ont été adressés au bureau. Si l'assemblée veut m'en croire, elle adoptera la procédure suivante : Si les vœux qui vont lui être soumis ne soulèvent pas de discussion, on pourra les adopter immédiatement ; si, au contraire, ils faisaient l'objet de discussions, nous les renverrions à la huitième Commission, qui nous saisirait de son rapport demain.

M. Bouffandeau, Secrétaire-général du parti, donne lecture des vœux suivants :

1. — Vœu de M. Bourrat :

« *Le Congrès du Parti radical et radical-socialiste demande au gouvernement de hâter le vote, par le Sénat, du projet de loi Berteaux-Jaurès-Bourrat en faveur des ouvriers et employés des chemins de fer.* »

Adopté à l'unanimité.

2. — Vœu de M. Bourrat :

« *Le Congrès demande au Gouvernement de modifier le recrutement des fonctionnaires supérieurs de toutes les administrations et de permettre l'accession aux grades supérieurs des plus petits fonctionnaires, au moyen de concours publics.* »

Ce vœu est acclamé et adopté.

3. — Vœu de MM. Falot et Monnier-Ducastre :

« *Le Congrès radical et radical-socialiste invite le Gouvernement à interdire d'une façon formelle à tous les fonctionnaires chargés de services publics, de s'occuper de travaux particuliers et à se renfermer strictement dans leur rôle d'employés de l'Etat.* » (Bravos).

M. Bourrat. — Je demande le renvoi de ce vœu à la Commission, car il me paraît qu'il convient d'établir des catégories.

Un délégué demande la parole.

Le Président. — L'assemblée vient de décider qu'elle ne voterait immédiatement que les seules propositions qui ne seraient pas contestées (*Très bien !*) que les seuls vœux qui ne donneraient pas lieu à discussion, et que les autres seraient renvoyés à la Commission. Dans ces conditions, je ne peux donc pas donner la parole sur un vœu qui est contesté.

Le renvoi à la Commission est ordonné.

4. — Vœu de M. Elie Mantout :

« *Le Congrès émet le vœu que la franchise postale soit accordée aux députés et sénateurs.* »

Renvoyé à la Commission.

5. — Vœu de M. Goldschild :

« *Les Pouvoirs publics sont invités à mettre à l'étude la suppression du privilège du propriétaire en matière de faillite, pour que dans le cas où aura lieu une répartition judiciaire d'actif, le propriétaire prenne rang, pour le montant de ses créances, avec les autres créanciers chirographaires.* »

Renvoyé à la Commission.

6. — Vœu des Fédérations du Rhône et de Saône-et-Loire :

« *En faveur de la reprise par l'Etat de ses vastes concessions*

minières qui sont la commune propriété de tous les Français. »

Renvoyé à la Commission.

7. — Vœu de M. Fernand Michaud :

« Demandant que les attributions des conseils de prud'hommes soient étendues aux employés de commerce. »

Renvoyé à la Commission.

8. — Vœu de la Délégation de la Côte-d'Or :

« En faveur d'une modification à la loi qui a institué les
tribunaux de Commerce ; modification ayant pour but de
conférer l'électorat aux voyageurs de commerce attachés directement à un établissement commercial ou industriel.

« Les voyageurs de commerce, en cas de conflits de conten-
tieux avec leurs chefs de maisons, étant justiciables de la
jurisprudence consulaire, il nous paraît équitable de leur
donner le droit de participer à l'élection de cette magistrature
spéciale. »

Renvoyé à la Commission.

9. — Vœu de M. Grosclaude, au nom de la Fédération marseillaise :

« Sur la question des Ports francs. »

Renvoyé à la Commission.

La Politique agricole du Parti radical
et radical-socialiste

LE PRÉSIDENT. — Tous les vœux relatifs à la 8ᵉ Commission
et faisant suite au rapport du citoyen Cahen ayant été exa-
minés, je donne la parole à M. Klotz pour la lecture de son
rapport sur l'Agriculture.

M. KLOTZ, *Rapporteur sur l'Agriculture*. — Citoyens, Le
débat qui s'est engagé ici sur les questions économiques touchant à l'industrie, au commerce et à l'agriculture, est vraiment digne d'un grand parti comme le nôtre.

Très souvent, du côté de nos adversaires, on s'est tourné
vers nous et on nous a dit : Vous avez un programme politique fécond, nous le reconnaissons, mais les questions économiques vous laissent indifférents.

Vous venez de donner le plus formel démenti à cette affirmation de mauvaise foi. Et c'est parce que nous avons eu le
sentiment qu'il convenait, dans un Congrès comme le nôtre,
d'examiner d'une façon générale, et néanmoins dans tous les
détails, ce que devait être notre politique agricole, que j'ai
l'honneur de vous lire le rapport suivant. (*Applaudissements*).

Rapport sur l'Agriculture

Citoyens,

Si notre parti poursuit avec ardeur la réalisation des réformes utiles au commerce et à l'industrie, s'il s'intéresse vivement au sort de l'ouvrier des ateliers et des usines, il a le devoir de se préoccuper plus que jamais des revendications du monde agricole et de définir ici même sa politique rurale.

Les populations de nos campagnes, tardivement venues à la République, lui sont aujourd'hui très fidèlement attachées, elles nous ont fait récemment confiance et leur lente adhésion à nos idées n'en est que plus sûre.

On a souvent parlé d'un antagonisme entre la démocratie paysanne et la démocratie urbaine. Cet antagonisme, que nos adversaires ont voulu créer, nous le nions très formellement.

L'une et l'autre sont également intéressées à la réforme profonde de l'impôt, que le stérile dégrèvement des petites cotes foncières ne saurait remplacer, à la réduction et à l'égalité du service militaire, à la révision et à la refonte des tarifs de chemins de fer, à la retraite pour les travailleurs âgés, à l'assurance contre les accidents du travail, comme dans la prospérité même de la terre, pour éviter l'exode des campagnes vers les villes.

La France, on l'a dit bien souvent, est le pays par excellence de la petite propriété rurale. Cela est si vrai que notre ami Ruau pouvait constater dans son dernier rapport du budget de l'agriculture que, sur 5 millions 303 mille exploitations, 4 millions 835 mille ont moins de dix hectares, soit environ une moyenne de 85 %.

Les charges qui grèvent la propriété foncière et la population rurale, qui compte plus de 18 millions d'individus, sont excessives; et notre parti, dont la doctrine s'appuie sur des principes d'égalité, de justice et de solidarité, n'a pas hésité à prendre l'initiative des réformes réclamées par la moyenne et la petite culture.

Au Congrès de Paris, au Congrès de Lyon, nous avons affirmé notre sollicitude à son égard. Dans notre première déclaration, ne lisons-nous pas :

« Un autre péril grandit de jour en jour dans tous les pays. C'est le pouvoir que prennent dans les mains de la haute spéculation la concentration et le maniement des grands capitaux. Il faut préserver de leur domination croissante les intérêts généraux du pays, la liberté et la fortune de tous, tant par une législation enfin appliquée contre les manœuvres de l'agiotage que par les mesures législatives faisant rentrer dans le domaine de l'État certains monopoles et services publics au fur et à mesure que l'exigeront les intérêts de la Défense nationale et de la production agricole et industrielle »

Déjà, en 1897, c'était un des honorables collègues du parti

socialiste, M. Gérault-Richard, qui interpellait le gouvernement sur la cherté du pain et dénonçait les abus de la spéculation.

Puis c'est un radical, M. Viger, qui s'est élevé à son tour contre l'accaparement et a flétri « cette lutte au couteau » entre Baissier et Haussier dont le cultivateur est la principale victime.

Enfin, le même jour, le gouvernement proposait à la Chambre de mettre à l'ordre du jour de sa prochaine séance la prise en considération des propositions tendant à réprimer les marchés fictifs et les accaparements.

Une commission fut nommée.

Elle distingua — je m'empresse de le reconnaître — entre la spéculation qui est quelquefois indispensable, même au commerce, et l'agiotage frauduleux.

Elle reconnut que les marchés à terme ont leur utilité pour régulariser et niveler les cours, pour permettre au commerçant de se couvrir contre les aléas excessifs.

Mais elle s'éleva contre les trop nombreux abus que son enquête constata et elle proposa d'y mettre fin en règlementant, en réorganisant le marché, et en appelant à la fois l'Etat et les intéressés à réaliser cette réforme nécessaire.

C'est notre ami Dron qui fut chargé du rapport.

Il le déposa le 21 mars 1898.

Mais la fin de l'avant-dernière législature survint, sans que les conclusions de ce rapport remarquable pussent être discutées.

Au cours de la dernière législature cette proposition fut reprise par notre ami Rajon et un très grand nombre de ses collègues.

Et c'est notre ami Honoré Leygues qui fut le rapporteur de cette nouvelle proposition.

En mars 1901, alors que se posait la question de l'accaparement des sucres, je voulus généraliser le débat qui visait surtout un cas particulier et j'obtins de la Chambre le vote de l'ordre du jour suivant :

« La Chambre, comptant sur le gouvernement pour poursuivre énergiquement, en vertu des lois existantes, toutes les manœuvres frauduleuses et tous les accaparements, et résolue à entreprendre la discussion des propositions de loi sur les marchés fictifs après le vote des caisses de retraite, passe à l'ordre du jour... »

Vains efforts ! Une fois encore la législature se termina sans que cette discussion ait pu avoir lieu. Et cependant, au cours de l'année dont je parle, les dangers de l'accaparement et des marchés fictifs étaient apparus trop clairement. Souvenez-vous de cette question des sucres que je rappelais à l'instant. Souvenez-vous des spéculations et des ruines de Roubaix, du cri d'alarme que poussa notre ami Mirman et des désastres qui suivirent !

Et pour assurer jusqu'au bout la protection des producteurs, n'est-il pas [indispensable d'unifier, de codifier et d'augmenter les sanctions légales contre les fraudeurs ? C'est encore un de nos amis, Dauzon, qui a préparé le projet sur cette importante question.

Je n'ai pas besoin de m'étendre, citoyens, sur l'absence ou tout au moins sur l'insuffisance de notre enseignement technique agricole. Fut-il jamais plus nécessaire cependant d'instruire davantage le cultivateur sur les remèdes qu'il lui est possible d'opposer à des maladies qui semblent malheureusement se multiplier ? Fut-il jamais plus nécessaire, alors que le machinisme agricole fait de tels progrès, alors que tant de méthodes nouvelles nous sont offertes, alors que la chimie vient au secours de nos pères, fut-il jamais plus nécessaire, dis-je, de combattre l'esprit de routine et de développer, au contraire, l'esprit d'initiative et surtout l'esprit d'association ? Fut-il, enfin, jamais plus nécessaire de répandre dans nos campagnes les premiers éléments d'une comptabilité agricole ?...

Certes, en ces matières, il faut beaucoup attendre du progrès incessant des esprits, mais il faut aussi réclamer le concours de nos dévoués instituteurs, multiplier les champs de démonstration et encourager le plus possible les syndicats agricoles qui sont si naturellement désignés pour contribuer à la discussion des connaissances et des idées nouvelles.

Pour combattre la dépopulation des campagnes, pour retenir, pour fixer définitivement l'ouvrier agricole, le législateur peut beaucoup. Nous ne facilitons pas assez l'achat du premier lopin de terre. Les petites mutations, à titre onéreux, sont frappées de droits trop élevés, progressifs à rebours.

Aux droits perçus lors de la formalité de l'enregistrement, s'ajoutaient, il y a deux ans encore, pour l'accomplissement des formalités hypothécaires, des droits fixes de timbre et d'hypothèque.

Ces droits étaient, par cela même qu'ils étaient fixes, sans aucun rapport avec l'importance des intérêts en jeu.

Le défaut de proportionnalité était surtout sensible pour les petites transmissions grevées à l'excès par les droits fixes, tandis que les opérations portant sur des chiffres considérables étaient à peine touchées.

La loi du 27 juillet 1901 — que je m'honore d'avoir rapportée — a fait disparaître ce régime injuste en remplaçant ces divers droits fixes par une taxe unique, exactement proportionnelle.

Cette chasse aux droits fixes, naguère commencée par l'honorable M. Brisson, il faudra la continuer à travers toutes nos formalités d'enregistrement.

Mais on peut également se demander si, même rendus entièrement proportionnels, les droits qui frappent les transmissions à titre onéreux ne sont pas trop élevés, surtout en ce qui touche les petites mutations.

Ces dernières sont les plus nombreuses.

Plus de la moitié des ventes d'immeubles ruraux porte sur des biens dont la valeur moyenne est inférieure à 200 francs et on peut estimer à près de 95 %, la proportion des ventes dont la valeur est inférieure à 5.000 francs.

Donc, ce sont des sacrifices incessamment renouvelés que l'on demande à la petite propriété.

En calculant le revenu de l'affaire à 3 ou 3.50, il est malheureusement permis de dire que les frais de mutation absorbent, tout compte fait, 3, 4, 5 années de revenus.

Que serait-ce si nous considérions ce qui se passe pour les petites ventes judiciaires ! Là, ce n'est pas le revenu qui est absorbé pour un temps plus ou moins long. C'est le capital lui-même qui est immédiatement dévoré.

Mais revenons aux mutations à titre onéreux, aux ventes proprement dites.

Une vente d'immeuble foncier, quand elle est faite dans des conditions normales, ne constitue, ni pour l'acheteur ni pour le vendeur, un enrichissement.

C'est un échange.

On échange la terre contre une valeur égale en or.

Pourquoi donc la terre supporte-t-elle, du fait de cet échange, un impôt plus considérable, beaucoup plus considérable que celui qui frappe n'importe quelle autre transaction ?

Dira-t-on qu'il faut payer largement le service que l'Etat rend à l'acquéreur en le sacrant propriétaire ?

A cela, on peut répondre, malheureusement, que nos écritures foncières n'offrent pas encore toute sécurité soit au créancier hypothécaire, soit à l'acquéreur.

Et c'est toujours un de nos amis, Violette, qui a pris l'initiative d'une proposition tendant à exonérer des droits d'enregistrement les petites ventes d'immeubles ruraux que j'ai favorablement rapportée.

J'estime, en outre, que le fisc se montre trop pressé et trop avide, quand, sous prétexte qu'un ouvrier agricole se rend acquéreur d'une infime parcelle de terre, on l'inscrit immédiatement au rôle de la contribution personnelle-mobilière et au rôle des prestations. Avant même qu'il se soit libéré envers son vendeur, envers son notaire, envers le receveur de l'enregistrement, on le charge d'impôts directs. Ce n'est pas ainsi qu'on peut favoriser l'accession de la terre aux non possédant et restreindre l'exode de nos ouvriers agricoles vers les villes. Mieux vaudrait permettre à cet homme de s'acquitter envers l'enregistrement par acomptes successifs. Mieux vaudrait demander aux agents des Contributions directes et aux répartiteurs de donner pendant quelque temps toutes facilités à ce nouveau contribuable si digne de sollicitude, si digne de ménagements.

La force d'un pays, citoyens, est la résultante des énergies individuelles. Multiplions ces énergies en permettant au plus grand nombre d'acquérir une parcelle — si petite qu'elle soit, — du patrimoine national !

Mais il ne s'agit pas seulement de favoriser la diffusion de la petite propriété, il s'agit aussi de favoriser sa conservation. Je fais ainsi allusion à la réforme qui consisterait à donner une extension convenable à la disposition du Code de procédure qui désigne déjà comme insaisissables certains objets indispensables à la vie. Ne pourrait-on ajouter à cette liste — sous réserves, naturellement, d'un maximum à fixer — le petit champ, la petite maison, la petite ferme, considérés désormais comme instruments de travail ? C'est ce qu'a pensé notre ami Martin en déposant une excellente proposition de loi touchant le « homestead ».

Ces mesures pourraient être prises sans porter sérieusement atteinte aux garanties qu'exige le crédit agricole, dont les ressources légales doivent rester intangibles.

Ce crédit agricole est-il suffisamment organisé en France ?

Certes, de très grands efforts ont été faits dans ces derniers temps pour procurer à l'agriculture les ressources dont elle a besoin, mais soit qu'il s'agisse des modifications à apporter aux lois de 1894 et de 1899 sur les caisses locales et régionales, soit qu'il s'agisse de perfectionner cet organisme délicat qui s'appelle le warrant, soit enfin qu'il s'agisse de la réforme de notre régime hypothécaire, que ne nous reste-t-il pas encore à accomplir pour attirer vers la terre les capitaux qui, seuls, peuvent réveiller son énergie !...

On l'a dit, on l'a répété: Le crédit hypothécaire actuel est chose trop lourde, trop onéreuse pour le petit et moyen agriculteur. L'organisation des conservations d'hypothèques manque encore de célérité, de certitude, d'économie. Il y a en outre quelque chose de choquant dans ce fait que pour des besoins momentanés causés par des dépenses courantes, par un accident, par une calamité, l'agriculteur soit dans l'obligation de laisser prendre sur sa terre une hypothèque qui, malgré la réforme à laquelle je m'honore d'avoir contribué, est encore beaucoup trop onéreuse.

Ne pourrait-on pas arriver à une combinaison heureuse du crédit personnel, du crédit mobilier, du crédit hypothécaire ? Si la garantie morale et réelle fait parfois défaut au cultivateur isolé, les syndicats agricoles ne doivent-ils pas servir d'intermédiaires entre ce cultivateur et les caisses locales ou régionales ? N'avons-nous pas sous les yeux l'exemple des associations allemandes de crédit mutuel ? Ne peut-on pas arriver à constituer une force collective en groupant des faiblesses individuelles ? Ne peut-on pas surtout faciliter le crédit personnel par la généralisation de l'assurance contre la grêle, contre les épizooties et affecter à subventionner ces caisses les 16 millions accordés par le Parlement au Dégrèvement des petites cotes foncières. lequel n'a produit, depuis 1897, aucun résultat appréciable et n'a donné que de la poussière de dégrèvement. (En moyenne 3 fr. 72 par contribuable dégrevé !!)

Enfin, s'il faut en revenir à l'hypothèque proprement dite, n'est-il pas permis de dire qu'elle serait moins onéreuse si d'une part la propriété foncière était mieux individualisée, plus solidement assise, et si d'autre part l'épargne publique, centralisée aujourd'hui à l'excès, pouvait être dirigée vers la terre et féconder le pays même qui l'a vu naître?

Oui, le prêteur répugnerait moins à immobiliser ses capitaux s'il lui était possible d'apprécier avec une absolue certitude la valeur du gage et de vérifier les titres de son créancier. Malheureusement, en ce qui touche la constitution de la propriété, et surtout la publicité de ses charges, nous sommes en France bien en retard. Ce qui nous manque, c'est le grand jour d'un livre Foncier établissant avec une certitude absolue et l'actif et le passif de l'intéressé au cadastre révisé et tenu à jour.

Quant à la conservation, la transformation et la vente des produits agricoles, des Sociétés Coopératives sur le modèle des Kornhauser Allemands, ne doivent-elles pas être favorisées, comme le demande si justement notre ami Clémentel? Et, Citoyens, quelles pertes considérables la pratique de nos baux actuels n'occasionne-t-elle pas à l'Agriculture française?

Pour y remédier, il importe d'augmenter la durée de ces baux et d'y introduire des clauses prévoyant les améliorations possibles à apporter à la propriété et le calcul d'une indemnité proportionnée à la plus-value réelle des fonds. Le preneur est aujourd'hui plus mal traité par le Code Civil que le possesseur de mauvaise foi. Si le preneur d'une ferme doit indemniser le propriétaire auquel il a causé des dommages en mésusant des terres qu'il détient à titre de fermier (Art. 1766, C. C.) la réciprocité de traitement est de toute justice; et le Parlement, je l'espère, s'associera à cette réforme que je dois prochainement rapporter.

Il ne nous appartient pas ici d'aborder l'examen des solutions qui intéressent en particulier les divers produits de notre sol. Qu'il nous soit toutefois permis d'enregistrer la satisfaction que nous avons éprouvée par le dégrèvement des vins et par un premier dégrèvement d'un autre produit hygiénique, le sucre, dont les qualités alimentaires pour l'homme et pour les animaux sont aujourd'hui scientifiquement démontrées. Félicitons-nous aussi des efforts accomplis en vue de favoriser le développement de l'alcool dénaturé, produit français, destiné à remplacer victorieusement le pétrole, produit étranger, qui donnera à l'ouvrier le chauffage, l'éclairage et la motricité à bon marché.

Citoyens, notre exposé serait incomplet — et encore il ne nous est pas loisible d'étendre notre étude — si nous ne réclamions, avec insistance et pour finir, la prochaine création de Chambres d'Agriculture. Les revendications des campagnes doivent pouvoir être formulées par leur mandataire direct, et il serait injuste de retarder plus longtemps cette représentation professionnelle de l'agriculture alors que l'industrie et le commerce en bénéficient légitimement. Nous réclamons aussi l'électorat de l'ouvrier agricole ; et nous comptons que sur le récent rapport de notre ami Decker-David, la Chambre consacrera cette réforme depuis si longtemps promise et impatiemment attendue.

Tels sont, Citoyens, les éléments principaux de notre programme agricole.

Nous voulons protéger, défendre et étendre la petite propriété, appliquer au monde ouvrier rural les principes d'assurance, de prévoyance et de solidarité sociales qui sont les nôtres dans tous les domaines, développer la production nationale et mériter ainsi l'estime et la sympathie croissante des travailleurs des campagnes, à qui la République démocratique doit une vive reconnaissance et une inlassable sollicitude.

Projet de résolution sur la politique agricole du Parti

Le Congrès du Parti républicain radical et radical-socialiste, réuni à Marseille, invite les Pouvoirs publics à faciliter l'accession des non-possédant à la propriété par le dégrèvement des petites mutations à titre onéreux, à en favoriser la conservation par l'institution du homestead ;

A dégrever largement la terre ;

A réprimer les fraudes et les abus de l'agiotage et de l'accaparement ;

A développer l'enseignement technique et agricole ;

A assurer la réfection du cadastre ;

A stimuler la création de coopératives ;

A généraliser l'assurance — base du crédit agricole — contre les épizooties et la grêle ;

A accorder au fermier sortant une indemnité de plus-value ;

A assurer une représentation professionnelle à la culture ;

A appliquer aux travailleurs ruraux les principes de prévoyance et de solidarité sociale — accidents du travail, retraite — qui doivent bénéficier à tout le monde ouvrier. (Très bien !)

Les conclusions présentées par M. Klotz ont été adoptées à l'unanimité.

M. Bepmale. — Les conclusions dont vous venez d'entendre la lecture, je les ai acceptées dans leurs grandes lignes, mais il me semble qu'elles ne sont pas assez précises en un point sur lequel je vais appeler votre attention.

Les mesures que l'on vous propose dans l'intérêt de l'agriculture, sont en elles-mêmes excellentes, mais elles me paraissent surtout s'adresser aux propriétaires moyens et aux grands propriétaires plutôt qu'aux petits (*Cris : Oh! Oh!*).

J'ai la prétention de représenter une circonscription, une

région exclusivement composée de petits propriétaires, et je crois avoir qualité pour parler dans cette question.

Il est certain que la répression de l'agiotage et de l'accaparement en matière de grain, intéresse les grands propriétaires ; mais le petit propriétaire, celui qui est obligé de vendre sa récolte dès le lendemain, parce qu'il a besoin de réaliser de l'argent, n'est intéressé que dans une très médiocre mesure à la répression de cet agiotage et de cet accaparement.

Il y a deux choses que les petits agriculteurs demandent, et il en est une que je n'ai pas trouvée dans le rapport et sur laquelle j'appelle votre attention : Il s'agit du dégrèvement de l'impôt foncier, et ceci est intimement lié à une autre grande question, qui est celle de l'impôt sur le revenu.

M. SILVY. — C'est dans le rapport !

M. BEPMALE. — Oui, nous sommes d'accord en principe, mais lorsqu'il est question de supprimer certaines cotes de contribution, on ne parle jamais de la question de l'impôt foncier. (*Très bien !*)

Toutes ces questions sont cependant intimement liées les unes aux autres.

Mais il en est une autre qui nous intéresse tous, il est dit dans le rapport : « Qu'on invite à favoriser le développement de l'assurance agricole. » J'affirme que si cette assurance n'est pas organisée par le gouvernement lui-même, elle ne sera absolument qu'un leurre.

Vous savez tous, en effet, ce qui se passe pour les Compagnies d'assurances agricoles. Ces Compagnies ne veulent pas assurer tout le monde, et elles n'ont comme clients que les bons assurés, ceux qui ne sont jamais sinistrés. Je demande donc qu'on substitue simplement à la formule dont on vient de donner lecture tout à l'heure, la phrase suivante : « L'organisation de l'assurance agricole par l'Etat. »

M. KLOTZ, *Rapporteur*. — Je remercie notre ami Bepmale des observations qu'il vient de présenter.

En ce qui concerne l'impôt sur le revenu et le dégrèvement de l'impôt foncier, je crois que le rapport lui donne satisfaction, et s'il veut bien prendre la peine de le lire, il pourra s'en rendre compte.

Quant à ce qui est de l'assurance agricole, je crois que les déclarations de notre ami Bepmale ont un certain intérêt. Mais nous avons dit dans le rapport " généraliser l'assurance", ce qui, dans l'esprit de l'auteur de la proposition, qui a l'honneur de vous parler, signifiait assurance obligatoire par l'Etat.

Il est certain, toutefois, que la formule que nous avons employée n'est pas aussi nette que la sienne, et j'accepte la modification. (*Applaudissements*).

L'amendement Bepmale est adopté sans opposition.

LA PROPAGANDE

M. BONNET. — Mon rapport sur l'organisation des réactionnaires et la propagande de notre parti, a été présenté au Comité exécutif et approuvé par lui ; conformément aux précédents, il a ensuite été communiqué aux journaux du parti. Hier, la Commission l'a approuvé et vous avez également entendu sur ce sujet le discours du citoyen Puech. Il serait seulement à souhaiter qu'à la première séance de notre prochain Congrès, on eût deux rapports imprimés, dans lesquels le Comité exécutif vous rendrait compte de sa gestion et ferait un exposé de la situation des partis en France. Cela vous permettrait de vous prononcer sur les actes de votre Comité exécutif. (*Assentiment*).

M. BONNET. — Citoyens, voici le rapport que je vous présente au nom de la Commission de propagande :

Rapport de la Commission de propagande sur la situation des partis en France, sur la propagande et l'organisation des réactionnaires.

Citoyens,

Les Congrès de Paris et de Lyon ont nettement défini le but de nos Congrès annuels. Vous vous réunissez pour organiser le parti, fixer sa doctrine et rechercher les meilleurs moyens de conquérir la majorité. Vous ne pouvez bien le faire qu'en connaissant exactement la situation des autres partis, leur tactique, leur propagande, leurs desseins et leurs entreprises pendant l'année qui vient de s'écouler. Votre Commission du règlement et de la propagande m'a chargé de vous les exposer brièvement.

Le bloc de droite et les congréganistes

Après avoir montré une indulgence excessive dans la vérification des pouvoirs, la Chambre a tardivement abordé la discussion du budget. La dernière session a été employée à vaincre l'opposition tenace et désespérée de la minorité à l'application de la loi des associations. Comme nous l'avions prévu et indiqué au Congrès de 1902, les césariens, les monarchistes, les bonapartistes et les pseudo-ralliés ont trouvé dans les soi-disant républicains progressistes, des alliés complaisants et dociles. Cette troupe bigarrée s'est fondue en un seul bloc qui mène parlementairement et électoralement la même campagne. Tous se prêtent un mutuel appui électoral, tous obéissent passivement aux injonctions cléricales, tous luttent contre les sincères républicains. La clairvoyance de la majorité et la fermeté du Gouvernement ont déjoué leurs menées.

Le président du Conseil, M. Combes, dont on ne saurait trop louer la sincérité, le courage et l'énergie, a vigoureusement tenu tête à la coalition réactionnaire. La majorité l'a fidèlement suivi. Les derniers événements ont prouvé l'inefficacité de la législation et la nécessité de nouvelles mesures.

Contre le gouvernement qui ordonnait la fermeture des établissements congréganistes ouverts illégalement, l'Église s'est dressée avec fureur. Cardinaux et évêques ont nié les droits de l'Etat et prêché la désobéissance à la loi.

Le pape a conseillé la fraude, les évêques ont favorisé les fausses sécularisations. Une partie de la magistrature a prêté aide à la supercherie et s'est trop souvent prononcée pour la congrégation et contre la loi. Les établissements congréganistes, que le gouvernement se faisait honneur d'avoir fermés, se sont rouverts ou vont se rouvrir presque partout et resteront ce qu'ils étaient auparavant, suivant la forte parole de M. Combes à Tréguier : « des foyers d'insurrection morale contre la République. »

Nous le savons pertinemment : les ex-républicains dits progressistes, rivaliseront de zèle avec les monarchistes et les nationalistes pour maintenir les congrégations en place. Leur opposition ne sera pas moins ardente aux réformes politiques, fiscales et sociales que le pays attend : en toutes circonstances, nous les verrons s'unir contre le Cabinet et les candidats soutenus par notre parti. Le fossé se creuse de plus en plus profond entre eux et nous.

Les élections de 1906. — L'Action libérale

L'unité d'action parlementaire du bloc républicain confondra les espérances du bloc réactionnaire. Votre propagande infatigable assurera le succès définitif ; elle ne fut jamais plus indispensable. Nos adversaires ne font pas mystère de leurs intentions et poursuivent activement leurs préparatifs de la grande bataille de 1906.

Dans le rapport que j'ai présenté au Congrès de 1902, j'ai exposé leur organisation et je prie ceux d'entre vous qui ne l'auraient pas lu, de s'y reporter. Il suffira de vous signaler aujourd'hui les nouveaux faits qui se sont produits.

L'*Action libérale populaire* absorbe de plus en plus les Comités des républicains soi-disant progressites et de la Ligue de la Patrie française. La congrégation inspire son Comité directeur qui comprend les hommes les plus notoirement connus pour leur dévouement à l'Eglise ; on y a fait entrer des mélinistes et des nationalistes de marque. Les rôles ont été habilement distribués.

Les œuvres de foi et de prière

L'*Action libérale* laisse au clergé séculier et régulier le soin
d'enrégimenter les fidèles dans une multitude d'œuvres dites
de foi et de prière. Depuis un an, les confréries et archicon-
fréries ont augmenté le nombre de leurs affiliés qui se
chiffrent par centaines de mille. Les pèlerinages ont reçu une
vive impulsion et les pèlerins ont été plus nombreux en 1903
qu'en 1902 aux principales entreprises de miracles dont les
exploiteurs encaissent d'énormes recettes.

Les œuvres militaires

Malgré une circulaire du ministre de la guerre, les aumôniers racolent les soldats en diverses œuvres militaires et
rencontrent trop souvent l'appui de chefs de corps. Nous
signalerons notamment les audacieuses prescriptions d'aumôniers — par exemple, celui de Douai — invitant « MM. les
curés à donner aux conscrits de leur paroisse des lettres de
recommandation pour les aumôniers militaires et en même
temps à envoyer à ceux-ci le nom et le corps de leurs parois-
siens, de manière que si le conscrit ne se rend pas chez
l'aumônier, celui-ci sache où le trouver. »
La généralisation de ce système d'embauchage et d'intimidation amènerait les résultats que vous devinez ; nous le
mentionnons comme un témoignage des efforts du cléricalisme
lisme pour étendre son action sur l'armée.

Œuvres de presse

Les œuvres cléricales d'enseignement et de presse restent
plus actives que jamais. Les curés ont fondé un certain
nombre de bulletins paroissiaux et, dans une bonne partie de
la France, la cure a pris l'initiative de rechercher des abonne-
ments et de faire distribuer le journal catholique quotidien
le plus militant dont la devise est : « Les élections, c'est
l'œuvre des œuvres. » Evêques et prêtres ont adopté ce mot
d'ordre.

Œuvres sociales et charitables

Un grand effort a été fait pour développer les œuvres cléricales dites « œuvres pour les campagnes » et « œuvres
sociales et charitables. »
A souligner le projet « d'établir dans chaque paroisse un
tiers-ordre (de Saint-François) qui soit, sous la direction du
curé, un foyer d'œuvres paroissiales. » On en a commencé
l'exécution.

Par les caisses rurales, les Syndicats agricoles et les Mutualités, on tient le cultivateur par l'intérêt. Par les Maisons des ouvriers, les offices du travail et les Syndicats jaunes, on paralyse les Bourses du travail et les Syndicats ouvriers; on divise la classe laborieuse et on l'asservit. On la place sous la tutelle de l'Eglise pour qu'elle se résigne à un médiocre salaire et accorde ses suffrages aux candidats de la congrégation.

Les écoles primaires congréganistes

Nos adversaires s'acharnent à conserver leurs écoles pour y recruter leurs troupes. Depuis le Congrès de Lyon, la congrégation a fondé des Comités départementaux dans chaque département « pour la défense des écoles primaires catholiques ». La comédie des fausses sécularisations a été admirablement montée et, comme il n'y avait pas assez d'ignorantins et de sœurs pourvus du brevet pour diriger les écoles d'où l'on chassait les congréganistes, on a recouru à des laïques. On leur fait prendre un engagement qui en dit long sur les espérances de l'Eglise :

« Leur dévouement est d'autant plus méritoire que maîtres et maîtresses laïques s'engagent à rendre leurs pupitres aux congréganistes, aussitôt qu'une législation sectaire aura fait place à un régime scolaire sévèrement respectueux de nos libertés. »

Les projets de la réaction

On espère une première amélioration de la chute du cabinet Combes et on travaille sourdement à désagréger le bloc des quatre groupes de gauche. On tolérerait l'existence d'un ministère qui ferait doucement machine en arrière et nous ramènerait au temps de M. Méline. On donnerait ensuite le grand coup aux élections de 1906 où l'on se flatte d'enlever la majorité. La congrégation balaierait alors « la législation sectaire » et prendrait sa revanche.

Un des chefs de l'Action libérale a dénoncé très haut, au dernier Congrès des catholiques du Nord, les calculs et les desseins de la coalition réactionnaire : « Deux cent mille voix à peine séparent les bourreaux des victimes et, en consultant la carte électorale, vous verrez que, dans dix circonscriptions, moins de cent voix séparent les vainqueurs des vaincus. La minorité est de moins de mille voix dans soixante-dix circonscriptions.

« Le candidat libéral élu, la majorité était renversée. »

C'est à faire élire « le candidat libéral » dans ces quatre-vingts circonscriptions et dans nombre d'autres, qu'on s'emploie déjà et avec ardeur. L'Action libérale dirige le mouvement.

J'insiste sur le fait que, par « ce candidat libéral » à faire élire contre le candidat républicain, la congrégation entend aussi bien le nationaliste, le royaliste et le bonapartiste que le soi-disant républicain progressiste. Cette coalition qui avait combattu le cabinet Waldeck-Rousseau, s'est resserrée aux élections de 1902. Nous la retrouverons devant nous en 1906. L'esprit républicain a complètement abandonné les mélinistes qui font cause commune avec la pire réaction, tout en se parant hypocritement du titre de républicain et de « libéral ».

Le grand Comité des congrégations, l'Action libérale, sait aussi bien que nous à quoi s'en tenir et confie à ces transfuges une part de direction. Depuis l'année dernière, elle a fondé des Comités départementaux, portant son nom, dans la plupart des départements.

Les Comités de l'Action libérale

Chaque Comité départemental, pourvu d'un secrétaire appointé, est chargé de former des Comités par circonscription électorale, par canton et par commune. Les instructions aux affidés sont précises ; en voici un échantillon :

« Beaucoup de nos amis, hommes religieux, libéraux et bien pensants, disaient qu'on doit laisser la politique à ceux que cela amuse, ne favorisaient que les groupements pieux et charitables. Il ne doit pas en être de même aujourd'hui où tout est subordonné à la question politique.

« *C'est la politique qui mène tout.*

« Par elle seulement, nous avons quelque chance de nous relever.

« Chacun de nous est donc tenu de coopérer à son action par *un concours militant,* tout au moins par *des sacrifices pécuniaires.* »

Le premier objectif « vise les élections municipales, dont l'importance est prépondérante et dont on peut dire qu'elles dictent les élections législatives elles-mêmes.

« Nous avons la conviction que les élections municipales seront bonnes si elles sont suffisamment préparées. »

L'Action libérale a le soin d'ajouter qu'elle n'est pas restée inactive : « *Nous avons depuis un an travaillé avec ardeur, et nous sommes décidés à ne pas nous arrêter.*

« Tandis que, précédemment, nous avions coutume de ne songer à la lutte qu'au dernier moment, *nous avons cette fois tenu nos amis en haleine depuis les derniers scrutins.* »

En même temps, l'Action libérale a imprimé une vigoureuse impulsion aux associations de la Jeunesse catholique et à l'Association des Femmes françaises.

La Jeunesse catholique

Les associations de la Jeunesse catholique enrôlent les jeunes gens pour l'action électorale, pour les conférences, les réunions, etc. Une de ces créations, le *Sillon*, forme des cercles d'études sociales et s'applique à attirer et à endoctriner l'ouvrier.

Les Femmes françaises

L'Action libérale fonde de grands espoirs sur la puissance de l'argent et fait cette remarque significative : « *L'action politique ne se conçoit pas sans une caisse sérieuse ;* on pourrait même dire que ses résultats seront généralement proportionnés à l'importance des sacrifices consentis. » Et elle lève une armée auxiliaire de jupons qui remplira sa caisse. « Les femmes, elles aussi, ont leur place marquée dans le mouvement, et l'Action libérale l'a si bien compris qu'elle a créé pour elles *une section spéciale.*

« Les femmes peuvent beaucoup pour le salut du pays par leur action incessante au foyer familial et dans le cercle de leurs relations ; elles peuvent aussi beaucoup par la sélection de leurs générosités et *par le prélèvement d'une sorte de redevance sur le fonds général de leurs œuvres.* »

Cette prescription peint au vif les hommes de la congrégation. En invitant les femmes catholiques à prélever sur leur budget des œuvres de foi et de charité une part qui sera affectée aux élections, « l'œuvre des œuvres », l'*Action libérale* est dans la saine doctrine enseignée par les assomptionnistes.

La « section spéciale » créée pour alimenter la caisse électorale de l'Action libérale, c'est l'Association des Femmes françaises Elle s'était mise tardivement à la besogne à la fin de 1901, où elle quêtait les sous du pauvre et l'or du riche. Elle a commencé à amasser le trésor de guerre de 1906. L'Action libérale en attend des sommes importantes.

L'embrigadement des commerçants et industriels

L'Action libérale a voulu également jeter le filet sur le monde du commerce et de l'industrie, et elle seconde de son mieux les tentatives d'embrigadement infructueuses, du reste, de l'Union pour le commerce et l'industrie, dont les opinions nettement réactionnaires ne trompent personne. On s'imaginait battre en brèche l'admirable création du *Comité républicain du commerce et de l'industrie*, qui a réuni l'élite des commerçants et industriels français et rendu de si éclatants services à la production nationale et à la République. On n'entravera pas le merveilleux développement de cette Association républicaine, qui jouit d'un légitime crédit auprès des pouvoirs publics.

Les Comités catholiques

Enfin, à côté des Comités politiques et électoraux de l'Action libérale, la congrégation a résolu de couvrir la France d'un vaste réseau de « Comités catholiques ». Elle en confie l'organisation à l'évêque dans chaque diocèse. Il y aura dans chaque paroisse, dans chaque canton, dans chaque arrondissement, dans chaque département, un Comité catholique qui exercera son action sur le terrain des œuvres proprement dites : 1 Les œuvres de foi et de prière ; 2° l'enseignement et la presse ; 3° les œuvres sociales et charitables.

L'organisation est ainsi formulée :

1° Un Comité régional correspondant à l'archevêché.

2° Des Comités de département, correspondant à l'évêché.

3° Des Comités d'arrondissement.

4° Des Comités de canton, correspondant au curé doyen du canton.

5° Des Comités de paroisse.

« Il ne s'agit pas, on le déclare expressément, d'opposer une « action concurrente » à l'Action libérale. Au contraire, « les membres des Comités catholiques auront à cœur de donner leur concours le plus actif, en dehors des Comités catholiques, à toute action électorale. » L'enrôlement s'opère sous le couvert religieux et par les soins du desservant.

Ce fonctionnaire concordataire, logé par la commune, salarié par les contribuables et installé dans une chaire par l'Etat, catéchisera et groupera les fidèles contre la République.

« Tous les Comités agiront, dans chaque paroisse, sous l'inspiration du curé. »

« Ils auront pour but essentiel de s'occuper de la défense religieuse et du développement des œuvres. »

On sait ce que cela veut dire et on ne nous le dissimule pas. La mission des Comités paroissiaux sera aussi « de renforcer de bons éléments le corps électoral, en recherchant les personnes qui ne sont pas inscrites sur les listes des électeurs, en s'assurant ensuite que ces personnes votent et *en faisant incliner leur vote sur des candidats de principes sains.* »

L'armée catholique

On constituera ensuite une « Fédération nationale des associations » ou « Comité catholique de France ». Cette fédération nationale, on l'avoue crûment, « sera en quelque sorte un Conseil supérieur de l'armée catholique ».

Ce beau projet, arrêté au Congrès des catholiques du Nord et du Pas-de-Calais, « va servir de modèle à la France entière, » écrit le rapporteur. Et, par une ironie singulière, le secrétaire général a levé les hésitations de l'assemblée en faisant remarquer que « cette organisation ne se heurtera pas à « des difficultés légales. La loi de 1901 donne à toutes les « associations une liberté dont les catholiques seraient cou- « pables de ne pas profiter ».

Le premier acte de ces cléricaux, qui avaient ardemment combattu la loi des associations, est d'en faire une machine de guerre contre la République. Sous le commandement **d'un**

étranger, le pape, évoluera « l'armée catholique », composée
de centaines de milliers de citoyens, dirigée par les archevê-
ques et les évêques, encadrée par 40 000 desservants ; le géné-
ralissime surveillera de Rome les opérations.

Rêve insensé, diront les mélinistes ou les électeurs timorés
qui ne veulent pas se rendre à l'évidence et ne mesurent pas
le recul d'une notable portion de la bourgeoisie, jadis voltai-
rienne, aujourd'hui cléricalisée.

Nous répondrons :

Rêve réalisé en Belgique où, depuis vingt ans, la domination
cléricale est assise sur un prodigieux ensemble d'œuvres de
foi et de prière, d'œuvres d'enseignement et de presse, d'œuvres sociales et charitables.

Rêve à moitié réalisé en Italie où, contrairement à l'opinion
courante, le parti catholique participe activement à la lutte
des partis. C'est à l'Italie que nos cléricaux empruntent les
statuts de ces Comités catholiques, paroissiaux, cantonaux et
épiscopaux.

Rêve en voie de réalisation dans le Nord et le Pas-de-Calais
et bientôt, si nous n'y prenons garde, dans tous les départements. *La Congrégation chemine sous terre. On ne s'aperçoit
de ses travaux de mine que lorsque la maison menace de
s'écrouler.*

Citoyens, nous sommes avertis et nous devons agir en
conséquence. L'Eglise mobilise la grande armée cléricale ; ses
évêques et ses prêtres l'entraînent au grand rendez-vous de
1906 et vont se jeter avec furie dans la mêlée. Les privilèges
abusifs du Concordat et les millions du budget des cultes lui
confèrent des avantages qu'on ne peut lui laisser sans être dupe
ou complice. Elle prétend supprimer les bienfaisantes lois de
laïcité si péniblement conquises, empêcher les réformes sociales, maintenir les iniquités fiscales, faire revivre les congrégations dissoutes, écraser les républicains et confisquer la
République. Nous relèverons son audacieux défi.

La Patrie française

Je ne parle que pour mémoire de la Ligue de la Patrie française. On lui laisse jouer, dans certaines grandes villes, le
rôle « d'utilité ». Elle bat de la grosse caisse et sert à faire
illusion à des électeurs naïfs qu'effraierait la prépotence de
la congrégation. L'Action libérale donne le mot d'ordre et
dispense les subsides.

La réforme électorale

Nos efforts seraient paralysés si la réforme électorale n'était
pas faite. On semble avoir un peu oublié la grave leçon qui
se dégage des élections de 1902. La pression patronale, la
fraude et la corruption se sont exercées avec impunité. Les
candidatures d'argent se sont audacieusement posées et, en

de trop nombreuses circonscriptions, l'ont emporté. Nous ne conjurerons le péril que par des moyens rigoureux.

Notre parti a l'obligation impérieuse d'assurer la liberté et la sincérité du vote. La dernière Chambre avait étudié des propositions, insuffisantes d'ailleurs et qui n'ont pas abouti. Vous vous prononcerez sur les projets qui vous seront soumis par votre Commission spéciale ; nous demandons que tous les députés républicains, radicaux et radicaux-socialistes, entendent, comme c'est leur devoir, l'appel qui leur sera adressé par le Congrès, assemblée souveraine du parti.

Le parti radical et radical-socialiste

Ce magnifique Congrès atteste la puissante vitalité du parti radical et radical-socialiste, sa forte discipline et sa pleine confiance en l'avenir. Il nous reste encore beaucoup à faire.

Nous devons nous vouer à l'organisation complète du parti, activer la création d'un comité au chef-lieu de chaque commune ; d'un comité cantonal par les délégations des comités communaux ; d'une fédération d'arrondissement par les délégations des comités cantonaux, et d'une fédération départementale par les fédérations d'arrondissement.

Nous constatons avec une profonde satisfaction qu'un véritable progrès a été réalisé depuis le Congrès de 1902. De nombreux Comités ont été formés, cette organisation se poursuit systématiquement ; étendons-la partout et multiplions nos efforts. A cette condition seulement, nous culbuterons l'ennemi et une nouvelle et décisive étape sera franchie.

Nous ne doutons pas que le Parlement prenne enfin les résolutions énergiques que la situation commande. Le président du Conseil, M. Combes, y est favorable ; ses récents discours de Marseille et de Tréguier nous font présager une législature féconde. La majorité républicaine ne lui a pas ménagé et ne lui refusera pas son concours. Tous les Conseils élus et les associations de notre parti lui ont à maintes reprises, adressé leurs félicitations et leurs encouragements : nous y ajouterons les nôtres.

Citoyens militants de la République, nous continuerons le combat de chaque jour pour la diffusion de nos idées et le triomphe de notre cause. Nous saurons éviter les questions de personnes et les querelles intestines. Nous resterons des hommes de principes, désintéressés, tenaces, intrépides. Nous ferons germer les moissons de l'avenir ; nous sommes les bons ouvriers de la République démocratique et sociale.

M. BERTEAUX, président de la séance, remercie M. Louis Bonnet de ce remarquable rapport et lui adresse les félicitations du Congrès.

PLUSIEURS VOIX. — Nous demandons l'impression du rapport.

LE PRÉSIDENT. — Je mets aux voix l'impression du rapport de M. Bonnet.

Cette proposition est adoptée.

RÈGLEMENT DU PARTI

La parole est au citoyen Edouard Ignace, rapporteur de la 1re Commission, sur le règlement du parti.

M. Edouard IGNACE. — Votre Commission a pensé qu'il convenait de dresser un projet de règlement du parti radical et radical-socialiste. Ce règlement a été élaboré et le Comité exécutif l'a approuvé. Votre 1re Commission a examiné ce texte et elle m'a chargé du très grand honneur de venir vous le rapporter.

Cette mission me dispense de toute espèce de discours ; c'est d'un texte dont nous avons besoin et c'est un texte que je vous apporte. En conséquence, si vous le permettez, je passerai immédiatement à la lecture des articles. Je pense qu'il vaudrait mieux procéder comme nous l'avons fait hier, sous la présidence de M. Delpech, en donnant d'abord lecture de chaque article et en ouvrant la discussion sur chacun d'eux ; on les mettrait ensuite aux voix, au fur et à mesure. — Cependant, si vous le préférez, je vous donnerai lecture du texte complet.

La lecture article par article est adoptée.

M. Edouard IGNACE commence la lecture.

Article 1er. — *Il est formé entre les Comités, Ligues, Unions, Fédérations, Sociétés de propagande, Groupes de Libre pensée, Loges, Journaux, Sénateurs, Députés, Conseillers généraux, Conseillers d'arrondissement et Municipalités acceptant le programme élaboré et voté au Congrès de Paris des 21, 22 et 23 juin 1901 et de Lyon des 9, 10, 11 et 12 octobre 1902, une Association dénommée Parti Républicain Radical et Radical-Socialiste.*

Adopté.

Art. 2. — *Le siège du Parti est à Paris.*

Adopté.

Art. 3. — *Il est administré et représenté par un Comité exécutif dont les Membres sont nommés chaque année par le Congrès.*

UN DÉLÉGUÉ. — Au nom du Comité du département du Gers, je demande au Congrès de vouloir bien ordonner la création de sous-Comités régionaux qui, étant en rapports permanents avec le Comité exécutif de Paris, pourraient recevoir nos doléances et les transmettre à ce Comité.

Le Président. — Nous verrons s'il y a lieu de renvoyer cette proposition à la Commission.

L'article 3 est ensuite adopté.

Art. 4. — *Le Congrès du parti républicain radical et radical-socialiste se réunit tous les ans à la date fixée par le Comité exécutif et dans la ville désignée par le précédent Congrès.*

Il se compose des élus et de tous les délégués des Comités ou groupements énumérés dans l'article 1er, à raison d'un délégué par fraction de 50 membres.

Pour pouvoir envoyer des délégués au Congrès, chaque groupe devra justifier d'une adhésion au parti, antérieure de trois mois au moins, à la date fixée pour la réunion du Congrès.

Le Président. — Je donne la parole au citoyen Bepmale.

M. Bepmale. — L'article que vous venez d'entendre me paraît être capital.

Puisque nous nous occupons en ce moment de l'organisation du parti, il s'agit de savoir si, à la dernière minute, dans les derniers trois mois ou six mois, peu importe, n'importe qui peut faire adhésion au Congrès et peut s'inscrire pour venir prendre part à ses travaux. Et tout d'abord, se pose une autre question, celle de savoir si les élus du suffrage universel ont le droit, en tant qu'élus, d'assister au Congrès. Vous avez vu ce matin ce qui s'est passé pour l'élection de Lodève.

Il m'a paru que les élus ne pouvaient y assister et j'avais déjà déposé une proposition dans ce sens au Congrès de Lyon. Elle n'a pas eu de succès, je le reconnais. Mais je la renouvelle, et je demande que les élus du suffrage universel n'aient pas le droit d'assister aux travaux du Congrès en leur qualité d'élus. A mon avis, il faut que le Congrès soit constitué exclusivement de délégués des groupes adhérents au parti. (*Bravos et applaudissements.*)

Je ne me reconnais pas personnellement le droit de venir parler ici au nom des électeurs qui m'ont élu ; je parle seulement au nom du Comité qui m'a donné un mandat spécial de le représenter, et je dis qu'il est absolument anormal que les élus qui sont soumis au contrôle du Comité exécutif et au contrôle du Congrès lui-même, puissent avoir dans ce Comité et dans ce Congrès un rôle prépondérant. (*Vifs applaudissements.*)

J'ajoute qu'il n'est pas admissible, parce que nous avons été investis de la confiance du corps électoral, que nous ayons le droit de venir parler en son nom sur des matières sur lesquelles nous n'avons pas reçu de lui mandat de nous prononcer. (*Applaudissements.*)

Je demande donc que l'article soit modifié dans ce sens :

« *Le Congrès est constitué par les délégués de groupements*

constitués », et j'insiste pour que « *ces groupes soient consti-*
tués dans des conditions normales et régulières ».

Lorsque nous avons organisé ces grandes assises du Parti
radical, nous avions en face de nous une force énorme, celle
du socialisme. Nous avons compris à ce moment qu'il puisait
dans l'organisation annuelle de ses Congrès une force électorale puissante et nous avons voulu, à son exemple, pour
nous défendre, avoir, nous aussi, une fédération qui représente notre parti. Mais nous devrions suivre l'exemple de
notre adversaire jusqu'au bout.

Que fait-on dans les Congrès socialistes ?

Est-ce qu'on admet tous les groupes constitués ? Est-ce qu'il
n'y a pas des cadres dans ce parti ? Et ne faut-il pas connaître
ceux à qui on doit faire appel ? Est-ce qu'il ne faut pas
qu'avant la réunion du Congrès ces groupements soient
l'objet d'une consultation pour leur demander d'élaborer des
projets et s'inspirer de leurs volontés ? (*Applaudissements.*)

Je demande que pour avoir le droit d'envoyer des délégués au Congrès, il faille exister depuis un temps déterminé,
et que l'on ait envoyé son adhésion non pas à la dernière
minute, non pas trois mois avant, mais dès la création du
groupement.

Il faut, de plus, que chacun de ces groupements contribue
aux dépenses du parti effectivement. Il ne faut pas qu'on dise
par exemple qu'il suffira de verser dix francs pour avoir le
droit de prendre part aux délibérations du Congrès. On pourrait verser dans les caisses du parti une somme prélevée
dans chaque groupement sur le chiffre des cotisations, ou
bien il serait nécessaire que l'on fixât une quotité de tant
par membre.

Nous saurions ainsi de quelles forces nous pourrions dis-
poser au moment voulu ; nous saurions quelle armée nous
pourrions mobiliser (*bravos et applaudissements*), tandis que
nous ne le savons pas maintenant.

Voilà les observations que j'avais à faire et sur lesquelles
je vous prie de réfléchir ; elles me paraissent de nature à
fixer l'attention des membres du Congrès et sont d'une importance capitale.

Qu'avons-nous fait jusqu'à cette heure, à Paris et à Lyon et
que faisons-nous maintenant à Marseille ? Nous venons de
tous les points de la France pour faire une manifestation ;
tout se réduit à cette manifestation. Mais, le jour où nous
aurons constitué nos cadres, nous pourrons, le cas échéant,
imposer à tous, et d'une manière effective, le respect des décisions que nous aurons prises, parce que nous serons tous
régulièrement accrédités pour collaborer aux travaux du Congrès ; tandis qu'à l'heure actuelle nous sommes en grande
partie des individualités qui viennent élaborer en Congrès
des règlements qu'on a la prétention d'imposer ensuite
comme la loi au parti tout entier. (*Bravos, applaudisse-*
ments.)

Le Président. — La parole est au citoyen Armand Charpentier.

M. Armand Charpentier. — Parmi les observations fort justes que vient de vous présenter notre ami Bepmale, il y a deux parties distinctes. Autant je suis d'accord avec lui sur une de ces parties, autant je suis en désaccord complet sur l'autre.

Le point sur lequel nous sommes d'accord est celui ayant trait à la constitution des associations qui peuvent prendre part à nos séances annuelles. Sur cette partie, je suis d'accord avec lui pour reconnaître que le délai de trois mois est insuffisant, pour que nous puissions nous appuyer sur les groupements constitués, lorsqu'il sera nécessaire. Soyez persuadés que tant que nous serons le parti du gouvernement, nous les verrons se multiplier d'une façon miraculeuse; mais que le jour où nous serions des vaincus, ces associations seraient moins nombreuses. Par conséquent, j'estime qu'à l'heure actuelle nous devons exiger une adhésion plus lointaine, et je crois que le délai à exiger devrait être de six à neuf mois.

Voici maintenant le point sur lequel je suis en désaccord avec le citoyen Bepmale.

J'estime que non seulement nous ne devons pas exclure nos représentants radicaux de ces Congrès, ou tout au moins limiter leur présence ici, mais que nous devrions, au contraire, exiger de tous leur présence.

J'aurais bien voulu demander à certaines personnalités parlementaires pourquoi elles ont déserté le ministère Combes au moment le plus critique (*bravos, interruptions*) ; pourquoi quelques-unes d'entre elles ont abandonné le ministère aux séances mémorables des 7-8 avril, lors de l'interpellation sur l'amendement Massé, craignant comme toujours la lutte et n'osant pas carrément faire acte de courage civique en soutenant le combat qui n'était pas et ne peut pas être fini. (*Vifs applaudissements*).

J'estime que si, au contraire, vous exigez de nos députés qu'ils soient envoyés par un comité, vous privez ce comité de la liberté d'envoyer un non parlementaire, et vous vous privez vous-même de l'occasion qui vous est fournie de parler à ceux de vos représentants avec lesquels vous seriez sans cela sans relations, sans communications.

Voilà ce que j'avais à dire. (*Applaudissements*).

M. J.-B. Morin. — Je suis d'accord avec les citoyens Bepmale et Armand Charpentier en ce qui concerne le stage indispensable pour qu'un groupe politique puisse se faire représenter au Congrès. Je ferai observer toutefois que la question du délai à déterminer est un peu la besogne de votre Comité exécutif.

Il est bien, je pense, dans l'esprit de tout le monde, dans l'esprit de chacun de nous que les groupements politiques qui donnent leur adhésion à notre Congrès, adhèrent d'abord à notre programme politique et à notre programme social. Par conséquent, nous avons déjà là une garantie qui doit nous paraître suffisante.

Cependant, pour qu'il n'y ait ni surprise, ni danger, on exige un stage ; d'accord, mais j'estime que .e stage actuel de trois mois est suffisant.

Sur le deuxieme point, en ce qui concerne l'éviction des élus, je crois que les mesures que nous prendrions seraient absolument inefficaces, parce que si les élus ne pouvaient figurer au Congrès que comme délégués de groupes, ces groupes enverraient de préférence et principalement leurs élus pour les représenter. D'ailleurs, il est absolument indispensable que les élus assistent à nos Congrès ; d'abord pour prendre langue avec nous, pour connaître nos sentiments, nos idées et notre volonté et aussi pour que nous puissions de temps en temps les remettre dans le droit chemin, s'ils tentaient de s'en écarter. (*Applaudissements*).

— Je ne dis pas cela pour les élus qui sont ici ; j'en connais un très grand nombre qui ont toujours fait tout leur devoir.

Enfin, sur le troisième point, et pour répondre à notre ami Bepmale, en ce qui concerne l'organisation des socialistes, il me sera permis de lui faire observer que ces associations ont presque toutes leurs élus dans leurs Congrès, et ce sont ces élus qui ont la plus grande influence et qui jouent le plus grand rôle dans ces assemblées.

D'ailleurs, que les délégués soient envoyés par les groupements ou par le suffrage universel, j'estime que c'est tout comme. Je pense qu'il ne faut pas engager un débat trop long sur cette question ; nos élus sont ici au même titre que nous et peut-être même à un titre supérieur (*Cris : oh ! oh !*) en ce sens qu'ils émanent du suffrage universel beaucoup plus que nous. (*Applaudissements*). Du jour où il sera constaté que ces élus n'appartiennent pas au parti radical et radical-socialiste, ou qu'ils s'en sont volontairement séparés, on ne les recevra plus et ce sera à vous à les éliminer du Congrès. Je ne vois donc pas le danger signalé par le citoyen Bepmale et je vous propose de repousser sa proposition. (*Applaudissements*). ·

Cris : aux voix !

M. MORLOT. — Vous permettrez à un élu de venir apporter ici une simple observation, en ce qui concerne la proposition de notre ami Bepmale. Il nous apparaît que les représentants du parti radical et radical-socialiste peuvent assister à nos Congrès en tant qu'élus, sans qu'ils soient mandataires de groupements. La raison décisive à mon sens en est qu'il n'est pas de groupement plus complet et qui ne comprenne des éléments plus entiers que le collège électoral qui les choisit pour le représenter. J'estime que le suffrage universel est le groupement le plus qualifié pour envoyer au Congrès les représentants qu'il choisit dans son sein et qui représentent le mieux ses idées. (*Très bien !*)

Que craignez-vous ? Qu'il y ait abondance d'élus du parti ? Pourquoi ?

Croyez-vous que tel élu qui aura abandonné son poste ou commis quelque faute n'ait à rendre des comptes qu'à son Comité, à ceux qui ont proposé sa candidature ? Non, à mon avis, il faut aussi qu'il s'explique à l'assemblée générale du parti ; il appartient également aux groupes radicaux de la Chambre et du Sénat de lui demander des comptes.

Je ne crois pas que, pour la seule raison qu'il n'aura pas reçu de délégation de l'un de ses comités, il soit possible de l'exclure de cette assemblée.

Il peut tenir à se justifier, comme on l'a vu ici-même, devant le parti tout entier, d'une faute qu'il n'a pas commise et dont on l'accuse. Vous condamneriez donc un parlementaire sans l'entendre, et pourquoi voulez-vous lui fermer les portes de cette asemblée ?

S'il ne peut ou ne veut se défendre devant vous, il est certain qu'il ne viendra pas, quelle que soit la décision que vous prendrez à cet égard. Mais il faut que, s'il le veut et le peut, la porte lui soit grande ouverte. (*Mouvements divers.*)

Un Délégué. — Cela soulèverait tout le temps des questions de personnalités.

M. Morlot, continuant — Il faut que l'élu puisse se présenter au Congrès pour être entendu aussi bien sur les questions personnelles que sur les affaires d'ordre général. En conséquence, je me rallie pleinement à l'idée du citoyen Charpentier, qui disait que tous les élus radicaux, loin de n'être pas admis de plein droit, devraient assister obligatoirement à nos Congrès. (*Vifs applaudissements.*)

Je demande donc qu'on vote la proposition de la Commission.

Le Président. — La clôture est demandée. Je la mets aux voix.

M. Edouard Ignace, *rapporteur*. — La Commission combat l'amendement de M. Bepmale.

La clôture est prononcée.

L'amendement Bepmale, tendant à supprimer les mots « des élus » dans le paragraphe 2 de l'article 4, n'est pas adopté.

M. Ch. Philipe. — Je voudrais vous demander d'ajouter à l'article 4 la conclusion suivante :

« *Tout fonctionnaire de l'ordre administratif ou judiciaire ne pourra faire partie ni du Congrès ni du Comité exécutif.* »

Il ne me faudra pas un long temps pour soutenir cet amendement, car il se justifie et se défend par lui-même. Il n'est pas possible que, vis-à-vis des autres groupements politiques, nous n'ayons pas ici, dans le sein de cette assemblée, notre indépendance absolue. (*Très bien !*)

Il est absolument nécessaire que nous déclarions, d'une façon formelle, que tous les fonctionnaires de l'ordre administratif ou judiciaire ne pourront pas faire partie du Congrès. (*Bruit*).

LE PRÉSIDENT. — Est-ce que M. Philipe maintient son amendement?

M. PHILIPE. — Oui.

M. TESSIER a la parole :

C'est avec une profonde émotion que je viens d'entendre formuler l'amendement Philipe. Nous nous plaignons, à juste titre, que nous avons, dans les administrations de l'Etat — et je ne parle pas des administrations judiciaires, mais des administrations centrales — des fonctionnaires qui nous sont notoirement hostiles ; et lorsque, par hasard, nous en rencontrons quelques-uns qui nous sont dévoués, vous voulez les chasser de notre Congrès ! (*Acclamations. Cris : Non ! Non !*),

J'estime, Citoyens, que vous feriez une très mauvaise besogne en éloignant de vous justement ceux qui, dans les ministères et les administrations publiques, manifestent leurs opinions républicaines et prouvent ainsi leur sincère et profonde affection à la démocratie et au parti radical. (*Applaudissements*).

Je n'insiste pas, car je vois que toute l'assemblée semble partager ma manière de voir. (*Nouveaux applaudissements*).

M. Armand CHARPENTIER. — Je proteste également au nom des fonctionnaires, car je revendique mon titre de fonctionnaire, de fonctionnaire de la République, et j'estime que nous, petits fonctionnaires qui luttons dans nos cantons pour la République, et qui sommes mal notés par nos chefs, lesquels sont presque tous réactionnaires, nous avons plus que tous autres le droit de porter les doléances des petits devant vous ; car vous n'ignorez pas qu'il existe un prolétariat administratif, comme existe le prolétariat industriel. (*Vifs applaudissements*).

Je suis donc certain que vous repousserez la proposition du citoyen Philipe.

M. Ch. PHILIPE. — Je ne voudrais pas un seul instant que mes excellents amis, Tessier et Charpentier, croient que j'ai la moindre idée de faire une question personnelle ; je n'ai en vue qu'un principe pur et simple, et je vais vous dire où je l'ai puisé.

Je demande, non pas que tel ou tel fonctionnaire ne pourrait pas faire partie du Congrès, mais que ceux qui sont les fonctionnaires de l'ordre administratif et judiciaire. c'est-à-dire ceux qui dirigent l'ordre administratif et judiciaire, et qui viennent ici, ne puissent faire partie du Comité exécutif.

D'ailleurs, on a déjà commencé à accepter le principe que j'expose, et dans ces conditions, je ne demanderai pas au Congrès de le voter.

LE PRÉSIDENT. — L'amendement étant retiré, je mets aux voix l'article 4, tel qu'il a été proposé par la Commission.

Adopté.

M. CHAUSSIER. — Je demande que l'on ajoute à l'article que les députés et les sénateurs se recommandant du Comité radical et radical-socialiste auprès de leurs électeurs, soient tenus d'assister aux séances annuelles du parti.

Cette adjonction, mise aux voix, est adoptée.

M. Edouard IGNACE, *rapporteur*, continue la lecture des articles du Règlement :

Art. 5. — *Il sera statué sur les admissions par le Comité exécutif, dont les décisions seront toujours susceptibles de recours devant le Congrès de la part de tout intéressé. Le Congrès statuera souverainement sur rapport de sa commission de vérification des pouvoirs, le Comité exécutif et l'intéressé seront entendus.*

Adopté.

Art. 6. — *Les membres du Comité exécutif seront élus pour un an par le Congrès sur la désignation des délégués de chaque département, à raison de deux délégués par département, et par fraction de 200.000 habitants. Le Comité exécutif sera, autant que possible, composé pour mi-partie de parlementaires, et pour mi-partie de non parlementaires. En conséquence, pour chaque département, il devra être tenu compte de cette règle, lors de la désignation des délégués à choisir.*

M. MORLOT. — Au nom de la Commission, je proteste avec énergie contre les paroles qui ont été prononcées tout à l'heure au cours de l'incident qui vient de se terminer, et dans lequel on a dit que le projet de Règlement a été distribué au dernier moment, comme par surprise.

Ce projet a figuré à l'ordre du jour du Comité exécutif pendant plusieurs séances, et a été longuement examiné par lui. De plus, hier soir, en Commission, le document imprimé a été remis à tous les membres qui prenaient part à la discussion.

J'appelle maintenant l'attention de l'assemblée sur la modification que cet article apporte à l'ancien règlement qui nommait un délégué par 300.000 habitants.

Par l'article ci-dessus, le nouveau Règlement indique qu'il y aura deux délégués par département et par fraction de 200.000 habitants. Je ferai observer qu'il en résultera un nombre considérable de délégués. Le Comité exécutif, tel qu'il avait été constitué au Congrès de Lyon, était déjà une assemblée fort nombreuse ; pourquoi voulez-vous augmenter encore cette espèce de Parlement qui n'exécutait pas grand chose, parce que, justement, les membres étaient trop nombreux ? (*Mouvements divers*).

Si vous constituez une assemblée trop nombreuse, voici ce qui arrivera : elle finira par déléguer ses pouvoirs à un bureau, et au lieu d'avoir simplement un comité exécutif, vous aurez également un comité directeur.

Vous vous êtes d'ailleurs élevés contre cette conception au Congrès de Lyon, vous avez même voté des amendements qui avaient pour objet de réduire le nombre de délégués; pourquoi, aujourd'hui, en augmentant encore ce nombre, créeriez-vous un danger plus grand?

Je dépose, en conséquence, un amendement demandant qu'on revienne à l'ancien chiffre de un délégué par 300.000 habitants ou fraction de 300.000.

M. Edouard Ignace, *rapporteur.* — Messieurs, lorsque nous avons examiné cette question, nous avions devant nous le chiffre de 300.000 qui est la proposition de M. Morlot ; on demandait, d'autre part, de s'arrêter au chiffre de 150.000. Seulement, vous le savez, il est difficile, en matière de chiffres, de satisfaire tout le monde ; la Commission a pris le moyen terme de 200.000.

J'ajouterai que nous ne craignons pas les inconvénients du nombre ; plus le Comité sera nombreux, plus le travail sera fructueux, et nous aurons ainsi le moyen de créer des stimulants à l'activité de nos amis; nous leur demandons de venir à nous aussi nombreux que possible.

Le Président. — Nous sommes en présence de deux textes: celui de la Commission, qui fixe le chiffre à 200.000 habitants, et l'autre, celui du député Morlot, qui demande de maintenir le *statu quo*, c'est-à-dire de conserver le chiffre de 300.000.

Je mets aux voix l'amendement Morlot.

(Cet amendement, mis aux voix, est écarté. Le chiffre de la Commission est adopté).

Le citoyen Dauzon a la parole sur le même article :

Il combat l'amendement suivant qui avait été adopté en Commission la veille :

« *Toutefois pour les départements non représentés, le Congrès désignera d'office deux délégués parmi les militants de ces départements* ». Je viens vous demander, dit-il, si vous êtes d'avis, comme moi, que notre travail doit se résumer tout entier dans un esprit de justice? L'article VI serait d'ailleurs parfaitement contradictoire si vous l'adoptez dans les termes où il est écrit. Il y est dit: « *Les membres du Comité exécutif seront élus pour un an par le Congrès sur la désignation des délégués de chaque département à raison de deux délégués par département et par fraction de 200.000 habitants.* »

Or, il y a ici des départements qui ne sont représentés par aucun délégué, et alors on nous propose de désigner d'office des délégués qui représenteraient ces départements. Voilà ce qui est convenu dans l'article additionnel voté hier soir.

Qui est-ce qui fait fait la base de nos pouvoirs? C'est la délégation que nous avons reçue de nos mandants. Qui représentons-nous ? Ceux qui nous ont envoyés. Or, si personne n'envoie personne, où irons-nous puiser le droit de désigner quelqu'un ?

4

On nous répond : « Nous désignerons des militants », et on ajoute : « ceux-ci, à leur tour, pourront désigner des délégués ».

Quel est donc le département où il y a des militants qui ne puissent envoyer des délégués ? Il me semble, au contraire, qu'il conviendrait que nous disions que s'il y a des départements réfractaires qui n'aient pas de délégués, nous devrons leur en envoyer.

Je demanderais donc que la motion additionnelle fût supprimée, de manière à ce que l'article prît sa valeur légale.

J'ajoute que nous avons vu, dans les Congrès précédents, certains départements réfractaires être représentés à Paris par des personnes qui n'avaient aucune espèce d'attache avec ces départements. Il y a ici bien des congressistes qui me comprennent ; je n'insisterai donc pas. Mais je n'admets pas que l'influence des délégués dont je parle et qui ne réprésentent personne, puisse faire triompher au Comité exécutif une solution en faisant l'appoint à la majorité. (*Applaudissements*).

Je demande donc que l'amendement adopté hier soir soit purement et simplement supprimé ; l'article VI reprendra alors sa valeur légale et pourra être ainsi adopté.

M. FALOT. — Je suis l'auteur de l'amendement qui a été adopté hier sur l'article VI.

Après les observations que M. Dauzon vient de faire, je suis d'avis qu'en effet le Congrès ne peut pas avoir le droit de désigner des délégués pour les départements qui ne sont pas représentés ici et j'estime, réflexion faite, que les militants du parti doivent travailler tout d'abord dans leurs départements avant de venir travailler au Congrès ou au Comité exécutif. Je retire, pour ma part, l'amendement que j'ai fait adopter hier, et je demande à la Commission de retirer également ment le sien. (*Applaudissements*). — (*Plusieurs voix* : « *C'est parfait* »).

LE RAPPORTEUR. — J'ai combattu l'amendement adopté hier ; en conséquence, j'approuve le retrait proposé.

M. TESSIER. — Hier, à la Commision, j'ai obtenu que l'on pût faire représenter les départements qui n'ont pas nommé de délégués, par deux délégués nommés par le Congrès. Voici comment j'ai parlé :

Dans certains départements, comme le mien, malheureusement, il n'est pas possible à un Comité de prendre le titre de socialiste, ou même de radical-socialiste (*Bruit*).

Pourtant lorsque, dans ces départements, il existe des députés qui, par exemple, ont toujours voté pour les Ministères Waldeck et Combes, on peut dire que, s'il n'y a pas là de Comité radical ou radical-socialiste, il y a des radicaux.

Mais, je le répète, il leur est impossible d'être soutenus par un Comité qui puisse prendre le titre de Comité radical-socialiste. Ça leur est absolument interdit. (*Bruit*).

Il me paraît nécessaire que ces départements, peu favorisés, puisqu'ils n'ont pas de fédération portant le titre du parti, doivent avoir quelqu'un qui se tienne à Paris en relations fréquentes avec le Comité exécutif, et je crois indispensable que ces départements soient représentés par deux délégués. Je demande le maintien des délégués destinés à les représenter.

M. Myard. — Le précédent orateur vient de nous dire qu'il était impossible de créer, dans certains départements, des comités ayant le titre de radical et radical-socialiste. Je lui ferai remarquer qu'il n'est pas indispensable, pour pouvoir assister à notre Congrès, que le Comité qui délègue ait le titre de radical et radical-socialiste (*Bruit*).

Il peut avoir tout simplement pour titre : « Le Comité de tel endroit », et moi-même j'appartiens à un comité qui a pour titre tout simplement : « Comité du canton de Buxy. » Mais il est indispensable qu'il ait accepté le programme du comité radical et radical-socialiste. J'estime, quant à moi, que les inscriptions ne sont rien, que l'action politique est tout. (*Applaudissements.*)

M. Tessier. — Dans ces conditions, je n'insiste pas.

Le Président. — L'amendement est retiré, je ne le mettrai donc pas aux voix.

M. Louis Martin. — De cette discussion, il ressort que les départements organisés seront en relations permanentes avec le Comité exécutif ; par l'intermédiaire de leurs délégués, ils recevront la bonne parole démocratique et radicale. — Quant aux autres, ils ne seront pas représentés. — Mais je considère que le devoir du Comité exécutif doit être de se mettre en relations avec les organisations des départements non représentés pour qu'une propagande très active soit faite dans ces départements. (*Applaudissements*).

Le Rapporteur. — Il ne faut certes pas rayer ces départements de la carte républicaine de la France. Non, nous ne le voulons pas. Nous aurons dans ces départements des correspondants chargés de se mettre en rapport avec le Comité exécutif d'une part et les militants de l'autre, et vous pouvez être certains que les appels qu'ils nous feront seront entendus.

Le Président. — L'incident est clos.

M. Carpot, député du Sénégal. — Le projet qui vous est soumis par votre Commission prévoit un mode d'élection spécial pour les délégués des colonies. Je ne vois pas pourquoi les colonies seraient traitées autrement que la métropole. Les Congrès de Paris et de Lyon les avaient placées sur un même pied d'égalité. Et, en effet, pourquoi ses délégués seraient-ils traités autrement ? Puisqu'ils ont les mêmes charges, ils doivent avoir les mêmes droits. Je vous demande donc de ne pas adopter l'amendement proposé par votre Commission qui n'avait pas été adopté par le Comité exécutif qui avait accepté les propositions des Congrès de Paris et de Lyon. (*Très bien !*)

M. Edouard Ignace, *rapporteur*. — Le premier texte de votre Commission n'était pas, en effet, celui qui vous est présenté aujourd'hui, en ce qui concerne la proportion à établir pour les délégués des colonies. Je crois que nous devons nous en rapporter aux décisions des Congrès précédents, en disant qu'il n'y a pas lieu de créer un système d'inégalité entre les colonies et la métropole.

Le Président. — Je mets aux voix l'ensemble de l'article 6. (*Adopté*).

Télégramme de M. Léon Bourgeois.

Le Président. — Je vous demande, citoyens, d'interrompre un instant la lecture du rapport pour vous donner lecture du télégramme qui nous est adressé par M. Bourgeois, président de la Chambre des députés ; en réponse au télégramme que le Congrès lui a adressé hier :

(Lecture du télégramme) : « Affectueuse sympathie de nos amis m'apporte dans mon deuil un réconfort qui me touche et m'émeut profondément Veuillez leur en dire toute ma reconnaissance et remercier également le Congrès de l'expression de sa confiance cordiale. Dites bien mon fidèle dévouement aux idées sur lesquelles depuis premier Congrès 1901 s'est faite notre inébranlable union et mes vœux pour que délibérations de 1903 apportent nouvelles forces à la cause de la démocratie laïque et de la solidarité sociale. Signé : Léon Bourgeois. » (*Applaudissements*).

Le Président. — J'ai le sentiment d'être l'interprète de l'Assemblée tout entière en présentant au citoyen Léon Bourgeois tous mes remerciements pour son télégramme.

M. Edouard Ignace, *rapporteur*. — Nous reprenons la lecture. — Art. 7 : *Le Comité exécutif désignera parmi ses membres un bureau chargé de l'expédition des affaires courantes, et qui sera placé sous son contrôle permanent.*
Ce bureau sera renouvelable chaque trimestre, et se composera de un président, six vice-présidents, douze secrétaires.
Le premier bureau sera élu chaque année immédiatement après la constitution du Comité exécutif devant le Congrès ou à l'issue de ses opérations.
Le président sortant n'est pas rééligible.
Les vice-présidents ne sont pas immédiatement rééligibles dans leurs fonctions.
. Les secrétaires sont rééligibles et soumis par moitié au renouvellement trimestriel.

Adopté.

Art. 8. — *Le Comité exécutif devra se réunir au moins une fois par mois, au siège social.*

Adopté.

Art. 9. — *Il a pour mission de délibérer sur toutes les questions relatives à l'intérêt du parti radical et radical-socialiste, et de décider toutes les mesures que commande cet intérêt. Il règle notamment les questions d'organisation, d'administration, de propagande et de discipline du parti.*

Il contribue, par tous les moyens et de toutes ses forces, à la création et au développement sur tout le territoire de la République, des groupes et comités locaux destinés à propager les idées et les fonctions du parti.

L'autonomie de ces groupes est absolue, et sous aucun prétexte il ne peut y être porté atteinte.

Enfin, le Comité exécutif décidera de toutes les questions de discipline qui pourront être soulevées, soit par la situation particulière des adhérents, soit par la situation électorale dans les circonscriptions.

Pour toute affaire disciplinaire, il ne sera statué qu'après la convocation régulière permettant aux intéressés de fournir leurs explications.

Les décisions du Comité exécutif seront toujours susceptibles d'être portées devant le Congrès par voie de recours ouvert à tout intéressé.

Adopté.

Art. 10. — *Le Comité désignera dans son sein des Commissions de onze membres pour étudier et rapporter les questions qui leur seront renvoyées.*

Adopté.

Art. 11. — *Le Comité choisira un secrétaire permanent en dehors de ses membres.*

Il sera chargé, sous le contrôle du bureau, d'assurer le service de la correspondance, l'expédition des journaux et brochures, de veiller au classement et à la conservation des archives.

Adopté.

Art. 12. — DISCIPLINE ÉLECTORALE. — *Dans tous les cas où le Comité exécutif sera appelé à délibérer sur une question relative à la discipline électorale, il devra être saisi, soit par les Comités ou groupements ayant adhéré au parti, soit par les intéressés directs.*

Les décisions devront s'inspirer de l'intérêt bien entendu du parti, du principe intangible, du respect de l'autonomie des groupements locaux, et de l'appui dû aux candidatures qui défendent loyalement le programme du parti.

Toutefois, le Comité devra intervenir, quand les circonstances l'exigeront, auprès des comités ou groupements locaux, en vue de conjurer, s'il y a lieu, le danger pouvant résulter, pour l'intérêt général du parti, d'une pluralité excessive de candidatures.

Il fera à cet égard les observations et représentations qui seront nécessaires.

Enfin, le Comité exécutif devra, dès le premier tour de scrutin, aider par tous les moyens en son pouvoir, les candidats reconnus du parti. Il les désignera notamment au corps électoral par la mention Candidat du parti radical et radical-socialiste.

Adopté.

Art. 13. — *Au deuxième tour, le Comité exécutif devra faire respecter les règles de la discipline républicaine entre les candidats du parti, et n'accorder la désignation prévue à l'article 12 ainsi que le droit au titre de* candidat républicain du parti radical et radical-socialiste, *qu'à celui des candidats qui, ayant réuni le plus de suffrages au premier tour, sera devenu, en réalité, le candidat désigné par le suffrage universel.*

M. Bertrand a la parole sur cet article.

Je voudrais, Messieurs, proposer un léger amendement à cet article, qui consisterait à déclarer que, lorsque deux candidats se réclamant du programme radical et radical-socialiste resteraient seuls en présence au second tour, après avoir battu au premier tour le candidat réactionnaire, vous décidiez que le candidat qui a eu la majorité au premier tour restât seul, et que l'autre considérât comme un devoir de se retirer, même s'il n'y avait plus de réactionnaire, car l'expérience a démontré que des candidats républicains mis en minorité au premier tour, comptent quelquefois sur l'appui des réactionnaires pour réussir au second tour ; la chose a été prouvée et démontrée ; c'est pour cela que je vous demande cette addition. C'est le candidat le moins favorisé qui devrait se retirer au second tour, et s'il ne le faisait pas, il faudrait que même s'il était élu, il fût disqualifié et ne pût plus se réclamer du parti radical et radical-socialiste.

Le Rapporteur. — La Commission est d'accord sur le fond de la proposition, et il ne saurait y avoir de difficulté sur la ligne de conduite à observer par les candidats. Mais nous pensons que le texte, dans sa généralité, donne au Comité exécutif les moyens suffisants pour régler la question.

En effet, le Comité exécutif est-il appelé à donner son avis ? L'article 12 indique « qu'on doit donner l'appui aux candidats qui défendent loyalement le parti ». Cette expression « loyalement, » insérée à dessein dans le texte, suffit à trancher la question.

En ce qui concerne le second tour, le texte ne prévoit aucun cas particulier ; il se borne à édicter le désistement en faveur du candidat désigné par le suffrage universel ; il répond donc aux légitimes préoccupations de notre ami ; et il est bien entendu que c'est au Comité exécutif qu'il appartient de veiller à l'application de ces principes.

M. Bertrand. — Je vois là un grand danger ; on verra qui a raison par la suite.

M. Edouard Ignace, *rapporteur*. — Le Comité exécutif doit être en possession de la confiance de l'assemblée qui l'a nommé.

L'article 13 est adopté.

Art. 14. — *En cas d'infraction d'un des adhérents à ses devoirs envers le parti, le Comité exécutif statuant disciplinairement, les intéressés entendus ou eux dûment appelés, après rapport de la commission spéciale et communication préalablement faite du rapport et des pièces aux intéressés, pourra émettre un blâme.*
La décision du Comité exécutif devra être motivée.

Adopté.

Art. 15. — *Tout blâme par le Comité exécutif emportera de plein droit, contre celui qui en aura été l'objet, l'exclusion du parti, sous réserve du recours devant le Congrès, qui pourra, dans tous les cas, statuer sur une demande de réadmission.*

M. Rodet a la parole sur l'article 15 :

J'ai été frappé à la lecture du dernier article de la gravité de la sanction qui pourrait être prise par le Comité exécutif, alors même que les délégués présents seraient en très petit nombre. Je demande donc qu'il soit ajouté « que le blâme ne puisse être prononcé qu'avec un nombre de voix déterminé ».

M. Edouard Ignace, *rapporteur*. — La Commission a pensé qu'en matière disciplinaire et s'agissant d'un grand parti comme le nôtre, on ne pouvait émettre que des sanctions graves ; voilà pourquoi elle a déclaré que la seule sanction à prononcer était un blâme. Lorsque le Comité sera saisi d'une question disciplinaire, il ne manquera pas de s'inspirer de l'étendue de ses responsabilités ; il statuera en conscience comme Jury, et tous les membres, soyez-en certains, tiendront à honneur de venir prendre part aux délibérations. Le Comité rendra une décision régulière en se prononçant sur le blâme par oui ou par non. L'intéressé aura le droit de faire appel de cette décision ; c'est le Congrès qui décidera en dernier ressort.

M. Richard. — Du moment où l'on admet que l'intéressé peut faire appel devant le Congrès de la décision du Comité exécutif, il serait utile de dire que le recours « sera suspensif. » On ne pourra prononcer l'exclusion immédiate. Puisqu'au-dessus du Comité exécutif, vous reconnaissez qu'il y a en quelque sorte une Cour de cassation, ce recours doit être suspensif et je demande au Congrès que le principe de justice et d'équité soit appliqué, et qu'en conséquence l'article 15 soit modifié ainsi : « Le recours sera suspensif ».

M. Edouard Ignace, *rapporteur*. — En matière disciplinaire, le recours est en effet suspensif. Mais est-il exact de dire que le texte ne donne pas satisfaction, et les mots « sous réserve » qu'il contient ne suffisent-il pas? J'estime, quant à moi, que ce texte répond parfaitement aux susceptibilités de M. Richard et lui donne satisfaction.

M. Maurice Faure. — On ne saurait prendre trop de garanties ; j'appuie donc la proposition du citoyen Richard. Ce sont là des décisions fort graves que nous prenons.

Je demande à formuler moi-même une autre proposition. Vous avez estimé que la représentation régulière, en tant que collectivité dans les départements, était la Fédération adhérente au parti; c'est cette fédération qui accrédite les candidats et, partant, c'est elle qui peut les apprécier. Il me semble donc qu'il serait absolument indispensable de ne prononcer cette sorte d'excommunication dont on vous a parlé que si elle est demandée par la fédération départementale.

M. Edouard Ignace, *rapporteur*. — On fait des règlements rigoureux avec l'idée et l'espérance qu'on n'aura jamais l'occasion de les appliquer. Nous espérons que le Comité exécutif n'aura pas à user des armes que vous lui donnez. En tout cas je ne ferai aucune objection à accepter, quant à moi, l'addition proposée par M. Maurice Faure, qui constitue, en effet, une garantie appréciable.

M. Maurice Faure. — En tout cas un fait se présentant, le Comité ne saurait s'entourer de trop de renseignements, et il ne les trouvera qu'au sein des groupements et des Comités locaux (*Mouvements divers*).

Le Président. — Le bureau est saisi de trois adjonctions à l'article 6. La première de M. Maurice Faure, qui dit :

« *Dans tous les cas la peine disciplinaire ne pourra être prononcée qu'après avis conforme de la fédération du département si elle est organisée* »

La deuxième, du citoyen Rodet, est ainsi conçue :

« *La décision du Comité exécutif devra être votée par le tiers des membres du Comité exécutif.* »

La troisième, qui vient de nous être présentée à l'instant, est de M. Réveillaud, et dit :

« *Le Comité exécutif pourra émettre soit un blâme simple, soit un blâme avec exclusion.* »

Enfin, il y a encore le texte de la commission, qui dit dans l'article 15 :

« *Sous réserves du recours devant le Congrès qui, dans tous les cas, sera suspensif.* »

Voulez-vous que nous renvoyions ces propositions à la commission, car on nous demande d'en finir?

Il me semble cependant que si j'avais à formuler un avis personnel, je dirais que la proposition de M. Maurice Faure me paraît donner une garantie très suffisante.

M. Edouard Ignace, *rapporteur*. — J'accepte l'adjonction proposée par M. Maurice Faure.

Le Président. — Je la mets aux voix.

L'adjonction de M. Maurice Faure est adoptée.

Le Président. — Les auteurs des autres amendements ne maintiennent pas leurs propositions ; je mets donc aux voix l'ensemble des articles 14 et 15.

Adopté.

Je mets enfin aux voix l'ensemble du règlement.

Adopté.

M. Bouffandeau, *Secrétaire général du Comité exécutif*. — Le Bureau est saisi d'une motion qui répond au légitime souci de propagande exprimé tout à l'heure par M. Martin et à la promesse faite par le Rapporteur du règlement :

« *Pour établir sur les bases les plus larges possibles l'action du Comité exécutif, celui-ci aura à rechercher dans les circonscriptions électorales les membres du parti avec lesquels il pourra être en rapport continu et qui deviendraient ainsi « les correspondants du Comité exécutif* ».

Cette motion, mise aux voix, est adoptée.

Une motion de M. Emile Cabanac, relative à l'adhésion des groupements, est retirée par son auteur, le règlement lui donnant satisfaction.

M. Bouffandeau lit une troisième proposition.

« *Le parti, préoccupé de la propagande réactionnaire, émet le vœu qu'il soit créé un journal illustré appartenant à notre parti* ». (Mouvements divers).

Le Président. — Je crois que ce vœu doit être renvoyé à la commission ou à la première réunion de notre Comité exécutif.

Le renvoi au Comité exécutif est ordonné.

2e Commission

VŒUX DIVERS

Fédération républicaine de l'Aisne. — Les faveurs gouvernementales accordées à la réaction.

M. Durozoy. — Citoyens, votre deuxième commission a discuté hier et accepté à l'unanimité un projet de délibération que je viens présenter à vos décisions.

Il s'agit d'une Fédération républicaine départementale née sous les auspices du Congrès de Paris, pratiquant la politique du bloc, reliée au Comité exécutif, qui n'a pas marchandé ses félicitations aux membres du gouvernement actuel qu'elle a couverts d'ordres du jour, et qui cependant se trouve dans cette situation singulière d'être à la veille de se dissoudre si la protection qu'elle vient demander au Congrès de Marseille lui est refusée. Il s'agit de la Fédération du département de l'Aisne.

En 1885, il y a eu dans l'Aisne un préfet qui a osé patronner une liste de candidats opposés à la liste républicaine. Le suffrage universel lui a donné tort et a envoyé huit députés républicains à la Chambre.

Révoqué, M. Sébline s'est réfugié au Sénat. Du Luxembourg, il est entré au Conseil général de Laon où il s'est fait une majorité à son image, et on peut dire que depuis 17 ans les efforts du parti républicain de l'Aisne ont été dirigés contre sa politique qui est exactement celle de M. Méline. (*Applaudissements*).

Aussi la fédération républicaine de l'Aisne, constituée en 1901, a-t-elle repris la vieille lutte contre l'esprit méliniste, et son premier acte a été la constitution du bloc radical et socialiste, c'est-à-dire la concentration républicaine pour un effort décisif.

Les élections législatives et sénatoriales se sont faites sur ce contrat loyalement observé par les deux fractions de notre parti.

Or, nous venons nous plaindre de l'action gouvernementale qui s'exerce en faveur de nos adversaires, nous décourage et va nous diviser.

Depuis un an, toutes les faveurs, croix de la Légion d'honneur comprises, sont allées aux amis de M. Sébline, c'est-à-dire aux membres militants de la majorité réactionnaire du Conseil général que nous combattons.

Une croix a été accordée dans des circonstances au plus haut point scandaleuses au lendemain d'une manifestation bruyante de nos adversaires contre le Ministère, les députés républicains de l'Aisne et la Fédération. Elle a été accordée à l'un des organisateurs de cette manifestation réactionnaire. (*Rumeurs*).

Aussi ai-je mission de la Fédération de l'Aisne, dont je suis le président, de déposer sur le bureau du Congrès le projet de résolution accepté par votre Commission des vœux, et dont je vous donne lecture :

Projet de résolution présenté au Congrès

Après avoir entendu les explications des délégués de l'Aisne sur la situation du parti républicain dans ce département ;

Considérant que les Congrès de Paris et de Lyon, en organisant le parti, auraient fait œuvre vaine si l'autorité des Fédérations départementales qui, comme dans l'Aisne, réunissent l'ensemble des forces républicaines, pouvait être contrebalancée au point de vue des directions politiques du département ;

Que l'œuvre démocratique engagée par les deux derniers ministères est sortie tout entière de la volonté collective du parti républicain réuni dans un puissant effort d'organisation ;

Que l'on ne pourrait, sans ébranler cette œuvre et même sans la briser, abandonner une seule des Fédérations, fût-ce la plus humble, si elle est reliée au Comité exécutif et si elle fait acte d'union républicaine et de discipline ;

Le Congrès émet le vœu que les efforts du Gouvernement dans l'Aisne secondent ceux de la Fédération républicaine ; que satisfaction soit donnée aux républicains, et que, en général, il en soit ainsi partout où le parti est organisé sous l'autorité des Congrès républicains nationaux. (*Vifs applaudissements*).

Le Président. — La parole est au citoyen Armand Charpentier. Je prie seulement l'orateur d'être bref.

M. Armand Charpentier. — Citoyens, je crois que le meilleur moyen d'être bref est d'élever la question sur le terrain des généralités.

Ce n'est pas seulement en ce qui concerne la Fédération de l'Aisne que cette question est intéressante. Il convient d'englober dans le débat toutes les Fédérations ; c'est donc tous les Fonctionnaires que mon ordre du jour va réunir dans une même pensée.

Résumons nos griefs. Qu'avons-nous à constater ? C'est que quels que soient les Ministres qu'il y ait à la tête de la République, ce sont toujours les grands chefs réactionnaires qui font les nominations et profitent de l'avancement. Ce que nous avons à constater, c'est que plus on est Républicain, plus on travaille pour la République et la Démocratie, moins on acquiert de droits à l'avancement. (*Applaudissements*).

Citoyens, je ne ferai pas, par respect pour cette Assemblée et pour ne pas vous lasser, l'énumération des nombreux cas que je pourrais citer. Je veux prendre un cas-type, une nomination que je trouve, pour ma part, particulièrement scandaleuse. Elle ne doit pas avoir à nos yeux un caractère personnel et ce n'est pas celui qui a été nommé que j'attaque. J'attaque tous ceux qui font de pareilles nominations.

Je m'explique.

En avril dernier, M. Delcassé, ministre des Affaires Etrangères, a nommé consul de France à la Nouvelle-Orléans, M. Pierre Richard, député, boulangiste d'abord, puis nationaliste, qui, depuis 15 ans, n'a cessé de combattre la République. (*Vifs applaudissements.*)

N'est-ce pas, Citoyens, que cette nomination résume nettement l'esprit de certains de nos Ministres ?

Ce n'est pas seulement M. Delcassé que je vise, mais tous les Ministres qui agissent de même. J'ajoute que ce sont toujours les petits, les humbles, les obscurs qui sont victimes de cet état de choses.

Voilà pourquoi, Citoyens, je vous demande la permission de lire un vœu de dix lignes que j'ai déposé sur le bureau du Congrès, et que je vous propose d'envoyer à M. Delcassé, car je crois qu'il est bon que de temps en temps nos élus reçoivent une leçon :

« *Le Congrès du parti républicain radical et radical-socialiste, considérant que M. Pierre Richard, après avoir pendant 15 ans combattu la République en qualité de député, boulangiste d'abord, puis nationaliste, vient d'être nommé consul général de France à la Nouvelle-Orléans,*

« *Adresse à M. Delcassé, ministre des Affaires étrangères, un blâme énergique à l'occasion de cette nomination scandaleuse...* (Bravos et applaudissements) *et profite de cette circonstance pour exprimer le vœu que, désormais, les emplois administratifs de tous ordres ne soient confiés qu'à des fonctionnaires ayant donné des preuves de leur dévouement à la République.* » (Nouveaux applaudissements),

Le Président. — La parole est au citoyen Beauquier.

M. Beauquier. — Je n'ai que deux mots à dire. Ce n'est pas à propos de l'épuration des fonctionnaires qui a été reconnue indispensable et qui, de tout temps, a préoccupé tous les vrais républicains. Mais je prends la parole pour déclarer que je déplore qu'un républicain, qu'un radical-socialiste, tel que le représentant de l'Aisne, soit venu porter à la Tribune du Congrès une réclamation concernant des croix de la Légion d'honneur.

Il y a bien longtemps que les républicains ne devraient plus attacher la moindre importance à la Légion d'honneur, et nous devrions, au contraire, flétrir tous ceux qui la sollicitent et tous ceux qui les patronnent. (*Cris : Oh ! Oh !*)

Oui, je dis que ceux-là ne sont pas des républicains. Il y a longtemps que la Légion d'honneur est un moyen de Gouvernement, et voilà pourquoi nous, républicains, nous devrions demander sa suppression. Ce sont ces réflexions qui m'ont amené à prendre la parole. J'estime que la Légion d'honneur n'est pas une institution démocratique et si on veut la conserver, je demande qu'on distribue les croix par poignées. (*Hilarité.*)

M. Louis Martin. — Citoyens, la question n'est pas là où l'a placée le citoyen Beauquier. Je crois comme lui que la Légion d'honneur et toutes les autres distinctions ne signifient pas grand'chose, et que leur suppression peut être demandée par le parti républicain. Mais, en attendant, elles existent ; le principe de la distinction est admis, et il y a, d'ailleurs, des citoyens qui l'ont méritée par les services rendus. Il est donc certain que l'attribution d'une croix de la Légion d'honneur à des chefs du parti réactionnaire est un échec grave pour le parti républicain.

Je crois que c'est là ce qu'a voulu dire le citoyen Durozoy

et qu'il aurait voulu que la croix dont il a été question tout à l'heure fût donnée à un républicain.

Le citoyen Charpentier a cité également un exemple de nomination scandaleuse, celle de M. Pierre Richard, comme Consul à la Nouvelle-Orléans ; il l'a cité comme exemple type et c'est pour cela que je me rallie aux observations apportées à cette tribune.

Mais j'ai, d'autre part, confiance dans le Gouvernement actuel ; ce gouvernement est républicain, et nous savons tous qu'il est digne de notre confiance. Il a, peut-on dire, fortifié la République en France. Je pense donc que, s'il a été amené à donner des récompenses aux pires ennemis de la République, c'est qu'il a été desservi par ses agents. Si, en haut de l'échelle, il y a une direction énergiquement républicaine et des Ministres républicains, les agents qui sont chargés de les renseigner s'acquittent mal de leur tâche.

Par conséquent, la question s'élargit, et nous arrivons alors à envisager la nécessité d'une épuration du personnel.

Nous ne demandons pas que les fonctionnaires en place soient privés de leur gagne-pain ; mais nous demandons que, pour les fonctions nouvelles à créer, le gouvernement ne choisisse que des hommes appartenant au parti républicain. (*Applaudissements.*)

M. Armand CHARPENTIER. — Citoyens, je propose d'élargir encore le débat en modifiant le vœu que j'ai déposé et en lui donnant la forme suivante, qui satisfera, je crois, tout le monde, en englobant tout le fonctionnarisme français :

« *Le Congrès du parti républicain radical et radical-socialiste,*

Considérant qu'un député, après avoir pendant 15 ans combattu la République en qualité de boulangiste d'abord, puis de nationaliste, vient d'être nommé Consul général de France à la Nouvelle-Orléans,

Adresse aux auteurs responsables de cette nomination scandaleuse un blâme énergique,

Et profite de cette circonstance pour exprimer le vœu que désormais les emplois administratifs de tous ordres ne soient confiés qu'à des fonctionnaires ayant donné des preuves de leur dévouement à la République. »

LE PRÉSIDENT. — Je dois faire connaître à l'Assemblée que le Comité exécutif, à la suite d'un vote analogue à celui proposé par le citoyen Charpentier, a fait une démarche auprès du gouvernement. Vous avez cependant le droit et le devoir de le confirmer en adoptant également ce dernier.

(La motion modifiée du citoyen Armand Charpentier est adoptée à l'unanimité) (*Acclamations*).

M. Louis MARTIN. — Pour terminer, je demande à donner connaissance de deux vœux dont l'un émane de la Ligue des droits de l'homme, section de Puget-Théniers, et qui a pour rapporteur M. Grangeon, et l'autre du citoyen Dufailly (*Cris : Lisez !*)

Premiers vœux :

Monument à Blanqui.

« Le dimanche 24 mai dernier la Fédération des sections des Alpes-Maritimes de la Ligue Française des droits de l'homme et du citoyen, saisie par la section de Puget-Théniers d'un projet de monument à Blanqui, constate :

« Que la personnalité de Blanqui, dégagée de la contingence des événements. apparaît désormais comme un symbole d'énergie républicaine ;

« Qu'il s'est toujours placé en dehors de toutes les écoles politiques ;

« Qu'en lui fut persécuté cruellement l'esprit de progrès et de liberté ; que ses bourreaux se nomment Charles X, Louis Philippe, Napoléon III, dont le peuple ne put se délivrer que révolutionnairement ;

« Que Blanqui fut la victime type des réactions triomphantes qui lui firent subir 36 années de captivité ;

« Qu'il a légué au monde un grand exemple de dévouement à l'idéal de la Révolution française ;

« Que Blanqui fut non seulement un martyr, mais un puissant philosophe ; qu'il a appelé l'humanité à prendre conscience d'elle-même en la libérant de la terreur des dogmes et du joug des tyrans ;

« Salue en Blanqui le grand révolté et le grand penseur de l'idée républicaine ;

« Décide qu'il est du devoir de la démocratie, enfin victorieuse, de lui rendre justice et d'honorer sa mémoire ;

« Adopte la proposition qui lui est soumise et forme un Comité d'initiative chargé de faire le nécessaire pour qu'un monument soit édifié à Blanqui à Puget-Théniers, sa ville natale. »

Citoyens, le Comité formé conformément à cette décision s'adresse à tous les républicains, sans distinction de nuance, pour leur demander leur participation à l'œuvre de justice en faveur de Blanqui.

Votre deuxième Commission, sur la proposition du citoyen Grangeon, délégué au Congrès par les Alpes-Maritimes, a adopté à l'unanimité et demande au Congrès de vouloir bien voter la résolution suivante :

« Le Congrès du parti républicain radical et radical-socialiste adopte l'ordre du jour par lequel la Fédération de la Ligue des droits de l'homme des Alpes-Maritimes a décidé d'élever un monument à Auguste Blanqui, à Puget-Théniers, sa ville natale, et s'associe à la manifestation républicaine que les républicains de Puget-Théniers veulent organiser à cette occasion dans les Alpes-Maritimes. » (*Très bien ! très bien !*)

Nous vous proposons là quelque chose de purement moral. (*Ce vœu est adopté*).

Deuxième vœu de MM. Lucien Le Foyer et Armand Charpentier.

Interdiction du port des armes aux militaires circulant sur la voie publique

« Le Congrès,

« Considérant que des désordres sanglants sur la voie publique ont eu pour cause l'usage que des militaires ont fait, en dehors du service, des armes dont ils sont porteurs,

« Considérant que les militaires n'ont pas à circuler armés au milieu de citoyens à qui le port des armes est interdit,

« Invite le Ministre de la guerre à décider que, hors du service, les militaires de l'armée de terre sortiront sur la voie publique sans armes. » (*Ce vœu est également adopté*).

M. MORLOT a la parole pour une observation. Je pense qu'il est bien entendu que le vœu déposé par le citoyen Charpentier englobe les protestations de M. Durozoy et les miennes, relativement aux faits que nous avons signalés pour le département de l'Aisne.

(Le Président et le citoyen Charpentier font un signe d'approbation).

Dans ces conditions nous nous déclarons satisfaits par le vœu du citoyen Charpentier.

Félicitations

LE PRÉSIDENT. — Je suis encore saisi d'un vœu ainsi conçu :

« Le Congrès radical et radical-socialiste adresse ses vives félicitations au président Magnaud pour l'esprit de solidarité sociale et d'humanité qui dicte ses décisions ;

Le félicite également de son dévouement constant à la cause républicaine et laïque, dévouement qu'il a notamment prouvé par la juste application qu'il a faite de la loi sur les Congrégations ;

Le remercie de l'exemple de loyalisme qu'il a ainsi donné aux cours et tribunaux dont les défaillances en la matière ont été si regrettables ;

Emet le vœu que le gouvernement veuille bien reconnaître les éminents services rendus par ce magistrat républicain. » (Adopté).

Plusieurs délégués proposent d'adresser également des félicitations au bon juge de la onzième Chambre de Paris, M. Séré de Rivière.

(Cette proposition est également adoptée).

LE PRÉSIDENT. — Citoyens, il vous reste à fixer vous-mêmes l'ordre du jour de la séance de demain matin.

Après diverses observations présentées par MM. Estier, Goldschild, Hector Depasse, Lintilhac et divers délégués, l'ordre du jour de la quatrième séance est ainsi fixé :

1º Réformes militaires.

2º Questions de l'Enseignement.

3º Réformes électorales.

La séance est levée à 6 h. et demie du soir.

QUATRIÈME SÉANCE. — 10 OCTOBRE 1903
(matin)

La séance est ouverte à 8 heures.

M. BERTEAUX. — Je propose à l'assemblée d'offrir la Présidence de la quatrième séance du Congrès au citoyen Lafferre, député, président du Conseil de l'ordre du Grand Orient de France. (*Vives acclamations.*)

Le bureau est formé de la façon suivante :

Président : M. Lafferre.

Vice-Présidents : MM. Gariel, directeur du *Petit Méridional.*
       —   Baudon, député de l'Oise.
       —   Lintilhac, sénateur du Cantal.
       —   Dupeux, délégué de Bordeaux.
       —   Guérin, délégué du Comité républicain du Commerce, section de Valence.

Secrétaires : MM. Sadoul de *la France de Bordeaux.*
       —   Lucien Le Foyer, de la Ligue de l'Enseignement.
       —   Chabannes, du Comité Républicain du Commerce (Paris).
       —   Marcel Bernard, des étudiants Radicaux-Socialistes de Paris.
       —   Jean Lépine, secrétaire général du Comité Radical-Socialiste de Lyon.
       —   Fabius de Champville, délégué de Paris.
       —   Tessier, délégué de la Creuse.

M. F. Bouffandeau, secrétaire général du Comité exécutif, et M. Resch, secrétaire général de la Fédération Marseillaise, sécrétaires permanents du Congrès.

M. BERTEAUX. — Je vais donner lecture de deux télégrammes qui nous sont parvenus dans la nuit. — Le premier est de M. Camille Pelletan :

« Suis très touché par adresse de sympathie que vous m'avez adressée au nom du Congrès radical et radical-socialiste, réuni à Marseille. Vous prie transmettre mes meilleurs remercîments et l'assurance de mon dévouement inébranlable à la République des réformes. »

« Camille PELLETAN. »

Le deuxième est de M. Emile Combes :

« Je vous prie d'être mon interprète auprès du Congrès pour lui dire que je suis profondément touché des adresses de félicitation qu'il m'a fait parvenir. J'accepte de grand cœur son témoignage de confiance comme une récompense pour le passé et un encouragement pour l'avenir. Je m'efforcerai de m'en montrer digne par une fidélité inébranlable à mes convictions et à mes engagements. »

« Emile Combes. »

Discours du Président Lafferre.

Citoyens,

Si le très grand honneur que vous m'avez fait en me nommant Président d'une des séances du Congrès s'adressait à ma personne, je l'aurais résolument décliné. Mais je ne puis empêcher le Congrès de donner en ma personne un témoignage de sympathie à la grande association républicaine qui a marqué chaque jour de son existence par un service rendu à la démocratie et à la liberté, et qui, par un singulier paradoxe, a voulu placer à sa tête un des plus modestes soldats de la démocratie *(Très bien !)*

Voulez-vous me permettre de saluer dans ce Congrès l'organisation définitive et la mise en mouvement décisive du grand parti radical et radical-socialiste ?

Ce qui a frappé tous les esprits réfléchis dans la constitution et le fonctionnement de ce Congrès, c'est de voir à quel point vous avez su unir la large et haute conception politique d'un grand parti avec le sens pratique, avec le sens de la tactique et de la discipline républicaine qui sont indispensables aux partis qui ont la charge de diriger les affaires d'un grand pays.

Citoyens, lorsque vous sortirez de ce Congrès, vous emporterez avec vous les cahiers de la démocratie complètement rédigés.

Vous avez voulu établir dans vos cahiers le programme intégral du parti, et vous l'avez fait avec la hauteur de vue et la largeur de conception qui sont la marque distinctive des grands partis. Mais, vous avez voulu aussi indiquer qu'avant de pratiquer vis-à-vis des congrégations et vis-à-vis de l'Eglise cette politique large dont je parlais tout à l'heure, il fallait avant tout continuer et achever l'œuvre commencée par les Ministères républicains (*Applaudissements* .

Vous avez pensé qu'on ne pouvait pas songer à faire la séparation des Eglises et de l'Etat sans avoir invité le Gouvernement, par un ordre du jour de félicitations au Président du Conseil, à achever l'œuvre entreprise. Vous n'avez pas voulu donner à ce pays ce spectacle d'une loi bafouée par les adversaires de la République. Vous avez pensé que ce serait pour le pays un exemple funeste, que ce serait répandre dans ce pays un dangereux scepticisme que de lui montrer un Gouvernement et un Parlement qui ne savent pas se faire obéir.

Vous ne permettrez pas qu'on laisse rouvrir, sous l'œil des municipalités déconcertées, les écoles sur les portes desquelles vos juges de paix sont allés poser des scellés que les congrégations viennent encore de faire disparaître. (*Très bien!*)

Vous avez bien fait de donner au pays cet exemple de sens pratique.

Lorsque vous aurez prouvé que vous savez, non seulement légiférer, mais assurer l'application de la loi, vous pourrez reprendre la lutte contre les Eglises et mettre en action la large politique de notre parti ; vous pourrez abroger la loi Falloux, établir le monopole de l'Etat dans l'enseignement, ou, tout au moins, un régime qui ne laisse aucun espoir aux tentatives de réorganisation cléricale ; vous pourrez, enfin, et ce sera le couronnement de votre politique anticléricale, aborder le grand problème de la séparation des Eglises et de l'Etat, qui nous débarrassera, une fois pour toutes, de tous les pièges, de toutes les embûches, de toutes les chausses-trappes que nos adversaires sèment sans cesse sous les pas des républicains. Alors, sera libre la grande route du Progrès et des réformes sociales, et vous pourrez, en pleine lumière, vous orienter vers les réformes démocratiques qui sont la raison d'être de la République *(Vigoureux applaudissements).*

Le Président. — L'ordre du jour appelle la constitution du Comité exécutif.

M. Bouffandeau, *secrétaire général.* — Les délégations sont priées de signer leurs propositions, de façon à ce qu'il n'y ait pas de présentations anonymes, en cas de protestation.

Le Président. — En attendant le dépôt des propositions, un de nos amis me demande la parole, d'accord avec la commission du règlement, pour poser une question au sujet de l'interprétation d'un texte voté hier et qui ne lui paraît pas clair. (*Bruit*).

Le Président. — J'invite les délégations à déposer leur liste de présentation. Comme il en est qui n'ont pu encore s'entendre pour dresser ces listes, la nomination des délégués se poursuivra cet après-midi.

La parole est au citoyen qui me l'a demandée tout à l'heure et qui, d'accord avec la commission du règlement, veut lui poser une question au sujet de ce dernier. Le rapporteur de cette commission répondra.

Le Délégué qui a demandé à questionner la commission fait remarquer qu'il est dit dans l'article premier : « Il est formé entre les ligues... municipalités... etc., une association dénommée parti « républicain radical et radical-socialiste ».

Les municipalités se composent de maire, adjoints et conseillers municipaux. J'estime que par municipalité on entend tous les conseillers municipaux et qu'il n'est pas question de les exclure. Mais, vous le comprenez, on pourrait interpréter autrement cette expression et il y a lieu de savoir si c'est bien dans son sens le plus large qu'il faut l'entendre.

M. Ignace, *rapporteur.* — Nous sommes bien d'accord sur les termes de la question ; par « municipalité » il faut entendre la représentation municipale tout entière

Il ne peut y avoir aucune hésitation à ce sujet ni dans l'esprit de la commission ni dans celui du rapporteur. Voici pourquoi : La municipalité a tout entière une même origine de recrutement, c'est-à-dire le suffrage universel ; au moment du vote, elle comprend tous les conseillers municipaux ; le maire et les adjoints ne font que doubler cette qualité. Nous entendons donc par municipalité tous les conseillers municipaux élus faisant partie de la représentation communale. (*Très bien !*)

Vœux divers

Vœu du docteur Aubin, Conseiller général du Var :

Après avoir rappelé les scandales du Bon Pasteur de Nancy et d'Annonay ainsi que du Refuge de Tours, le docteur Aubin propose que : « Le Congrès, en attendant la fermeture définitive des établissements de ce genre, et suivant l'exemple donné par le Congrès d'assistance tenu récemment à Bordeaux, invite le gouvernement à donner des instructions, pour l'application stricte de l'article 19 de la loi du 24 juillet 1889 sur la protection des enfants maltraités ou moralement abandonnés, pour que l'art. 11 de la loi du 2 novembre 1892 sur le travail des enfants dans les orphelinats industriels soit rigoureusement appliqué, pour l'organisation d'une surveillance médicale obligatoire dans les établissements privés, pour que les orphelinats industriels soient ouverts de jour et de nuit aux inspecteurs du travail. »

La motion est adoptée.

M. Leo Meillet, *président de la deuxième commission des vœux*. — La commission des vœux a eu à examiner 29 vœux divers dont 22 présentant un caractère spécial ont été renvoyés aux commissions compétentes. La deuxième commission n'a donc conservé que 7 vœux dont je vais vous donner rapidement lecture :

Premier vœu, du commandant Laget, des Martigues :

« Le commandant Laget, conseiller d'arrondissement, délégué du Groupe radical-socialiste de la commune des Martigues (Bouches-du-Rhône), prie le Congrès d'émettre le vœu que la retraite des Invalides de la marine, qui est de 200 à 250 francs depuis la fondation de cette dotation créée par Colbert, soit portée au minimum de 360 francs par an. »

Adopté.

Deuxième vœu, de M. Dufresne, des Alpes-Maritimes :

« Le Congrès du parti républicain radical et radical-socialiste appelle l'attention du Gouvernement sur les nombreuses maisons religieuses qui revivent à Cannes et dans l'arrondissement de Grasse, plus fortes que jamais et deviennent un péril, particulièrement sur le collège Stanislas des Marionistes, qui, quoique non autorisés, ont repris leur établissement de Cannes, sous le couvert d'une Société civile illégalement constituée.

« Le Congrès émet aussi le vœu pressant que le Gouvernement et le Sénat repoussent catégoriquement toute demande d'autorisation des moines cisterciens de l'île Saint-Honnorat.

« Attendu que leur orphelinat est en somme une exploitation très lucrative ; que leurs ateliers d'imprimerie, absolument assimilables à ceux des œuvres interdites de dom Bosco, constituent une concurrence déloyale aux imprimeurs de la région et ravalent la main-d'œuvre ; que, sous dénomination de « Pieuse Ligue des Messes », ils drainent des sommes très considérables qui devraient revenir au clergé concordataire et dont le trafic honteux a provoqué à un moment l'interdiction de Rome ;

« Attendu, d'autre part, que le monastère de l'Ereins, qui abrite de nombreux étrangers, n'est pas, contrairement à ce qui a été affirmé à la Commission sénatoriale, un monastère autonome, qu'il a son chef à l'étranger, qu'il appartient et appartiendra toujours à Rome, d'après ses constitutions, par son vicaire général, actuellement domicilié en Espagne, et par son abbé général ;

« Attendu encore que les règles de l'ordre condamnant les moines au silence et leur refusant toute communication avec le dehors, il leur est impossible de faire un usage conscient des droits de citoyen et qu'il est indiqué les jours d'élection de les voir conduire au scrutin comme un troupeau docile ;

« Attendu que leurs prétendus services aux marins et pêcheurs de Cannes, dont on tire arguments, sont nuls ; que leur canot porte-amarre est hors d'usage ;

« Attendu, enfin, que le monastère est devenu moins un lieu de retraite qu'une entreprise fructueuse dans les mains d'un abbé nommé à vie en violation des statuts de l'association, aussi peu respectés que les droits de l'Etat, et que rien au total ne motive et n'expliquerait une exception en faveur des moines cisterciens de l'île Saint-Honnorat. »

Adopté.

Troisième vœu, de MM. Emile Cabanac, Dufrêne, Durozoy :

« Le Congrès émet le vœu que les élèves des grands séminaires et autres établissements similaires, noviciats. etc., etc. et congréganistes de toutes catégories ne puissent être inscrits que sur les listes électorales de leur pays d'origine où ils ont leur domicile légal. » (*Applaudissements*).

Adopté.

Quatrième vœu, de M. Castel, de l'Aude :

« Le Congrès émet le vœu que les officiers de l'état civil aient le droit de recevoir les déclarations et de dresser les actes administratifs pour les illettrés des personnes faisant connaître leurs volontés, pour le caractère de leurs funérailles, qu'un registre spécial soit déposé dans les mairies à cet effet. »

Adopté.

Cinquième vœu, de M. Henri Guiral, de Rouen :

« Le Congrès, considérant que toutes les Administrations publiques, ayant les mêmes obligations envers l'Etat, doivent également avoir les mêmes droits à l'exercice des libertés reconnues à tous les citoyens,

« Considérant en outre que les Associations amicales de fonctionnaires, par la compétence de leurs membres à l'étude des questions professionnelles peuvent aider et aideront efficacement le Parlement dans les réformes administratives,

« Attendu que les Associations de fonctionnaires sont encouragées par des ministres qui assistent à leurs fêtes et à leurs réunions ;

« Emet le vœu que le Gouvernement favorise la formation de toutes les Associations amicales de fonctionnaires et les reconnaisse légalement.

« Et demande aux Membres du Parlement d'accorder leur appui aux groupes d'Association de fonctionnaires formés ou en formation dans leur circonscription. »

Adopté.

Sixième vœu, de M. Laterrade sur la séparation des Eglises et de l'Etat.

Vœu joint aux autres vœux sur la question.

M. Laterrade, *sénateur du Gers.* — Je n'ai que deux mots à dire. J'avais présenté également un vœu relatif à la réforme de la Constitution et je demanderais si ce n'est pas par oubli que le citoyen rapporteur n'en a pas parlé aujourd'hui.

M. Léo Meillet, *Président de la Commission des Vœux.* — Notre rapporteur aurait pu mentionner en première ligne le vœu du sénateur Laterrade sur la révision de la Constitution. La deuxième Commission a donné un avis favorable à ce vœu, mais elle a pensé qu'elle n'avait pas à s'engager plus loin et elle s'est accordée à réserver son avis définitif jusqu'à ce qu'elle ait pu vérifier les autres vœux qu'on pourrait proposer et se rapportant à la même question. Mais dans tous les cas, je puis assurer le Congrès que le vœu émis par le citoyen Laterrade a reçu un avis favorable et que la raison que je viens vous donner est la seule qui fait qu'il n'a pas été porté ici. Je n'en ai pas donné lecture pour ne pas trop retenir l'attention du Congrès.

Le Président. — Je vais donner lecture d'un vœu qui sera adopté sans discussion. Il est de M. Guillaume Poulle :

« Le Congrès radical et radical-socialiste invite le Parlement à faire aboutir le projet de loi relatif à la suppression du monopole abusif et contraire à la liberté de conscience des pompes funèbres. »

Adopté.

Le Rapporteur. — La deuxième Commission ne se réunira plus ; elle a renvoyé aux Commissions spéciales un certain nombre de vœux. Mais il lui en reste d'autres que le Congrès n'aurait pas le temps de discuter. Nous vous proposons le renvoi au Comité exécutif des vœux qui n'ont pu être rapportés.

Le Président. — Il n'y a pas d'opposition ?

Adopté

NOMINATION DU COMITÉ EXÉCUTIF

Le Président. — Nous allons maintenant procéder à la nomination des membres du Comité exécutif. Je vais donner lecture des listes de présentation parvenues au Bureau.

Les délégués proposés pour les départements suivants sont tous acceptés :

Ain, Aude, Basses-Alpes, Ardèche, Ariège, Côtes-du-Nord, Orne, Aveyron, Calvados, Cantal, Corrèze, Dordogne, Alpes-Maritimes, Nord, Creuse, Eure, Gironde, Vendée, Cher, Yonne, Mayenne, Cochinchine, Eure-et-Loir, Haute-Loire, Charente, Loire, Aisne, Hautes-Alpes, Isère, Maine-et-Loire, Haute-Savoie, Manche, Hautes-Pyrénées, Meurthe-et-Moselle, Seine-et-Oise, Puy-de-Dôme, Pyrénées-Orientales.

Le Président. — J'ai une communication à faire au Congrès au sujet des délégués de l'Yonne.

Une voix. — Réservez-la pour la fin.

La nomination des délégués continue par les départements suivants :

Bouches-du-Rhône, Seine-Inférieure, Sarthe, Savoie, Hérault, Somme, Haute-Vienne, Tarn-et-Garonne, Var, Vienne, Vosges, Alger, Oran, Martinique, Inde-Française.

Le Président. — On a réservé le département de l'Yonne. Les délégués de l'Yonne sont-ils présents ?

Voix diverses : Oui ! Non !

Le Président. — Voici en quoi consiste la difficulté. Il a été présenté une première liste qui a été adoptée sans discussion, parce que je n'avais pas sous les yeux une autre liste concurrente qui vient de nous être remise. Il appartient au Congrès de trancher la difficulté.

Voici les deux listes :

Celle déjà adoptée comprend : MM. Collinot, Bienvenu-Martin, Jacob, Lenoir.

La seconde est ainsi libellée :

« Les délégués de l'Yonne, réunis au nombre de douze à une séance à laquelle avaient été convoqués tous les membres du Congrès appartenant au département de l'Yonne, ont procédé au vote sur le choix des délégués au Comité exécutif. Ont été élus :

« M. Cornet, à l'unanimité moins une voix ; MM. Bezinc, Philippe, Silvy, à l'unanimité. »

Je donne maintenant la parole au citoyen Villejean.

M. Villejean. — Bien que la liste des parlementaires qui a été présentée ait été adoptée par le Congrès, nous ne voulons pas qu'il y ait de surprise ; nous avons présenté une liste qui donne toute garantie à nos amis politiques. D'ailleurs, les parlementaires du département de l'Yonne n'ont pas été convoqués à la réunion dont il a été question tout à l'heure. (*Interruptions.*)

Non, ils n'ont jamais été convoqués. D'autre part, la liste présentée par le citoyen Philippe n'a d'autre but que d'éliminer les meilleurs parlementaires du département de l'Yonne. Je ne veux pas l'attaquer, je m'arrête là et je m'en remets à la décision du Congrès.

Un délégué. — Je demande qu'on remette la discussion à ce soir, lorsque tous ces Messieurs seront arrivés.

Cris : Aux voix !

Un autre délégué. — La question ne peut pas se poser une minute. L'article 6 du règlement dit que les délégués et délégations des départements au Comité exécutif devront être, autant que possible, composés par moitié de parlementaires et de non parlementaires. Il n'y a aucune raison pour que dans le département de l'Yonne il n'en soit pas ainsi. Dans ces conditions, c'est la liste Villejean qui doit être adoptée. (*Très bien !*)

M. SILVY. — Il importe que ce malentendu se dissipe. Il y a deux listes, dont une présentée par des députés. Cette liste, je le fais remarquer, ne saurait passer. En effet, sauf les deux premiers candidats, les deux autres sont étrangers, puisqu'ils ne sont pas adhérents au parti ni au Congrès.

M. VILLEJEAN. — C'est une erreur, je vais vous présenter la carte d'adhérent du citoyen Jacob.

M. SILVY. — Il y a d'autre part une liste qui est parfaitement régulière, puisqu'elle comporte deux noms parlementaires et deux candidats non parlementaires. Dans cette situation, il importe que les intéressés se réunissent. .

Cris : Non ! Non ! Aux voix !

LE PRÉSIDENT. — Le Congrès va statuer. Vous êtes en présence de deux listes, voici celle qui a été élue tout à l'heure et qui a été adoptée :

MM. Collinot, Bienvenu-Martin, Jacob, Lenoir.

Voici maintenant la deuxième :

MM. Bezine. Cornet, Philippe et Silvy.

Je mets aux voix la première de ces listes.

Cette liste est adoptée. (*Applaudissements*).

M. HUBBARD. — Il s'agit d'un rappel au règlement.

Je suis de ceux qui regrettaient beaucoup, il y a quelques années, que les départements fussent très embarrassés pour élire des délégués. Je suis heureux aujourd'hui de voir la passion (*cris : oh ! oh !*) que l'on apporte maintenant dans la nomination des délégués. J'en suis heureux, car cela prouve que le parti est maintenant bien constitué.

Je pense seulement, citoyens, que nous avons le droit d'exiger une très grande correction, surtout en ce qui concerne l'origine des mandats. Tout à l'heure les choses ne se sont pas passées ainsi. Je suis de ceux qui ont eu l'occasion de vérifier la liste des délégations. Le Congrès a eu son attention appelée sur une question de règlement à propos de la composition des listes. Il s'agit aussi que l'on ne puisse déléguer au Comité exécutif que des membres du Congrès représentant des départements.

Or, il y avait tout à l'heure un département qui n'avait pas de délégué au Congrès ; son nom restait en blanc et l'on ne pouvait pas improviser de délégation. Maintenant, il y a lutte ; on présente six délégués qui, dit-on, ont été très correctement nommés et dont la délégation serait valable.

Je demande qu'on vérifie l'indication qui m'a été donnée. Je le répète, il n'y avait rien dans le dossier du Calvados ; il n'y a pas de délégué du Calvados, il n'y a pas d'association qui se soit fait représenter ici, et pourtant on a fait passer une liste de six délégués pour représenter ce département.

Nous ne devons pas accepter des choses pareilles et je demande que le bureau veuille bien faire vérifier ce qu'il en est exactement et que le département du Calvados soit réservé.

M. Louis Bonnet. — Il y avait ici un délégué du Calvados, il a assisté au Congrès jusqu'à ce matin, où il est parti pour Clermont-Ferrand. Ce délégué, qui est M. Gustave Strauss, est délégué au Congrès par le journal le *Réveil Normand*. C'est le seul journal républicain du département qui soit représenté ici. Je dis que son droit est absolu à désigner les autres délégués (*Interruptions*); sa délégation est aussi régulière que n'importe laquelle des autres départements. Moi-même, j'ai déposé sa liste de présentation, en vertu d'un mandat que m'a délivré M. Gustave Strauss et comme il est absent et ne peut par conséquent se défendre, je pense qu'il m'aura suffi de vous signaler la chose pour que vous puissiez porter sur lui un jugement, et c'est votre droit que vous consacrerez en faisant respecter le sien. (*Applaudissements*).

M. Ferd. Cahen. — Mais le dossier était vide et nous avons constaté que le département du Calvados faisait complètement défaut.

Le Président. — Nous sommes divisés sur la question de fait. Il y a un moyen bien simple de se mettre d'accord. Le Congrès s'est déjà prononcé tout à l'heure ; si le bureau, après vérification, constate qu'il y a une erreur de fait, on reviendra sur cette nomination. L'incident est donc clos pour le moment.

Un Délégué. — Je crois que la question est de la première importance. Nous devons désirer tous que le Comité exécutif soit régulièrement désigné et mandaté par le Congrès. Si vous voulez qu'il ait de l'autorité il ne faut pas, permettez-moi l'expression, qu'il soit truqué. J'ai assez d'expérience pour savoir que le dernier Comité exécutif n'était pas, tant sans faut, l'émanation directe de notre assemblée. Le règlement nous impose des formes juridiques, il faut les respecter. On ne peut ici se déléguer soi-même. Or, des amis m'ont dit que le citoyen dont on a parlé il y a un moment, s'était délégué lui-même et que ce délégué, qui avait ainsi pris sur lui de représenter son département, n'a derrière lui que sa modeste personne. (*Interruptions, bruit*).

On m'affirme que dans le dossier du Calvados, il n'y avait rien ; il n'y a donc pas de délégué du Calvados. Et ce seul délégué va encore se permettre de nommer six délégués ! ! ! Ceci serait un non sens.

On ajoute que non seulement ceci s'est passé pour le département du Calvados, mais qu'il en a été ainsi pour d'autres départements. Il est inadmissible que nous supportions de pareilles irrégularités et je demande que le bureau soit chargé de vérifier très exactement les différents dossiers des départements et que là où il y aura des délégués qui n'auront pas été régulièrement nommés, on vienne les déclarer à l'Assemblée. (*Applaudissements, tumulte*).

Le Président. — Les conclusions sont réservés (*Mouvements prolongés*). On vous en saisira s'il y a lieu. — Voici les noms des délégués du Sénégal : MM. Carpot, député ; Laplanche, publiciste.

Le Président. — Le Bureau, saisi par vous tout à l'heure de la question de savoir si le délégué du Calvados avait un mandat régulier, a constaté que ce citoyen est muni d'une délégation régulière qui lui permet de nommer les autres délégués de son département. Voici le mandat. Il est délivré par le journal *le Réveil Normand*.

Une voix. — Ce journal est-il adhérent au parti ?

Un Délégué. — Le *Réveil Normand* est un des journaux adhérents au parti radical-socialiste ; il a délégué à Paris le citoyen Gustave Strauss pour le représenter.

M. Gustave Hubbard. — Je proteste ; le dossier était vide.

M. Bellanger, *Président de la Commission de Vérification des pouvoirs*. — Hier, nous avons eu en mains les dossiers. Mais il y en avait plusieurs d'incomplets et plusieurs de non classés, un grand nombre de délégués n'ayant retiré leur quittance que le jour même. — (Le mandat de M. G. Strauss n'a été présenté à la Caisse que le vendredi soir).

SIXIÈME COMMISSION

RÉFORMES MILITAIRES

Le Président. — L'ordre du jour appelle la discussion sur le rapport de la Commission des Réformes militaires. — Je donne la parole au rapporteur, M. Messimy.

M. Messimy. — Citoyens, votre sixième Commission, chargée des études sur les Réformes militaires, a abordé un certain nombre de questions. Elle m'a fait l'honneur de me désigner comme rapporteur et m'a chargé de la mission de vous exposer les questions touchant à l'organisation générale de l'Armée.

Comme ce sont là des matières extrêmement délicates et que tout ce qui sera dit ici dans cette assemblée, au sein d'un grand parti comme le nôtre, qui est en ce moment le parti du Gouvernement, sera entièrement rapporté au delà de nos frontières, je vous demande la permission de lire mon rapport, de façon à ce qu'il n'en échappe pas un mot.

Citoyens, l'une des réformes militaires les plus importantes, les plus justes, les plus impatiemment attendues par le pays, est aujourd'hui accomplie plus qu'à demi. Le Sénat a actuellement proclamé le principe que le plus lourd de tous les impôts doit être le même pour tous les citoyens, et ce principe est dès maintenant établi avec une autorité et une fermeté telles, que les adversaires mêmes de la loi de deux ans sont contraints de se rallier à leur tour à la thèse de la majorité républicaine (*Applaudissements*).

On peut être tenté de regretter que dans les dispositions de la loi déjà votée, on n'ait pas restreint à un chiffre moindre le nombre des militaires professionnels et que, par suite, le contre-coup financier de la loi de deux ans doive être, momentanément au moins, un accroissement d'un budget militaire déjà fort lourd.

Mais pourtant, telle que le Sénat l'a envoyée à la Chambre, la loi nouvelle n'en constitue pas moins un progrès immense sur l'état de choses antérieur.

Il ne sera plus permis aux privilégiés de la naissance ou de la fortune de se réfugier derrière des dispenses pour laisser porter presque tout entière la charge militaire sur les épaules des fils du peuple (*Applaudissements*).

Aussi, quelles que soient les réserves qu'on est légitimement en droit de faire vis-à-vis de telle disposition de la loi de deux ans, déjà votée, croyons donc qu'il est du devoir impérieux de tout républicain de rendre définitif, dans le plus bref délai, le progrès immense que constitue le service militaire réduit à deux ans et égal pour tous et qu'il est entièrement désirable que la loi soit votée non pas assurément sans la plus petite modification du texte du Sénat, mais du moins sans y faire aucune modification profonde de nature à faire naître entre les deux Chambres d'interminables conflits (*Très bien !*)

Persuadés toutefois qu'un judicieux entraînement préparatoire de toute la jeunesse française peut, dans un délai assez bref, permettre une nouvelle réduction des charges militaires, nous formons le vœu que dans le texte définitif de la loi, la Chambre introduise les dispositions nécessaires pour que les sociétés de gymnastique et de tir soient assurées de recevoir des encouragements véritablement efficaces. (*Bravos.*)

En résumé, citoyens, nous estimons donc que tous les républicains doivent s'unir pour faire dans le plus bref délai entrer définitivement dans nos codes la loi déjà votée par le Sénat.

Mais, en même temps, nous pensons que, dès maintenant, notre parti peut et doit envisager, examiner, discuter et préparer les modifications de notre organisation militaire qui doivent forcément suivre le changement de notre mode de recrutement.

Il ne saurait entrer dans la pensée d'aucun des membres de cette assemblée de préconiser dans l'Europe monarchique en armes la plus petite diminution de la puissance défensive de nos armées républicaines, mais on peut hautement affirmer que la puissance et la force d'une armée ne sont pas liées au maintien d'effectifs artificiellement grossis et arbitrairement fixés à un chiffre immuable et fatidique, à l'existence de cadres ruineux et pléthoriques, disproportionnés avec les effectifs qu'ils ont à recevoir et à instruire, condamnés à l'inaction forcée de par leurs chiffres démesurés.

Notre pays supporte depuis trente ans les budgets militaires les plus pesants, les prélèvements les plus lourds sur ses générations de jeunes hommes (*Applaudissements*). Le patriotisme véritable ne consiste pas à prendre, pour la préparation à la guerre, un chiffre de millions et de soldats disproportionné avec nos ressources réelles en argent et en hommes, à payer de ce fait une prime d'assurance plus coûteuse que celle que payent nos rivaux dans le monde, à laisser s'écouler par la saignée ainsi largement et constamment ouverte en temps de paix le plus pur de notre sang ; le plus clair de notre puissance productive, de notre richesse, de notre vitalité économique. (*Applaudissements.*)

Le vrai patriotisme consiste, au contraire à alléger le plus possible toutes ses charges. Si notre armée est artificiellement grossie, si elle regorge d'emplois, de fonctions, d'organes inutiles, si elle est un compromis coûteux et hybride entre le système de l'armée de métier et celui de la nation armée, nous devons nous hâter de transformer, d'alléger, et de rajeunir une organisation pesante, vieillie, ambiguë qui ne nous donne pas la puissance et la force, mais la façade de la puissance et de la force. (*Très bien !*)

Il est donc du devoir et du gouvernement et de notre parti d'étudier dès maintenant non point des modifications partielles et forcément incomplètes de notre organisation militaire, mais au contraire sa transformation profonde et rationnelle basée sur l'évolution vraie de nos forces et sur la mise en valeur méthodique de toutes les ressources, mais seulement des ressources réelles de la nation.

Le Président. — La parole est au citoyen Victor Chaussier.

M. Victor Chaussier. — Citoyens, A propos de la loi militaire il n'a pas été question, il me semble, de la période des 28 jours et de celle des 13 jours. Cette question est cependant liée à la loi du service de deux ans, et puisque tout le monde fera deux ans de service, il me semble que non seulement on doit diminuer la durée du service militaire actif, mais que l'on doit diminuer également la durée des périodes de 28 et de 13 jours, sans enlever pour cela aucune force à notre armée nationale.

Il est facile de prouver que les 28 jours peuvent facilement être, sinon complètement supprimés, au moins diminués. Quant aux 13 jours, ils peuvent être supprimés très facilement et remplacés par des exercices de tir. J'ai donc l'honneur de soumettre au Congrès l'amendement suivant :

« Le Congrès du parti radical et radical-socialiste, réuni à Marseille les 8, 9, 10 et 11 octobre ;

« Considérant que la loi militaire de deux ans donnera à tous les citoyens les connaissances suffisantes pour qu'en cas de mobilisation ils soient tous aptes à se défendre,

« Demande :

« 1° Que la durée des deux périodes d'exercices de 28 jours soit diminuée et ramenée à 21 jours ;

« 2° Que celle de 13 jours soit complètement supprimée et remplacée par des exercices gratuits et facultatifs de tir dans les stands ou champs de tir les plus à proximité du lieu de résidence. A cet effet, le Ministre de la guerre accorde le voyage en quart de place, et des prix seront donnés chaque année par les Ministres de la Guerre et de l'Intérieur aux meilleurs tireurs. »

Une voix : Laissez donc les ministres et les législateurs faire d'abord la loi de deux ans !

M. Berteaux. — Je demanderais à notre collègue, pour des raisons que le Congrès comprendra, de ne pas insister sur son vœu. La loi que nous avons à préparer a déjà tenu le Sénat pendant de longues séances, et les difficultés de l'élaboration de cette loi ont été considérables en raison de l'obstruction sans cesse renaissante que les ennemis de la démocratie opposaient au vote d'une loi égalitaire et juste.

Nous avons à la faire aboutir et je puis vous donner l'assurance que si l'un des points sur lesquels l'attention de la loi est appelée, c'est-à-dire celui visé par notre collègue et le rapporteur, du remplacement par des exercices de tir, les périodes des 28 et 13 jours, peut être adopté par le Ministre de la Guerre, il aura ainsi satisfaction. Mais je lui demande de ne pas insister davantage étant donné les bonnes dispositions de la Commission de l'armée dont je connais le rapporteur, et je le prie, dans l'intérêt de la loi, de ne pas demander au Congrès de poser, dès maintenant, des règles tellement fixes, si légitimes qu'elles soient, qu'elles pourraient, malgré lui, certainement contre son désir, retarder le vote d'une loi que la démocratie attend avec raison et désire ardemment voir aboutir. (*Vifs applaudissements.*)

M. Victor CHAUSSIER. — Citoyens, je maintiens, malgré les paroles de M. Berteaux, ce que je disais tout à l'heure : que ces diminutions des périodes des 28 et 13 jours sont autant réclamées par l'opinion publique que la loi de deux ans elle-même. Je ne dis pas qu'il faudrait faire cette réforme immédiatement ; mais, tout au moins, le Congrès peut indiquer sa volonté de la voir inscrire dans la nouvelle loi militaire. (*Bruit.*)

Je vous demande donc de proclamer que, sans préjudice du vote de la loi de deux ans, il est nécessaire, dans l'intérêt prolétarien, de tendre à la suppression des 13 jours et de diminuer les 28 jours. (*Très bien !*)

LE PRÉSIDENT. — Je puis donner l'assurance à notre collègue et je propose de voter qu'il sera tenu compte de ses observations, mais je pense que le Congrès ne peut pas décider immédiatement de la solution de questions aussi compliquées, qui donneraient lieu à une discussion considérable.

UN DÉLÉGUÉ. — Qu'on vote le principe.

AUTRE DÉLÉGUÉ. — Nous demandons simplement un vote de principe sur la réduction des 28 jours et la suppression des 13 jours ; c'est donc seulement un vœu sur la question de principe. (*Très bien !*)

(La motion Chaussier, mise aux voix sous cette forme, est adoptée.)

LE PRÉSIDENT. — Je donne la parole au citoyen Emile Arnaud, rapporteur de la sixième Commission, Commission des Réformes militaires.

M. ARNAUD. — Mes chers Concitoyens, l'étude des réformes militaires a amené la sixième Commission à constater que l'organisation du Congrès comportait une lacune. En effet, aucune Commission n'a été spécialement chargée de l'étude des *questions internationales* et des *questions coloniales*. Et, cependant, notre parti ne peut ignorer ces questions, car elles méritent d'être envisagées par lui avec le plus grand soin, avec la plus sérieuse attention.

Vous avez, Citoyens, vigoureusement applaudi la conclusion du discours d'ouverture de M. le Président Dubief, quand il disait que la France avait, non pas à conquérir de nouveaux territoires, mais à mettre en valeur ses colonies actuelles, et quand il affirmait que, dans la République, le parti radical était le véritable parti de la Paix.

Aussi, la sixième commission vous demande-t-elle de donner une première sanction à cette partie du discours du citoyen Dubief, et d'exprimer votre volonté sur ce point, en votant la résolution suivante :

« *Il sera institué au sein du Comité exécutif et dans les Congrès une Commission spéciale chargée de l'examen des questions internationales et des questions coloniales.* »

(Cette résolution est adoptée).

M. ARNAUD, continuant. — En chargeant le citoyen Messimy de vous présenter un rapport sur la réorganisation de notre armée et sur le service de deux ans, la sixième commission ne pouvait lui donner en même temps la mission d'adresser au député Messimy des félicitations pour le courage et la compétence dont il a fait preuve en déposant son projet d'organisation nouvelle d'une puissante armée défensive. C'est donc à moi que revient l'honneur de transmettre à notre ami ces félicitations, et je m'en acquitte avec la plus vive satisfaction (*Applaudissements*).

M. Messimy nous a indiqué la voie à suivre pour mettre l'armée de la République à même de remplir le rôle qu'a si exactement défini le Président du Conseil dans son discours de Tréguier, à savoir : que l'armée française ne doit pas être une armée de conquêtes, mais une armée nationale plus puissante que jamais pour la défense de la nation et de ses droits.

Il est important de constater que, grâce à une meilleure organisation des ressources de notre pays, tant en hommes qu'en argent, ce résultat peut être obtenu, tout en permettant de notables économies.

Or, à l'heure actuelle, où il est enfin nécessaire de faire aboutir d'importantes réformes sociales, à l'heure où la réorganisation de l'enseignement est une nécessité vitale pour la République, il est indispensable d'opérer ces économies dans le budget de la préparation à la guerre, c'est-à-dire dans le grand budget de la destruction ! (*Applaudissements*).

C'est ici que s'impose un coup d'œil sur la situation du monde.

Depuis quelque temps l'arbitrage international parait être accepté par les gouvernements eux-mêmes comme le meilleur mode de solution des différends internationaux.

Après la constitution à la Haye, sur l'initiative de l'Empereur de Russie et par la volonté unanime de 26 Etats, de la Cour permanente d'arbitrage international, voici que des négociations s'ouvrent en vue de la conclusion de traités d'arbitrage permanent entre nations, c'est-à-dire de traités par lesquels, sous réserve de la reconnaissance préalable de leur autonomie et de leur indépendance, les nations signataires s'engageront à soumettre à l'arbitrage tous les différends qui pourront surgir entre elles et qui ne pourraient être résolus par les voies diplomatiques ou par toute autre voie amiable. — Voici que se visitent les ambassades de Parlement à Parlement, et par conséquent de Peuple à Peuple.

Quel pourra être le résultat de ces faits jusqu'ici sans précédents dans l'histoire, et qui doivent aboutir prochainement à un embryon d'organisation de la justice entre les nations ?

Avec le Pacifisme universel, nous considérons que le désarmement n'est pas un moyen ; mais nous pensons qu'il peut être, et nous espérons qu'il sera un résultat de l'organisation définitive de la justice et de l'organisation de la paix. (*Applaudissements*).

A l'encontre de M. Cavaignac, qui seul a exprimé l'idée contraire, lors de la vaste et récente consultation des Conseils généraux, (lesquels, à l'exception d'un seul défavorable, et de quelques autres restés muets, se sont prononcés en faveur des traités d'arbitrage permanent), nous estimons qu'un état d'esprit nouveau se développe dans la *Société des Nations civilisées* proclamée à La Haye ; nous espérons qu'en un jour prochain les peuples pourront bénéficier de la situation nouvelle que créera cet état d'esprit, et que l'avènement de la Justice immanente, qui en sera la conséquence, assurera enfin aux populations opprimées la libre disposition d'elles-mêmes. (*Vifs applaudissements*).

Lorsque les plénipotentiaires de 26 Etats se sont trouvés réunis à la Conférence internationale de la Paix, à La Haye, ils ont chargé une commission spéciale d'étudier les moyens de limiter les forces militaires, et bien que cette commission n'ait pu aboutir à un résultat définitif, la Conférence n'en a pas moins voté les deux déclarations suivantes :

« La Conférence estime que la limitation des charges militaires qui pèsent actuellement sur le monde est grandement désirable pour l'accroissement du bien-être matériel et moral de l'humanité. » (*Unanimité*).

« La Conférence émet le vœu que les gouvernements tenant compte des propositions faites dans la Conférence, mettent à l'étude la possibilité d'une entente concernant la limitation des forces armées de terre et de mer, et des budgets de guerre. »

Ce dernier vœu a été formulé sur l'avis conforme d'une commission technique composée de généraux, amiraux, officiers supérieurs appartenant à toutes les races, à toutes les religions, à toutes les civilisations.

Il ressort de ces textes et de ces faits que nous nous trouvons en présence d'une de ces exigences de l'humanité auxquelles il est nécessaire de donner satisfaction.

Est-il possible à la France, sans rien abandonner de ses légitimes protestations et revendications, de rappeler ces résolutions ?

Certes, quand un pays a su, comme le nôtre, reconstituer ses forces, achever son relèvement, et, grâce à la sagesse de son attitude et à l'ascendant moral de son gouvernement républicain, reprendre le premier rang dans le concert international, rien ne peut l'empêcher de se joindre au grand mouvement vers la paix. Le sentiment des démocraties étrangères est unanime à cet égard. Et ce sera l'honneur de notre grand parti de gouvernement de l'avoir compris.

Mais l'action doit être prochaine.

A la veille de l'ouverture de tous les parlements ; à l'heure où en Allemagne, en Autriche, en Italie, en France, en Angleterre, en Russie, partout enfin, il sera question de l'augmentation continuelle des budgets militaires ;

A ce moment précis, où le parti socialiste allemand a obtenu les résultats que vous savez en basant presque exclusivement sa propagande sur la nécessité d'une réduction des charges militaires ; où, en Italie, toute la démocratie demande une transformation militaire basée sur le principe de la nation armée ; où, en Angleterre, il est question à la fois d'instaurer la conscription et de réduire le budget de la marine simultanément avec d'autres nations ; où, en Autriche, les membres de la Conférence interparlementaire viennent de recevoir l'accueil que vous savez, le gouvernement autrichien s'étant associé à ses travaux et aux vœux émis par elle ;

A cette heure, où partout la question va se trouver à l'ordre du jour, il est de la plus haute importance que vous donniez à vos mandataires, aux parlementaires qui appartiennent à notre parti, la mission de rechercher conjointement avec les membres des autres parlements les moyens de réaliser les vœux des populations, et de déterminer l'heure à laquelle devra être déposée, dans chacun de ces parlements, une motion identique et simultanée réclamant de tous les gouvernements la réduction des budgets de la guerre et de la marine (*Vigoureux applaudissements*).

C'est de vous peut-être que dépendra le succès. C'est à vous que sera due, en quelque sorte, la libération du monde, puisque vous aurez donné l'élan nécessaire à la suppression du fardeau écrasant qui pèse sur lui.

A vous de relever fraternellement la parole prononcée récemment au Havre et à notre adresse par le délégué de la grande République des Etats-Unis d'Amérique : « On dit depuis longtemps que ce sont les rois qui font la guerre. Aux Républiques à vouloir et à organiser la paix. » (*Longs applaudissements*).

En conséquence, et sous réserve des propositions qui vous seront présentées par la 7e Commission, j'ai l'honneur de soumettre au Congrès la résolution suivante, unanimement approuvée par la 6e Commission, sur ma proposition et sur celle de MM. Le Foyer et Hubbard :

« Le Congrès,

« Considérant que les plénipotentiaires de toutes les grandes puissances militaires du globe, réunis à la Conférence de la Haye, ont émis le vœu que les gouvernements mettent à l'étude la possibilité d'une entente concernant la limitation des forces armées de terre et de mer et des budgets de guerre,

« Insiste auprès du Parlement et du Gouvernement pour qu'ils favorisent de tout leur effort le vœu général des puissances.

« A cet effet, le Congrès engage les membres du parti appartenant au Parlement à se concerter avec leurs collègues des Parlements étrangers partisans de la paix et de la justice internationale, en vue de soumettre en même temps aux divers Parlements une résolution invitant les gouvernements à s'entendre et à présenter des budgets de la guerre et de la marine comportant des réductions simultanées des dépenses militaires qui pèsent si lourdement sur les travailleurs. »

La motion est adoptée à l'unanimité.

M. ARNAUD. — J'adresse encore, au nom du Congrès universel de la paix qui s'est tenu récemment à Rouen et au Havre, et dont j'ai eu l'honneur d'être le président, de vifs remerciements au Comité exécutif, qui a délégué pour assister aux délibérations du Congrès les citoyens Dubief, Le Foyer et Beauquier. (*Nouveaux applaudissements.*)

LE PRÉSIDENT. — La parole est au citoyen Aubertin, rapporteur de la même Commission pour la marine.

M. AUBERTIN. — Citoyens, la Commission des réformes militaires a pensé que, pas plus que l'armée, la marine ne devait échapper aux investigations et à l'examen du parti radical.

C'est pour la première fois que nos Congrès abordent de semblables problèmes. La Commission, pas plus que vous, n'ignore qu'ils ont été, jusqu'à ce jour, entourés d'une technicité profonde, et que c'est par cette technicité que trop longtemps les abus ont pu se cacher.

Vous savez que jusqu'ici la France a suivi une double politique militaire et navale, qui consiste non seulement à avoir une armée terrestre capable de se mesurer avec la plus forte qui soit en Europe, mais encore à posséder une marine pouvant lutter au besoin contre celle de l'Angleterre. Or, cette conception des deux armes égales, qui remonte à Louis XIV, n'est plus aujourd'hui compatible avec les ressources financières du pays, et votre Commission vous prie d'observer qu'il faut à tout prix et à bref délai opter, soit entre une armée de seconde ligne et une marine de premier ordre, soit entre une armée de terre de première ligne et une marine strictement limitée à la défensive.

Eh bien, ce qui a été organisé par le plan naval de 1900, ce n'est pas la défensive, mais l'offensive, et l'on peut dire de ce plan qu'il est une sorte de nationalisme flottant (*Rires*). Il réside uniquement dans la conception de la guerre d'escadre et dans un type essentiel de navire, qui est le cuirassé. Et,

sans entrer dans aucun détail technique, je vous ferai observer que la conception du cuirassé conduit à des dépenses
de plus en plus grandes, et que, d'autre part (c'est là le point
capital), malgré l'orgie des millions demandés au Parlement
pour la construction de cuirassés, vous ne trouvez même
pas la sécurité navale. Vous ne la trouvez pas, parce que
l'Angleterre, qui peut être éventuellement notre ennemie,
notre seule ennemie à combattre sur mer, se lance, elle aussi,
dans cette course aux millions qui est la principale des
charges de son armement, puisqu'elle n'a presque pas de
dépenses à faire sur terre. Dans cette course, elle nous
dépasse ; aux dizaines de millions, elle peut nous opposer
des centaines de millions ; elle répond à nos cuirassés par
des multiples de cuirassés ! Et cela, citoyens, au moment où
les ingénieurs français peuvent fournir à la nation les armes
qui conviennent le mieux à ses brsoins, à son génie, et qui
remplissent non seulement les conditions de la défensive,
mais aussi (et c'est une raison qui doit entrer en ligne de
compte) qui concordent le mieux avec les nécessités financières.
(*Longs applaudissements.*)

Je n'ai pas besoin de rappeler ici, et votre commission ne
le désire pas, quelles sont les qualités du torpilleur et du
croiseur marin. La commission sait aussi, comme vous,
que nous espérons beaucoup du sous-marin, et que si le type
de ce dernier navire n'est pas actuellement fixé dans sa conception définitive, il n'en reste pas moins la grande espérance
du jour et la certitude de la victoire pour l'avenir. (*Applaudissements*).

Par conséquent, votre commission vous demande non pas
d'entrer dans la discussion de détails particulièrement
techniques, mais de poser devant l'opinion le problème naval, et de lui dire que ce problème naval réside désormais
dans deux principes :

Le premier, c'est que la défensive soit assurée par la re-
nonciation aux guerres de conquête sur mer, dont la reprise
hasarderait follement, au prix d'un héroïsme inutile, les
forces et la fortune de ce pays.

Le second, c'est que cette défensive soit assurée en se
limitant aux ressources financières du pays et que l'on n'engage pas la nation dans des dépenses qui non seulement
seraient stériles, mais qui, en diminuant par contre-coup les
crédits de notre armée de terre, pourraient compromettre la
sécurité de notre frontière terrestre. (*Applaudissements*).

Citoyens, en vous demandant de faire cet appel au parti radical et radical-socialiste tout entier, la commission a éprouvé
un légitime sentiment de fierté ; elle s'est rappelée que dans
le parti républicain, parmi tous les chefs, tous les hommes
éminents qui le dirigent, et que leurs études premières ne
prédisposaient pas à l'entente approfondie de ces difficiles
problèmes (laissez-moi citer ici les citoyens Brisson et Pelletan, dont nous sommes fiers) (*Vifs applaudissements*), il n'en

était pas un qui ne fût venu disputer aux conseils techniques le droit d'éclairer, sur ces points, la conscience nationale.

Je le répète, votre commission vous demande de consacrer l'œuvre des chefs dont nous sommes fiers, et j'ajouterai qu'il n'est aucune question qui doive nous échapper quand elle intéresse l'avenir du pays et qu'il ne faut pas plus de huis-clos dans les conseils des travaux maritimes que dans les conseils de guerre. (*Bravos et applaudissements prolongés*).

Citoyens, la commission croit avoir accompli sa mission et son devoir vis-à-vis du pays et vis-à-vis des chefs qui ont apporté à l'étude de ces questions leur labeur incessant; elle vous demande en terminant de ne jamais cesser de proclamer que rien ne doit rester étranger à la raison démocratique et de vous reporter aux paroles du philosophe antique, dites jadis sur la grève que fréquentent nos escadres, que tous les rayons de soleil sont pour l'acropole républicaine. (*Applaudissements frénétiques*).

Le vœu de votre commission est ainsi conçu :

« Le Congrès,

« Considérant que la politique des rapporteurs du budget de la Marine a toujours tendu à maintenir dans les limites des forces financières du pays le développement de sa flotte,

« Que la défense des côtes, du territoire et des colonies est le véritable et seul objet des dépenses imposées au pays,

« Emet le vœu :

« Qu'il y a lieu d'inviter les représentants du pays à se mettre en garde contre les conséquences budgétaires d'une politique navale qui ne serait pas simplement défensive ».

Ces conclusions sont adoptées à l'unanimité.

Le Président. — La parole est au citoyen Marius Boyer, rapporteur de la même commission.

M. Marius Boyer. — Citoyens, désigné par la sixième commission pour rapporter la question de la suppression des conseils de guerre, j'estime qu'il y a lieu d'être très bref, car depuis qu'elle figure au programme radical et radical-socialiste elle a été étudiée sous toutes ses formes, par tous les groupements répartis sur tout le territoire. C'est une question absolument épuisée, une réforme assez mûre aujourd'hui pour que nous puissions prétendre la voir réalisée sans délai.

Le Congrès de Lyon, dans sa séance du 11 octobre 1902, l'honorable M. Morlot étant rapporteur, se basant sur la nécessité de la révision de la Loi de 1857 en raison de ses rigueurs et des peines qu'elle édicte, sur l'incompétence au point de vue juridique et le manque d'indépendance des juges, avait fait voter par le Congrès un vœu : Invitant le gouvernement à présenter aux Chambres un projet de loi supprimant les conseils de guerre en temps de paix et les conseils de corps ;

ce projet est à l'étude à la Chambre, et l'honorable M. Morlot en est le rapporteur.

Votre Commission a estimé qu'il y avait lieu de renouveler ce vœu, afin de faire connaître à la Commission parlementaire et au gouvernement le désir qu'a notre parti de le voir aboutir au plus tôt.

Et l'argument sur lequel elle croit devoir insister le plus est d'ordre absolument supérieur. Nous ne pouvons pas admettre de justice d'exception. Or, les conseils de guerre constituent une justice d'exception, et nous avons vu, ces dernières années, et récemment encore, comment ils rendent la justice suivant la catégorie de justiciables qui se trouvent devant eux.

La justice est *une* ; il ne peut y avoir de justice militaire ; le conseils de guerre ont vécu.

Nous savons très bien l'objection qui sera faite par nos adversaires : nous voulons tuer la discipline, désorganiser l'armée. Non, nous la voulons grande, forte, respectée ; nous nous souvenons, en même temps, qu'étant l'émanation même de la nation, qu'étant aujourd'hui l'armée nationale, nous avons le devoir impérieux d'y faire régner, comme ailleurs, plus que partout ailleurs, l'esprit de discipline et de justice. Non de cette discipline qui n'est basée que sur la crainte de la répression à outrance, non de cette justice boiteuse et d'exception, mais de cet esprit de discipline inspiré par la confiance dans les chefs et la conscience du devoir, mais cette justice qui inspire la confiance et le respect, qui moralise au lieu de terroriser, nous voulons, en un mot, y faire régner la justice.

Je propose donc au Congrès d'adopter le vœu suivant :

« Le Congrès émet le vœu que les Conseils de guerre soient supprimés, ainsi que les conseils de corps, et que la Commission parlementaire hâte le plus possible le dépôt de son rapport dans ce sens. » (*Applaudissements.*)

(Ces conclusions du rapporteur sont adoptées.)

Le Président. — Je vais vous donner lecture de deux autres vœux :

Le premier est de M. de Kerguézec ; il est relatif aux officiers nommés dans des garnisons trop rapprochées de leur lieu de domicile.

(Ce vœu, renvoyé à la Commission, a été ensuite adopté à la sixième séance.)

Le second est de M. Rolland, ainsi conçu :

« Sur une menace de 200 employés de Clermont-Ferrand de se mettre en grève, on a consigné quatre régiments et distribué deux paquets de cartouches à balle par homme ;

« Le Congrès radical et radical-socialiste considérant qu'il importe de prévenir des accidents regrettables qui résulte-

raient de l'énervement des troupes longtemps consignées dans
leurs casernements, prie le gouvernement de modifier les
instructions contenues dans le pli tricolore, à ouvrir, en cas
de troubles intérieurs, les instructions édictées sous le ministère Méline, et de supprimer la distribution de cartouches à
balle, notre armement n'ayant pas été créé pour tirer sur des
citoyens français. »

(Ce vœu est également renvoyé au Comité exécutif.)

Commission de l'Enseignement et de la défense laïque.

Le Président. — La parole est au citoyen Maurice Faure,
Président de la Commission de l'enseignement.

M. Maurice Faure — Citoyens, C'est une simple et très
brève communication que j'ai à vous faire au nom de la
Commission de défense laïque.

Cette Commission avait pour mandat précis de traiter
toutes les questions relatives à la séparation de l'Eglise et de
l'Etat, aux congrégations et à l'enseignement public.

Elle a pris d'importantes résolutions sur les points suivants.

En ce qui concerne la séparation des Eglises et de l'Etat,
elle s'est, bien entendu, nettement prononcée en faveur de cette
résolution, qu'elle considère comme la condition même de la
liberté de conscience. (Applaudissements).

Nous vous proposons en outre d'émettre le vœu que toutes
les congrégations soient dissoutes, estimant que celles qui
sont autorisées ne valent pas mieux que les autres (Bravos
et applaudissements prolongés). attendu qu'elles accom-
plissent la même œuvre antirépublicaine et antisociale
(Nouveaux applaudissements). .

Notre éminent collègue, le citoyen Buisson, a été chargé de
vous rapporter ces deux importantes questions.

Votre Commission s'est ensuite préoccupée des rapports
de l'État et de l'Ecole, et de la défense laïque par l'instruction. Après de longs et brillants débats, elle s'est prononcée
nettement pour le monopole de l'enseignement à tous les
degrés (Bravos et vifs applaudissements), primaire, secondaire
et supérieur.

C'est notre honorable collègue, M. Lintilhac, dont la proposition a été adoptée, qui a été chargé de vous présenter le
rapport que vous entendrez tout à l'heure sur cette importante question.

Votre Commission s'est également occupée de la question
de ces fausses sécularisations, qui, comme le disait fort justement le Président Lafferre, sont une véritable dérision à

l'égard de la loi qui a été votée ; et par l'organe de M. Henri Bérenger, un rapport vous sera présenté à cet égard.

Elle s'est enfin préoccupée de rendre laïque l'université tout entière (*Applaudissements*). Malheureusement l'enseignement secondaire est, par suite d'une tolérance administrative injustifiable, encore imbu de pratiques cléricales. C'est M. Henri Bérenger, qui, avec sa haute compétence, vous présentera tout à l'heure un rapport à ce sujet.

Il est encore une question qui a préoccupé votre Commission : c'est celle des petits séminaires, ou, pour employer le terme légal, les écoles élémentaires ecclésiastiques. Il y a trop de ces établissements, où l'on s'occupe de toute autre chose que de la préparation à la prêtrise, et qui au lieu de rester ce qu'ils auraient toujours dû être, c'est-à-dire les pépinières des grands séminaires, deviennent de véritables foyers d'action antiuniversitaire, favorisés par l'Etat lui-même. (*Applaudissements*). Votre Commission vous proposera sur cet objet des résolutions spéciales que j'aurai l'honneur de vous présenter tout à l'heure.

Je n'ai pas besoin de vous dire que, dans toutes ses résolutions, votre Commission s'est inspirée de la défense de la République contre ses éternels ennemis, les tenants du parti clérical. (*Vifs applaudissements*),

Le Président. — La parole est au citoyen Lintilhac.

Discours de M. Eugène Lintilhac.

Citoyens, nommé hier rapporteur, sur le coup de minuit, je n'ai pu rédiger pour ce matin un rapport : je vais vous le parler, avec votre permission. (*Oui, oui, parlez !*).

Je m'engage à être relativement bref ; mais je prie le Congrès, dans l'intérêt de cette discussion capitale, et afin que toutes les raisons pour et contre puissent se produire, sans se perdre dans l'énormité des *à-côté* du sujet, je le prie d'exiger des autres orateurs la brièveté dont j'espère être un exemple et que prescrit, d'ailleurs, la sagesse de votre règlement.

Je donne d'abord lecture du vœu de la Commission : *Dans tout établissement d'instruction primaire, secondaire ou supérieur, le personnel enseignant et administratif sera exclusivement composé de maîtres ou de maîtresses laïques, nommés par l'Etat, et pourvus des diplômes ou certificats prévus, dans chaque espèce, par les lois et règlements universitaires faits ou à faire.*

Je résume, maintenant, en guise de rapport, les raisons que j'ai développées devant votre Commission.

Mais il est de mon devoir de vous informer d'abord que la presque unanimité de deux cents membres présents à cette Commission, a approuvé l'opinion et la rédaction de son rapporteur.

Principe du monopole.

S'il est un droit de l'Etat, qui soit en même temps un devoir, qui soit aussi impératif et incessible qu'il est naturel et imprescriptible, c'est, à mes yeux, celui d'enseigner.

Enseigner c'est, pour l'Etat, au point de vue politique qui est d'abord le sien, élever les citoyens pour la cité telle qu'il la conçoit ; c'est, au point de vue social, extraire des manières d'être en société du passé, le secret du mieux-être de l'avenir ; c'est, en un mot, semer demain dans les jeunes têtes d'aujourd'hui. Et qui doit vivre de cette moisson, déléguerait à un autre le soin des semailles, alors surtout que cet autre est fort capable de mêler l'ivraie au bon grain ! Il laisserait, par exemple, une part du soin de construire la cité terrestre à ceux qui n'ont en vue que la cité céleste ; il laisserait enseigner la vie par ceux qui en font une méditation de la mort, et qui paient au prolétariat le plus clair de la dette sociale avec des lettres de change tirées sur l'Infini ! Quelle imprudence et quelle abdication ! S'il y a, à l'heure actuelle, deux Frances, comme le prévoyait jadis Challemel-Lacour, et comme le constatait hier Waldeck-Rousseau, c'est parce qu'il y a deux éducations. (*Applaudissements prolongés*).

Instruits par cette rude expérience, hâtons-nous, citoyens, de proclamer d'abord ce principe qu'en matière d'enseignement, l'Etat ne doit permettre à personne aucune emprise sur son droit régalien.

A l'Etat seul de préparer chaque apprenti-citoyen à être un citoyen dans le sens de l'Etat. Car, songez-y, la raison d'être de l'Etat n'est pas seulement, comme semble l'indiquer son nom, d'être pour aujourd'hui, c'est surtout, et plus même, de persévérer dans l'être de demain, pour réaliser ce mieux-être indéfini dont vous ont entretenus éloquemment le président et le rapporteur, à votre première séance.

Or, de quel miracle attend-on cette harmonie dans

le tout, qui est la cité, si on ne l'a préparée dans chaque future partie qui est l'apprenti-citoyen? Voyons, citoyens, jamais orchestre put-il jouer d'accord, sans que tous les instruments eussent d'abord pris le *la?* Et prendre le *la* a-t-il jamais nui à la qualité du timbre de chaque intrument, soit dit en passant pour les individualistes? A l'Etat républicain donc de donner le *la* fondamental. C'est son devoir, comme c'est son droit, puisque tout son idéal réalisable repose sur l'harmonie des volontés, sur l'harmonie politique, laquelle est la condition préalable de l'harmonie sociale. (*Vifs applaudissements*).

Voilà, en raccourci, les considérations d'où je conclus, en principe, au monopole de l'enseignement pour l'Etat à tous les degrés.

Objection du droit de la famille.

A ce principe de l'Etat enseignant seul on fait deux objections principales, l'une de droit, l'autre de doctrine.

La première, vous la connaissez bien, c'est celle du droit de la famille. Je suis étonné de la valeur qu'on lui a trouvée, en matière d'éducation ; je le suis surtout lorsque j'en rencontre la préoccupation dominante chez d'excellents esprits dont je vénère depuis longtemps l'éclectique sincérité. Nous avons entendu hier, par exemple, à la Commission, l'éminent citoyen Ferdinand Buisson, dans des considérants abondants, sur les facettes desquelles luisait et jouait à merveille la lumière de sa science pédagogique, s'ingénier à dresser les articles organiques de ce qu'il me permettra d'appeler un Concordat entre la famille et l'Etat. De ce Concordat, citoyens, je me défie presque autant que de l'autre. Permettez-moi, pour le faire court, de détourner mes yeux des facettes miroitantes qui brisent la droite vue, et de considérer l'objection sous sa plus large face, sans peur des équivoques et des injures dont on va me combler, dans une certaine presse, au sortir de ce Congrès. (*Applaudissements et rires*).

Il faut vraiment qu'à l'école de la cité antique, de la grecque surtout, je sois devenu bien différent de certains républicains, d'une bonne foi égale à la mienne, pour que j'aie si peu de scrupule sur un point où je leur en vois tant. Je me demande, en effet, de quel droit la famille exigerait un Concordat avec l'Etat en matière d'enseignement. Elle ne peut traiter avec lui, sur le pied d'égalité, elle qui n'existe qu'en vertu de lui, depuis le jour de sa fondation jusqu'à celui de sa dissolution. Constituée légalement par lui, fonctionnant sous la protection des lois de la cité, elle ne doit se développer que dans le sens de la cité.

M. Gustave HUBBARD. — Et la liberté, qu'en faites-vous ? (*Mouvements divers*).

M. Eugène LINTILHAC. — Je vais m'en expliquer.. Cependant, tout de suite, et à vous qui êtes un lettré, mon cher collègue, je ferai observer que cette théorie de la subordination originelle de la famille comme de l'individu aux lois de la cité, qui paraît vous révolter, a été celle des plus profonds penseurs de l'antiquité. Latente déjà, chez Socrate, témoin cette fameuse *prosopée des lois* que vous avez expliquée au collège, elle s'étale, et justement à propos de l'éducation, avec une force de logique inéluctable, dans la *Politique* du très modéré Aristote, à laquelle je vous renvoie, pour une méditation à loisir et que je vous promets fructueuse, soit dit sans pédantisme. Je le dis pour servir la vérité par un avis à tous bons entendeurs, parce qu'il y a là une page admirable qui formule le principe essentiel sur cette matière, et qu'on devrait graver sur la façade du ministère républicain de l'Instruction publique. Allez-y voir, mon cher collègue, et vous me remercierez, car vous avez l'esprit scientifique et pratiquez, comme moi, le culte de la raison raisonnante.

Citoyens, dans les républiques grecques, — puisque j'ai été amené à les invoquer, et qu'elles sont, du moins pour les principes indépendants des temps et des civilisations, nos vrais modèles en l'espèce, — quand s'allumaient de nouveaux foyers, c'est au feu central de la cité qu'on prenait pour eux la première étincelle, avec un symbolisme dont vous voyez l'éloquence. Aussi, jamais les pierres de ces foyers n'ont prévalu contre le bloc de l'autel de la patrie. Prenez garde de préparer le contraire ! (*Longs applaudissements*).

Mais, trêve d'autorités ! Je ne veux apporter ici que des raisons pures ; et je reviens à ma thèse toute abstraite, toute de principes, toute d'avant-garde.

L'Etat ne peut et ne doit concéder à aucun individu, à aucune collectivité, fût-ce la famille, la possibilité d'élever les futurs citoyens contre la cité. Avoir mis au monde un être humain ne confère pas le droit de le mettre en travers de la marche de l'humanité. Lui avoir donné une tête, un cœur et des muscles, autoriserait-il à empoisonner sa cervelle, à dépraver sa sensibilité et à insurger sa volonté contre celle de tous ? S'il subsiste un *droit* pareil du citoyen, fût-il père de famille, contre la cité, il n'y a plus de cité.

Cependant, nous laissons ses vrais droits, et largement, au père de famille. Il peut les exercer librement sur son fils dans le domaine du sentiment, dans le domaine même de la religion (car nous sommes de ceux qui savent attendre, avec une patience scientifique l'issue du duel que se livrent de plus en plus dans les âmes la raison et la foi), mais nous, Etat, nous retenons le droit, qui est notre devoir, de déposer et de faire germer dans la tête de son fils les semences de notre idéal civique.

Dans le droit du père de famille en matière d'éducation, tel que l'entendent nos adversaires, nous ne voyons qu'un abus de la puissance paternelle, en vertu d'une de ces équivoques (et de toutes la plus redoutable peut-être), que l'on commet à la faveur d'un des mots les plus torturés de la langue française, et qui est celui de *liberté*. Que de servitudes on veut conserver ou restaurer en son nom ! Mais il n'en est pas de pire que celle de l'ignorance des vrais devoirs du citoyen ; et c'est pour l'empêcher que, dans la question de l'enseignement, auprès du droit de l'Etat, celui de la famille me paraît devoir être réduit à la portion congrue que j'ai dite. Elle reste, je le répète, fort généreuse, au bout du compte, puisqu'elle réserve au père de famille tout son empire sur le sentiment et la religion de son fils. Le père qui en demande davantage ignore vraiment la hiérarchie de ses devoirs de citoyen et se trouvera, au fond, faire œuvre d'anarchiste. (*Applaudissements prolongés*).

Objection de la doctrine d'Etat

La seconde objection contre le principe du monopole, celle de doctrine, beaucoup moins ressassée, paraît d'abord plus forte.

On nous dit : Vous avez donc une doctrine à faire enseigner pour l'Etat? Et si vous en avez une, comment la conciliez-vous avec la liberté de la pensée et la dignité de l'enseignement?

Je réponds qu'au sens plénier du mot *doctrine*, nous n'avons pas une doctrine d'Etat. Nous savons ce qu'une pareille prétention a de haïssable pour tout esprit scientifique, et de ridicule pour tout esprit libre. Non, l'Etat n'est pas assez pédant pour croire, selon le mot de Rabelais mourant, qu'il ait trouvé la pie au nid. Mais, sans rivaliser avec les *sommes* théologiques qui s'adjugent tout le connu et l'inconnu, il s'est découpé son domaine défini dans l'indéfini de celui de la connaissance. Il l'a choisi, avec une vigilance très clairvoyante, et on en peut vite montrer les limites. Car si l'Etat n'a pas de doctrine à visées encyclopédiques, il a un *credo* très ferme, en sa modestie. En outre, et par dessus tout, s'il se garde de tout dogmatisme ambitieux, il a une méthode intransigeante, celle de la libre recherche du vrai, du beau, du bien par des procédés exclusivement rationnels. Et c'est cette méthode qui sauvegarde la liberté de la recherche scientifique, comme la dignité du maître.

Quel est donc ce *credo* de l'Etat? Est-il si difficile de le définir, si on ne veut pas subtiliser? Il consiste tout bonnement en un certain nombre de principes dont on est d'accord entre républicains démocrates, et dont la plupart sont déjà formulés dans la *Déclaration des droits de l'homme et du citoyen.*

Ils le sont même, à le bien entendre, dans le trinôme de la révolution inscrit au fronton de nos monuments, où il fut si longtemps à l'état d'équivoque ou de lettre morte, et d'où il serait pourtant temps, comme dit la chanson, de le faire descendre dans les cœurs, pour en inspirer toute la vie publique.

Liberté! Mais je dirais, sans hésiter, enseignant au nom de l'Etat : Jeune homme, ne t'y trompe pas! Il n'y a pas la *Liberté*, il n'y a que des libertés, par exemple celles de conscience et de religion, de presse et de pensée, etc., dont l'instinct est vieux comme la société, dont l'expérience politique de tous apprend lentement la pratique à chacun, et dont l'exercice se fait en vertu du consentement universel, formulé en lois. Il n'y a donc de libertés que sous la loi, et la liberté en soi ne peut s'entendre que de l'affranchissement des servitudes. Il n'y a pas de liberté du citoyen contre la cité, où son vrai nom est, je le répète, anarchie.

Egalité! Serait-ce calomnier notre société que de faire observer, toujours au nom de l'Etat, qu'actuellement et en fait, l'égalité n'est guère qu'au cimetière? L'égalité, si les Français, comme on l'a dit, n'ont tant désiré la liberté que pour arriver à l'égalité, et s'ils l'ont, en effet, dans le sang, l'ont-ils dans les mœurs? Hélas! Et sans quitter ce Congrès, cette salle, cette estrade et moi-même, combien en est-il, parmi nous, tout radicaux que nous sommes, qui ayons assez de vertu républicaine pour la pratiquer, et qui ne murmurions pas tout bas, comme Alceste : *Je veux qu'on me distingue!* (*Rires et applaudissements*).

Enfin *Fraternité!* Le beau mot, certes, par lequel la Révolution, reprenant le rêve qui fut celui des Stoïciens, avant de devenir celui des Evangélistes, compléta la Trinité, avec une visée plus mystique de l'idée qu'avec une conception vraiment positive de la chose. Car la voilà bien la lettre morte, jusqu'ici du moins, dont je parlais plus haut. Qu'ont fait la Révolution et ses successeurs au pouvoir, pour que la fraternité devînt une réalité sociale? La liberté et l'égalité ont au moins quelques sanctions dans la loi. Mais la fraternité en a-t-elle? Et n'est-ce pas à nous de dire aux générations nouvelles, encore au nom de l'Etat : Hommes de demain, la fraternité est la plus belle, mais jusqu'ici la plus virtuelle des promesses que notre Révolution ait formulées. En l'arborant à la cime de son triple idéal, elle a fait, dans l'éclair de 89, le plus noble de ces gestes vers l'avenir que l'Univers a vus et suit encore. Mais où nous mène-t-il? N'est-il pas temps de réaliser cet idéal, dont la mutualité actuelle n'est que l'apprentissage grossier et peureux, et dont la solidarité ellemême n'exprime ni toute la fécondité ni la paradisiaque beauté? N'est-il pas temps, enfin, de marcher plus droit avec le poète de la *Justice* vers cette heure dernière,

Où s'uniront nos mains, nos fronts, dans la lumière,
Tous *frères*, et rois tous par un sacre pareil?

Pardon, citoyens, si je me laisse entraîner ainsi par mon sujet, mais je ne l'ai pas quitté, et j'ai essayé de donner, au passage, un échantillon de notre modeste *credo* d'Etat. En deux mots nous enseignerons la Répu-

blique et la Démocratie. (*Salves répétées d'applaudissements.*)

L'esprit nouveau dans l'enseignement

Et la lettre de cet enseignement, citoyens, n'importe
guère auprès de l'esprit dans lequel il le faudrait
donner. Voilà ce qui sollicite toute la vigilance de
l'Etat. C'est cet esprit qu'il doit vouloir dans la tête et
dans le cœur de ceux qui enseignent, et non seulement
dans leur bouche.

Tout est là, pour lui. Qui n'a pas cet esprit peut tenir
un langage à peu près irréprochable, en apparence (et
c'est surtout ici qu'apparaît l'insuffisance du contrôle
auquel certains se veulent borner ; croyez-en quelqu'un
qui a trente ans d'expérience de l'enseignement, dont
plus de trois, dans un cabinet ministériel, au centre
même du contrôle), et, tout en tenant ce langage irréprochable à l'oreille du plus vigilant inspecteur d'Etat,
il peut jeter les pires semences dans les esprits, déformer à son gré cette cire molle qu'est la tête du dis-
ciple. Il y suffit d'un hochement de tête énigmatique
ou d'un sourire à la cantonade, de l'accent réfrigérant
d'un scepticisme cauteleux ou d'une brusque chaleur,
à propos d'un texte ou d'une correction, d'une vérité
ou d'une beauté. Et c'est bien le cas de dire qu'ici le
ton fait la chanson. J'en appelle à ceux qui ont l'expérience de l'enseignement, et j'en vois beaucoup ici.
Pour un clérical latent qui professerait la morale, par
exemple (et nous en avons bon nombre jusque dans
l'Université), ce sera un jeu que de gauchir à son
devoir public, et d'inspirer un esprit réactionnaire,
tout en commentant, d'un air bénin, la lettre des droits
de l'homme et du citoyen. Un professeur d'histoire
nationaliste (et l'Université en a à revendre) pourra,
en toute sécurité, semer de la graine de *militaristes*,
si, s'acquittant vite, dans son cours, envers l'histoire
de la civilisation, il installe son admiration, dans l'*his-
toire-batailles*, en face des grands tueurs dont il fera
complaisamment mesurer la hauteur (et vous savez
combien le procédé est classique), par celle de la
pyramide de crânes dont ils furent les bourreaux.
(*Applaudissements.*)

Au contraire, le petit nombre de principes républicains et démocratiques que j'ai visés plus haut, s'il est

aimé de ceux qui enseignent, il se mêlera à tout leur enseignement, avec délicatesse et efficacité. Il sera comme cet esprit dont parle le poète latin, qui agitera la masse du dépôt des civilisations, et se mêlant à ces grands morts qui composent la majorité de l'humanité, il en tirera l'éternelle leçon du progrès par la raison raisonnante et la philanthropie. Cet esprit-là c'est l'esprit républicain. Le voilà l'esprit nouveau, le véritable, et non celui de cette bonne dupe de Spuller (*Applaudissements et rires*), celui qui devra circuler, au nom de l'Etat, à travers tout l'enseignement à tous ses degrés. Quand nous serons les maîtres de le faire souffler partout, nous le serons de l'avenir, nous le serons de tout l'idéal réalisable, pour lequel nous écrivons et parlons, luttons et au besoin souffrons, après tant de nos aînés : mais nous ne le serons qu'alors. (*Applaudissements prolongés.*)

Or l'heure est propice, citoyens, pour poser ici, avec éclat, le principe de cette réforme fondamentale; et nous sommes maîtres de cette heure-là. Profitons-en ! Quelle faute, si nous hésitions, et quelle responsabilité, pour notre parti, si cohérent, si dirigeant ! Ce qu'il nous faut voter au Congrès, en vœu d'avant-garde, quitte à laisser ensuite vos élus chercher dans les deux Chambres les voies et moyens, les dispositions transitoires ou même les concessions inoffensives, une fois franchi le défilé où nous sommes, c'est le monopole intégral de l'Etat; dans tout ordre d'enseignement. Marquons ici ce point d'arrivée, nous marquerons assez ensuite au Parlement les étapes nécessaires. (*Unanimes applaudissements.*)

Le triple monopole

Le monopole de l'Enseignement primaire doit avoir parmi vous une telle majorité, cimentée et heureusement irritée par l'impuissance finale de la loi des associations contre les Congrégations, que je n'y insisterai pas. Je me bornerai à faire remarquer, pour ceux à qui cet avortement apprête présentement à rire, que nous restons les maîtres d'aujourd'hui et probablement de demain, et que nous rirons ainsi les derniers. Mais je crois qu'il est maintenant évident, pour nous tous, que c'est par cette loi sur l'enseignement primaire qu'il eût fallu commencer, et qu'on se fû ainsi épargné l'agacement et, avouons-le entre nous, le ridicule passager d'un si grand geste fait sans coup férir.

Pour l'enseignement secondaire, les circonstances parlent aussi plus haut que je ne saurais faire, et me dispensent d'une longue démonstration. Si les deux jeunesses dont je constatais l'existence, en commençant, après Challemel-Lacour et Waldeck-Rousseau, ont pu s'élever et s'aigrir l'uné contre l'autre, c'est parce que la Congrégation a pu, grâce à la loi Falloux, amener de ses écoles aux cercles catholiques et faire sortir, au besoin, dans la rue, ces fils de la bourgeoisie qui étaient venus, avec tant de ferveur, faire pénitence dans ces jésuitières pour le voltairianisme de papa. (*Vifs applaudissements et rires.*) Mais la cause est entendue, et nous avons tous inscrit sur nos programmes l'abrogation de la loi Falloux.

J'arrive donc au monopole de l'Etat dans l'enseignement supérieur, que beaucoup d'entre nous considèrent comme inutile et tyrannique. Citoyens, croyez-vous que l'enseignement supérieur soit d'une essence tellement différente de l'enseignement primaire? Croyez-vous qu'il porte en lui-même une vertu suffisamment éducative?

M. Hector Depasse. — Parfaitement, je le crois. (*Rumeurs diverses*).

M. Eugène Lintilhac. — Citoyens, du calme! Cette discussion si abstraite en demande jusqu'au bout autant que vous en avez eu jusqu'ici. Et précisément l'énergie de la protestation de l'excellent ami qu'est Hector Depasse, prouve que nous sommes ici au point qui nous divise le plus, du moins quant à la qualité, sinon quant à la quantité des suffrages. Voilà l'enclouure. Je l'avais aisément prévu, dès la séance d'hier, à la Commission, et je n'en suis pas ému outre mesure. Je suis du reste si peu de l'avis de mes honorables contradicteurs sur ce point, que j'estime qu'à l'heure actuelle la liberté de l'enseignement supérieur, — c'est-à-dire, pour préciser l'essentiel, l'existence de *Facultés libres* préparant directement à des diplômes ou grades universitaires, — est la plus dangereuse de toutes. Laissez-moi m'expliquer un peu là-dessus. (*Applaudissements! cris : Parlez! parlez!*)

Je dis que la liberté de l'enseignement supérieur me paraît plus dommageable à l'intérêt supérieur de l'Etat, plus menaçante pour l'harmonie sociale, que celle de l'enseignement secondaire et même primaire. Et les catholiques eux-mêmes l'ont avoué indirectement, et, comme l'a fait remarquer notre ami M. Maxime Lecomte, l'un d'eux, M. Charles Lenormand, écrivait dans *Le Correspondant* : « Il n'y a que l'enseignement supérieur qui se lie d'une manière intime à l'existence de l'Etat ; le droit que l'Etat peut prétendre sur les esprits n'est légitime et salutaire que quand l'homme intérieur est formé... » Les familles qui se plaignent que l'Etat veuille s'emparer exclusivement de l'adolescence le verraient, sans ombrage, concentrer sa prétention sur l'enseignement supérieur. L'action de l'Etat, si elle est bien dirigée, doit y être profonde, directe. *Il y a mieux, personne ne la lui conteste.* »

En effet, l'enfant et la plupart des adolescents prennent surtout la paille des termes et emmagasinent mécaniquement le grain des choses ; ce n'est que plus tard, au sortir de l'adolescence, qu'ils en font leur pain. Or c'est à cette heure sacrée, où l'esprit vierge doit se fiancer à la vérité, que vous proclamez la liberté de la mésalliance avec l'erreur. Vous voulez abandonner cet esprit au premier venu et souvent au plus perfide des guides, à l'heure même où, avec l'innocence avide de la jeunesse, il se penche sur les problèmes de la vie et de la science, où, avec l'élan fougueux de sa curiosité universelle, il s'élance dans le vaste champ de la connaissance, à l'heure si grave où son cerveau fait sa provision et risque plus que jamais, selon un mot d'Auguste Comte, de devenir une éponge à préjugés ! Mais pensez-y, citoyens, avec le poète après le philosophe, et en un sens plus vaste que le sien :

> Le cœur de l'homme vierge est un vase profond :
> Lorsque la première eau qu'on y verse est impure,
> La mer y passerait sans laver la souillure.

Pensez à l'influence presque irrésistible d'un maître éloquent (et on peut l'être, même en exposant une théorie absurde comme celle des causes finales, si on y a foi). Songez à cette influence d'une conviction éloquente au service d'erreurs respectables, au moins par leur antiquité, sur ces intelligences et ces volontés vierges. Mais nous avons les confidences d'affranchis de ces servitudes : et j'en aperçois justement un près de cette tribune et qui est devenu un des meilleurs champions de notre cause. Ils nous ont conté avec quel déchirement intérieur, avec quelle longue angoisse, ils avaient renoncé à la douce paresse de certains mirages mystiques pour venir à la virilité du vrai par les âpres sentiers de la raison. Or combien seront capables comme eux de ces évasions héroïques ? (*Applaudissements.*) Combien en perdrez-vous qui s'effémineront dans les sentimentalités du néo-catholicisme, en stérilisant leur effort dans le porte-à-faux du socialisme chrétien ? (*Vifs applaudissements.*)

Si vous voulez cette responsabilité, prenez-la ; mais je la repousse de toute la conviction de ma tête d'éducateur et de tout l'élan de mon cœur de démocrate ; je vous avertis, en conscience, qu'ayant la possibilité de proclamer, et peut-être de faire inscrire dans la loi, le droit et le devoir de l'Etat d'enseigner au troisième degré, comme aux deux autres, si vous la négligez, vous aurez reculé gravement une belle occasion, et dont le retour même deviendra problématique, d'aider la cité idéale, celle que veut bâtir notre République, à se bâtir en hommes. (*Salves d'applaudissements.*)

Encore un aperçu, citoyens, que je serais bien coupable d'oublier, comme rapporteur, car il vous indiquera clairement la nécessité de supprimer, au plus tôt, les Facultés libres, et j'aurai fini.

Hier, à la Commission, le citoyen Debierre, professeur à la Faculté de l'Etat de Lille, nous a conté, avec une verve incisive, comment la Faculté catholique de cette ville fabriquait à la douzaine, avocats et médecins à sa dévotion, plus préoccupés de la propagande cléricale que du mur mitoyen ou de la théorie microbienne, comment elle les logeait confortablement, installait solidement en face du praticien républicain, mariait richement, et comment une si bonne graine ne se perdait pas, les enfants de ces ménages modèles reprenant d'enthousiasme le cycle de pieuses études et d'*arrivisme*, garanti, suivi par le chef de famille. Oui, dans ces Facultés, on parle légèrement de la banqueroute de la science, mais on prend solidement des précautions contre celle des futurs propagandistes qu'on y cultive, sous prétexte de droit ou de médecine. (*Applaudissements et rires.*)

J'espère que le citoyen Debierre voudra bien rapporter ici cet argument savoureux et sans réplique, à l'appui de ma thèse, et je conclus.

Conclusion

Citoyens, nous sommes des radicaux, c'est-à-dire des hommes résolus à extirper au plus vite toutes les institutions surannées, antirépublicaines et antisociales, qui ont poussé leurs racines jusqu'aux entrailles de la société d'hier, ces institutions dont la végétation parasite comprime encore les plus généreux battements de nos cœurs de citoyens constructeurs de la cité idéale, où les générations prochaines seront heureuses du bonheur social que nous leur aurons acheté par nos luttes pénibles, mais glorieuses, et par notre foi irréductible en l'avenir de l'Etat par l'Etat. (*Applaudissements prolongés.*)

Un dernier mot et qui, pour être personnel, n'en servira pas moins la thèse que j'ai à cœur de faire triompher ici.

Citoyens, celui qui vient de vous tenir ce langage, quoiqu'il ne parle ici que comme congressiste, a un mandat législatif, et, ce disant, il ne l'oublie pas, au contraire ! Il l'étend à la mesure des nécessités de la défense républicaine, en vertu des principes mêmes de sa profession de foi et de son plus grand devoir d'élu, sûr de l'approbation de l'immense majorité des électeurs de son pays d'origine. Or ce mandat, et c'est ce qu'il lui importe de vous faire remarquer, il ne l'a pas reçu de ce prolétariat des villes que fascine noblement un idéal dont l'éloquent initiateur de ce Congrès vous disait hier combien il est lointain, si lointain qu'on est parfois excusable d'y voir un mirage. Il ne le tient pas de certaine espèce de citadins dont le vote est trop souvent sujet à caution, puisque l'on a vu leur versatilité aller de l'enthousiasme irréfléchi qui enferme tout l'idéal social dans le seul pli rouge du drapeau national, jusqu'à ce *snobisme* déconcertant qui fit litière de ce même idéal pour certain cheval noir plus heureux encore que celui dont Caligula pouvait faire un consul. (*Applaudissements et rires*). Non ! Il le tient de paysans têtus, mais très intelligents et très pratiques, lentement venus à la République, mais présentement attachés à elle, fils d'une terre rude, longtemps ensemencée de la graine noire des prêtres, mais où commence à germer la moisson vermeille de l'idéal qui est le nôtre. Or, comment s'est fait ce miracle dans la féodale Auvergne? Comment s'est-il fait que les *ruraux* (un mot si menaçant à l'aurore trouble de la troisième République, souvenez-vous-en !) apparaissent aujourd'hui comme les plus fermes garants de la réalisation de notre idéal républicain et social? Le voici et croyez-en mon expérience toute récente et d'autant plus significative ! Ce sont les générations venues de la laïque à l'urne, depuis vingt ans, qui ont déjà fait ce miracle, car miracle il y a, pour qui se souvient. Continuez donc à laïciser, pour républicaniser : dressez haut le mur sans fissure du monopole entre la société laïque, qui veut vivre en luttant, et la cléricale, qui veut la faire mourir, en rêvant. (*Applaudissements prolongés.*)

Faites-le et répondez ainsi à l'attente des *ruraux* ; sinon craignez leur déception, le jour où s'écroulerait l'immense espérance qu'ils ont lentement mise en nous. Craignez l'élan farouche avec lequel ils se rejetteraient alors dans les bras gluants de cette réaction, dont moi et mes pareils avons eu tant de mal à les arracher. Voilà le dernier et grave conseil que je tenais à vous donner. Je termine par une phrase qui résume toute ma pensée : L'Etat démocratique sera enseignant ou ne sera pas. (*Applaudissements; acclamations. Une ovation enthousiaste est faite à l'orateur. Cris : L'impression ! l'affichage !*)

M. Lintilhac lit le vœu suivant de la Commission :

« Le Congrès du parti radical et radical-socialiste, considérant que l'Etat républicain a le droit et le devoir de vouloir l'harmonie politique des citoyens, pour réaliser l'harmonie sociale,

« Que vouloir l'harmonie dans le tout, qui est ici la cité, c'est s'obliger à la préparer dans chacune des parties qui sont ici les apprentis citoyens ;

« Que l'Etat républicain a donc le devoir, comme il en a le droit, d'éduquer tous les citoyens pour la cité idéale, en vertu et en vue de laquelle il fonctionne ;

« Que ce devoir est impératif, comme ce droit est souverain,

« Que l'Etat républicain a donc le devoir d'exercer en fait la fonction de l'enseignement à tous les degrés qui lui appartient en droit ;

« Exprime le vœu suivant :

« Dans tout établissement d'instruction primaire, secondaire et supérieur, le personnel enseignant ou administratif sera exclusivement composé de maîtres ou de maîtresses laïques, nommés par l'Etat et pourvus de diplômes ou certificats prévus, dans chaque espèce, par les lois et règlements universitaires, faits ou à faire. » (*Applaudissements*).

Plusieurs délégués demandent l'impression du discours.

MM. Hubbard et Depasse demandent la parole pour la continuation de la discussion.

Le Président. — Le bureau est saisi de deux propositions. La première demande le renvoi de la discussion à deux heures, cette après-midi. La seconde, du citoyen Henri Bérenger, demande à l'Assemblée de voter l'impression du discours de M. Lintilhac *(Mouvements divers)*.

M. Ranson, conseiller municipal de Paris :

Je suis très partisan de la théorie émise par le citoyen Lintilhac, mais je me demande si la dernière proposition qui nous est faite n'est pas prématurée.

Je me demande si le Congrès va ainsi préjuger d'une question qui n'a pas encore été discutée (*Très bien !*)

Je vous répète que j'ai soutenu que je suis très partisan de la théorie de notre ami Lintilhac, mais je demande seulement au Congrès qu'il attende, pour se prononcer, la clôture de la discussion. (*Très bien !*)

M. Hubbard. — A la bonne heure.

Le Président. — Je ferai observer que la proposition pourrait être retirée, puisque tous les discours seront imprimés. Mais j'estime, et vous estimez avec moi, que nous devons à notre ami Lintilhac des remerciements pour l'énergie admirable avec laquelle il défend les droits de l'Etat laïque contre l'université trop cléricale. En votant l'impression, nous ne préjugeons en rien du résultat du vote qui aura lieu après la discussion ; nous donnons simplement à notre collègue une marque de sympathie bien méritée. (*Applaudissements)*.

Je suis partisan de la liberté de la discussion, et j'estime que la majorité a le droit de s'affirmer.

(L'impression du discours, mise aux voix, est votée).

M. Lafferre. — La majorité, par son vote, vient de prouver qu'elle a apprécié le rapporteur.

Je mets maintenant aux voix la continuation de la séance.

(La discussion est renvoyée à deux heures de l'après-midi).

La séance est levée à midi.

CINQUIÈME SÉANCE — 10 OCTOBRE
(Après-midi)

La séance est ouverte à 2 heures 20.

M. LAFFERRE, *Président.* — Citoyens, avant de procéder à la constitution du Bureau de séance, permettez-moi de vous faire deux ou trois communications.

Le Bureau a été saisi d'un certain nombre de réclamations relatives à la constitution du Comité. Pour ne pas être débordé, le bureau pense que le Congrès devrait décider que la Commission exécutive se réunisse immédiatement ici après le Congrès.

Nous sommes informés que le citoyen Brisson sera à Marseille ce soir. Il avait été convenu qu'on lui offrirait la présidence d'une de nos réunions ; je pense que la séance de clôture demain matin pourra lui être offerte.

La présidence de M. Henri MICHEL, député des Bouches-du-Rhône, est acclamée.

Vice-Présidents : RANSON, conseiller municipal de Paris ;
POISSON, député du Gard ;
KLOTZ, député de la Somme ;
GIROD, député de Seine-et-Marne ;
JACQUIER, délégué de Lyon ;
Henri ROUSSEL, conseiller municipal de Paris ;

Secrétaires : BELLANGER, de Paris ;
ELIE-MANTOUT, secrétaire du Comité républicain du commerce, Paris.
Victor JEAN, conseiller général des Bouches-du-Rhône ;
Dr AUBIN, conseiller général du Var ;
BRENOT, délégué de Paris ;
Hugues DESTREM, du *Rappel ;*
DE KERGUÉZEC, conseiller général des Côtes-du-Nord ;
Edmond STRAUSS, de Paris. *(Très bien ! très bien !)*

MM. F. Bouffandeau, secrétaire général du Comité exécutif, et M. Resch, secrétaire général de la Fédération marseillaise, secrétaires permanents du Congrès.

Le Président Michel. — Mon premier devoir en me levant doit être de vous remercier au nom du Bureau tout entier, et en mon nom personnel, du très grand honneur que vous nous avez fait en m'appelant à présider cette séance, et en appelant à siéger au Bureau les amis qui sont groupés autour de moi.

Honneur fait à la démocratie des Bouches-du-Rhône

Je n'ai pas besoin de vous dire combien je suis sensible à cet honneur fait à un élu de la démocratie des Bouches-du-Rhône. Ce n'est pas à ma modeste personnalité que cet honneur s'adresse. Je m'étais effacé — et c'était chose bien naturelle — devant l'éminent citoyen que Marseille a eu l'honneur de rendre au Parlement français, vengeant ainsi l'injure imméritée que Paris lui avait faite; et lorsque mon nom a été mis en avant, c'est parce qu'on ne croyait plus que le citoyen Brisson pourrait venir au milieu de nous. La démocratie des Bouches-du-Rhône vous remercie, par ma voix, de cette courtoisie et de cette délicate attention.

En ce qui me concerne personnellement, je suis profondément touché de cette manifestation faite sur mon nom. C'est un témoignage d'estime et de sympathie qui m'est précieux et dont je vous suis reconnaissant. Citoyens, je ne vous ferai pas un discours.

Importance de la discussion commencée

La discussion qui a commencé ce matin et à laquelle nous attachons tous tant d'importance, est une de celles que vous attendez le plus impatiemment.

Il n'est pas, en effet, de question plus brûlante, à l'heure actuelle, que la question de l'enseignement.

Chacun de nous comprend que dans notre pays, cette question est vitale, et que de la solution que nous lui donnerons dépendent en grande partie les destinées de notre chère République.

Intérêt qu'attachent à la question de l'enseignement le parti clérical et le parti républicain.

Nous savons, en effet, combien le parti clérical a essayé de se retrancher de ce côté-là. Rien ne lui tient à cœur comme de garder l'instruction des générations futures, sachant bien que l'avenir appartient à celui qui peut inculquer à l'enfant, imprimer dans son cerveau, cette cire molle dont on vous parlait ce matin, et sur laquelle se gravent si rapidement et si profondément toutes les impressions, les leçons de son choix et de ses préférences. Aussi n'échappe-t-il à aucun de nous et sommes-nous tous d'accord sur ce point, que nous ne devons pas laisser déprimer ni déformer ce cerveau d'enfant par un enseignement puisé aux sources de la contre-révolution. (*Bravos et applaudissements.*)

Le Président ne veut pas retarder le débat

Eh bien, citoyens, je m'en voudrais de retarder, ne fût-ce que d'un instant, le grand débat qui s'est engagé déjà ce matin devant vous. Vous avez entendu le brillant discours de notre ami Maurice Faure et le discours magistral du citoyen Lintilhac ; d'autres orateurs, non moins estimés et non moins sympathiques sont inscrits pour prendre part à cette discussion. Et je sais, pour les avoir entendus hier soir — d'ailleurs vous les connaissez tous — je sais, dis-je, avec quelle hauteur de vues et quel bonheur d'expressions, comme aussi avec quel sentiment élevé de l'idéal républicain ils développeront les thèses qu'ils considèrent comme les plus avantageuses pour le parti républicain et pour l'avenir de la France républicaine. (*Applaudissements.*)

Nécessité d'écouter en silence les orateurs

Nous pourrons, peut-être, ne pas approuver toutes leurs assertions. Chacun de nous a, en effet, sinon son opinion faite, du moins ses préférences secrètes, dans cet ordre d'idées. Mais quelle que soit la divergence de nos vues sur tel ou tel point particulier de la question, précisément parce que chacun des orateurs, qui viendront à cette tribune, ne formulera que les solutions qu'il est fermement convaincu devoir être les plus utiles, les plus profitables à la fois et à notre parti et à l'avenir de la démocratie, je vous demande, citoyens, de vouloir bien apporter à les écouter, toute l'attention que comporte un aussi grave sujet, et toute la bienveillance que commande la force des convictions, servie par une parole toujours courtoise et mesurée. (*Vifs applaudissements.*)

Citoyens, cela dit, je me rassieds. Je ne veux pas, en effet, je le répète, que l'on puisse dire, au moment où un aussi important débat va continuer devant vous, que le Président, par un discours, qui pourrait être taxé d'intempestif, a retardé, ne fût-ce que d'une minute, le plaisir que vous éprouverez, j'en suis sûr, à suivre cette discussion (*Nouveaux applaudissements*).

On m'a demandé. pour la rapidité de la discussion, de vouloir bien intervertir momentanément l'ordre suivi jusqu'ici.

La Commission de Défense laïque, qui avait commencé à vous présenter ce matin son travail, avait à examiner en effet trois ordres de questions. Elle vous apporte trois solutions. La première question est relative aux congrégations dont votre Commission demande la suppression complète et totale.

La seconde, traite des rapports de l'Etat avec les Eglises.

La troisième, enfin, est celle que vous avez abordée ce matin, la question de l'enseignement.

Il semble logique et naturel, puisqu'on a commencé ce matin la discussion de la question de l'enseignement, que cette discussion soit continuée et achevée sans interruption.

Mais on m'a, d'autre part, fait observer, non sans quelque raison, je crois, que les deux autres questions qui ont été soulevées devant la Commission de Défense laïque, ne feraient ici l'objet d'aucune discussion et qu'elles seraient votées par acclamations. Dans ces conditions, quelques-uns de nos amis estiment — et je me fais un devoir de vous transmettre leur désir — qu'il y aurait peut-être intérêt à les faire passer dès à présent. (*Mouvements divers.*)

Inutile de vous dire que je serai le scrupuleux serviteur de votre volonté.

M. Lintilhac. — Il a été voté hier soir, à 6 heures et demie, qu'on épuiserait la question de l'enseignement intégralement et je n'admets pas qu'on la morcelle. (*Très bien.*)

Le Président. — Je vais consulter l'assemblée.

Le Président. — L'assemblée demande la continuation de l'ordre du jour. C'est donc la question de l'enseignement qu'on va continuer à discuter. (*Applaudissements.*)

Je donne la parole au premier orateur inscrit pour répondre au citoyen Lintilhac.

La parole est à M. Hubbard.

Discours de M. Hubbard

Je crois que nous avons tous le plus grand intérêt à ne pas voter dans l'obscurité, à ce que chacun d'entre nous sache bien dans quelle voie il veut aiguiller, au point de vue de l'enseignement, dans la campagne, dans la lutte que nous menons contre le véritable adversaire que nous avons en face de nous et qui est non pas seulement l'Eglise romaine et même toutes les Eglises, mais l'esprit théocratique et religieux.

La résolution de notre ami Lintilhac, il faut qu'on s'en pénètre dans ses motifs et dans son dispositif. Le dispositif est très clair; il a de plus l'avantage d'être très net. Il dit que l'Etat républicain se saisira de l'enseignement primaire secondaire et supérieur; que dans tout établissement le personnel enseignant ou administratif sera composé de maîtres ou de maîtresses laïques nommés par l'Etat et pourvus des diplômes voulus par le règlement.

L'Etat, dans la pensée de Lintilhac, ou plutôt l'Administration pédagogique ayant derrière elle toute la force publique, se substitue obligatoirement non seulement à l'enseignement des congrégations, mais aussi à l'enseignement des philoso-phes indépendants, à celui des universités libres, qu'elles qu'elles soient. Tout disparaît, devant l'administration de l'école Alsacienne, et l'enseignement professionnel de Mme Le-monnier, par exemple, est traité comme les établissements des frères, des jésuites.

Il n'y a plus aucune place à l'effort libre de l'enseignement laïque; on proscrit uniformément toutes les initiatives intel-lectuelles de l'humanité, au profit de la règle administrative uniforme.

En vertu du texte proposé, l'Administration se trouverait investie du droit non pas de fermer ces établissements, si on constate un enseignement fâcheux, mais du droit exclusif de substituer aux particuliers, ou à leurs représentants, les seuls individus, délégués par la volonté de l'administration et dépendants de son seul contrôle.

Ainsi, on remplacera dans tous ces établissements privés, ceux de la gauche comme ceux de la droite, ceux de la réac-tion comme ceux de la révolution, les maîtres actuels par des délégués de «la pensée de l'Etat», afin de réaliser l'harmonie sociale, nous dit-on dans les considérants.

On nous a fait entrevoir qu'une direction d'esprit morale et intellectuelle unique sera donnée à tous les professeurs, dans tous les ordres de l'enseignement.

On va monopoliser l'esprit public. Mais tout de suite une question capitale se pose! Quelle sera la doctrine d'Etat professée par ces maîtres de l'Etat ? Nous connaissons la doctrine du monopole de l'église. Nous la combattons de toutes nos forces, mais sommes nous en mesure d'en proclamer une autre en la rendant obligatoire ?

Est-ce que nous pouvons être suspects une seule minute quand nous vous posons cette question, nous qui depuis 25 ans avons répandu par le pays les idées de la libre-pensée, nous qui avons demandé aux Français de répudier non seulement le catholicisme, mais tout théologisme, nous qui jugeons néfastes les doctrines contraires à l'idée de l'évolution scientifique purement humaine ?

C'est précisément parce que nous pensons que l'enseignement scientifique n'est pas tenu de respecter la religion qui affirme des dogmes qui ne sont pas respectables, que nous repoussons un monopole qui autorisera les dissidents religieux à réclamer la neutralité des écoles obligatoires en ce qui concerne les dogmes religieux.

Je suis d'avis que l'on ne doit admettre pour l'instruction publique que ce qui est la vérité scientifique vérifiable et démontrable, et on a le droit de prendre corps à corps l'erreur évidente contraire au bon sens et de la démasquer pour établir l'harmonie sociale de la conscience publique, mais pour donner ce caractère à l'enseignement public, il faut précisément réserver aux individus libres le droit, la possibilité d'enseigner de leur côté ce qu'ils croient être la vérité.

Voilà pour le programme. Vous devez rendre celui des établissements publics entièrement positif, scientifique, mais vous devez réserver la possibilité des variantes personnelles.

Examinons un peu maintenant la question du personnel.

Lorsque vous êtes en présence d'un personnel dont la soutane et la robe comportent la preuve immédiate du caractère de membre des congrégations religieuses, vous avez le droit de vous opposer à ce que la congrégation tout à fait différente de l'individu libre organise des établissements d'enseignement. Le gouvernement d'ailleurs est dès à présent armé à cet égard ; il a le droit de dissoudre les congrégations autorisées.

Si les frères de la doctrine chrétienne détiennent encore une part si importante de l'enseignement public, c'est que le gouvernement le veut bien et le tolère, car le pouvoir exécutif a le moyen de dissoudre par décret cette congrégation comme les autres ; la loi permet ainsi de faire disparaître les congrégations qui, par des conditions extérieures, manifestent qu'elles ne sont pas formées d'individus libres.

Si même un personnel laïque est soupçonné quant à sa sincérité, il suffit de prouver la fraude, mais il faut qu'il y ait fraude, car il peut y avoir des laïques cléricaux de sentiment, de tournure d'esprit, de mœurs, mais la loi est obligée de s'arrêter, ne peut descendre au fond des cœurs, elle est obligée de s'en tenir aux faits visibles. C'est là le point le plus délicat, au point de vue de la liberté individuelle. Car évidemment on peut se trouver en face d'établissements parfaitement laïques de constitution et cléricaux de sentiment. On me montrait tout à l'heure une circulaire relative à un établissement de Coulommiers où les organisateurs se flattaient ouvertement de s'être complètement inclinés devant la loi, d'avoir sécularisé réellement le personnel, de s'être mis en règle scrupuleusement au point de vue des diplômes à tous les points de vue et cependant garantissaient l'esprit de leur enseignement en disant que les familles catholiques peuvent continuer à leur faire confiance. Que faire ? si la loi est observée, peut-on charger le juge de scruter la foi intérieure des professeurs, de faire l'inquisition de leur pensée ?

La solution proposée est brutale ; elle consiste non pas à fermer l'établissement, mais à renvoyer d'office un personnel et de lui substituer un personnel choisi par l'administration. C'est l'expropriation sans indemnité, la mainmise non seulement sur les choses, mais sur l'esprit inspirateur. Est-ce que cela n'est pas d'une gravité extrême ? Il ne s'agit ici que des opinions religieuses.

Mais il n'y a pas en jeu dans l'enseignement que les questions philosophiques, métaphysiques et religieuses. Il y a aussi les opinions économiques dont le rôle est si considérable aujourd'hui.

Il y a beaucoup de conceptions en ce qui concerne l'organisation du corps social, il y a toutes les théories socialistes, révolutionnaires pures, anarchistes ou communistes, etc., etc.

Est-ce que le parti radical-socialiste, je suppose, disposant de la majorité, les exclura de la doctrine d'Etat ?

On comprend, dans ce cas, les révolutionnaires déclarant que le monopole de l'Etat serait aussi dangereux que le monopole de l'Eglise.

Est-ce qu'on n'aura pas le droit d'enseigner la conception d'une société communiste ou libertaire ?

Est-ce que l'on excommuniera tous les systèmes à l'exclusion d'un seul, dans les manuels des écoles ? Je trouve dangereux de créer une défense légale contre toutes les tentatives de la pédagogie populaire, mutuelle, professionnelle.

Remarquons que toutes les doctrines ont la prétention, en général, d'établir l'harmonie sociale, mais que leur exclusivisme risque précisément d'annihiler la liberté individuelle, s'il n'y a plus, désormais, la possibilité d'enseigner suivant un idéal nouveau.

J'aperçois dans cette mainmise absolue de l'Etat un grand danger.

Cette doctrine de la mainmise complète de la société pour l'individu, c'est au fond la même chose que la cité de Dieu, de saint Augustin, la cité des théologiens qui ont rêvé un seul monde moral pour l'humanité.

Mais il ne suffit pas de critiquer les conséquences du texte proposé, il faut lui en opposer un autre ; c'est ce que nous avons fait avec Arnaud et Le Foyer.

Nous croyons d'abord qu'il faut indiquer très nettement au gouvernement qu'une loi d'ensemble sur l'enseignement est nécessaire. Ce n'est pas avec les associations de 1901 qu'on détruira l'enseignement congréganiste. Dès qu'on est en présence d'un religieux, il ne s'agit plus pour lui d'un véritable enseignement, mais d'une propagande religieuse qui ne doit pas se couvrir du nom d'école, mais déclarer ouvertement ce qu'elle est, une prédication religieuse. Cette distinction respecte pleinement le droit individuel d'enseigner. Comment peut-on admettre qu'on veuille faire disparaître la liberté de l'enseignement supérieur ?

Est-ce que ce n'est pas toucher à la liberté de la presse et des réunions ?

Est-ce qu'on peut admettre qu'on renversera des chaires par la force ? (*Cris : non ! non !*). C'est pourtant la conséquence redoutable à laquelle on serait amené si, dans la lutte engagée par les citoyens voulant user du droit d'enseigner publiquement contre l'Etat-monopole, on était obligé de pourchasser l'enseignement libre.

Le pays nous soutient quand il s'agit de moines et de capucins, ou d'ignorantins qui portent la livrée de la servitude et sont ouvertement les agents du despotisme spirituel de l'Eglise. Mais il pourrait s'émouvoir de la coercition exercée contre des citoyens uniquement à raison des opinions qu'ils professent, et certes il y a là un péril certain, une tyrannie possible. Prenons garde de donner des griefs légitimes à une opposition si puissante, même quand elle a un mauvais terrain de démonstration.

Quelle ne serait pas notre erreur, si au moment même où nous mettions un monopole exclusif entre les mains de l'Etat, les cléricaux, exploitant la colère des amis de la liberté, profitaient d'un mouvement de protestation contre une politique oppressive des droits individuels et s'emparaient de l'Etat.

Supposons, un instant, un coup de fortune au profit de la réaction; les hasards de la politique sont si redoutables ; un nouveau Boulanger, moins maladroit ; une guerre malheureuse, que sais-je !

Admettons simplement que par la corruption et la calomnie, nous sommes battus à quelques voix dans les élections, nous perdons le contrôle de l'Université, la voilà entre les mains des réactionnaires. vous êtes en face d'un monopole cléricalisé, vous n'avez plus de sauvegarde pour vos idées.

Voyez les Belges qui luttent avec la liberté relative des communes en matière d'enseignement contre un gouvernement clérical. Que seraient-ils devenus avec le monopole d'Etat ? Voyez en Espagne même les écoles libres républicaines servent de refuge contre l'enseignement confessionnel. Il est souvent imprudent de s'imaginer que l'on conservera toujours la majorité et le pouvoir.

Nous demandons de conserver le droit d'avoir notre propagande, de ne pas abdiquer entre les mains d'un Etat qui peut être dirigé demain par les adversaires, toute possibilité de se défendre. Je vous supplie en tout cas de bien peser nos raisons, de tolérer que nous ayons des vues différentes sur un tel sujet et que nous ne cessions pas, malgré ses divergences, de nous aimer, de nous estimer et d'avoir confiance les uns dans les autres (*Vives acclamations*).

Comme conclusion à son discours, le citoyen Hubbard propose l'ordre du jour suivant :

« Le Congrès, unaniment résolu à défendre et à faire triompher la liberté intégrale de l'enseignement ; la liberté de penser, d'exprimer et de communiquer sa pensée ;

« Constatant que le droit individuel d'enseigner les adultes se confond avec l'exercice des libertés de la presse et de réunion ;

« Affirmant que le droit d'ouvrir des établissements d'éducation et d'instruction doit être souverainement réglé par l'Etat ;

« Exige que le personnel de l'enseignement soit exclusivement laïque ;

« Invite les pouvoirs publics à refondre la législation des trois ordres d'enseignement, de manière à assurer la sauvegarde des droits et l'accomplissement des devoirs de l'Etat républicain ;

« Affirme la nécessité d'instituer un enseignement civique obligatoire pour tous et donné par un représentant de l'Etat. »

Discours de **M. Hector Depasse**

Citoyens, permettez-moi de dire chers amis, je n'ajouterai que quelques mots aux éloquents discours que vous avez entendus. Nous ne sommes pas ici dans une réunion électorale, ni dans un Parlement, où sont en présence tous les partis, toutes les ambitions légitimes ; nous sommes dans une assemblée d'amis ayant la même conscience politique, et nous ne cherchons aucune victoire, aucun triomphe les uns sur les autres.

Je n'aurais pas pris la parole si ce matin, mon confrère et ami, le sénateur Lintilhac, ne m'avait reproché amicalement de l'avoir interrompu ; mais je n'ai pas commis cette faute, et s'il y a de nos confrères de la presse qui l'ont dit dans leurs comptes rendus, je les prie de rectifier. Je n'ai pas interrompu, mais lorsque l'orateur, dans cette forme pathétique où il excelle, nous a demandé : « Croyez-vous, pensez-vous que l'enseignement supérieur et les manifestations transcendantes de l'esprit humain aient une vertu et une essence de liberté qui ne se trouvent pas dans l'enseignement primaire ? » j'ai répondu : « Certes, oui, je le crois. »

Il y a en effet dans l'enseignement vraiment supérieur une essence de liberté, une vertu qui ne se trouvent pas de même aux autres degrés de l'enseignement.

Plus on s'élève dans les sphères supérieures de la pensée, plus l'air doit être pur et léger pour permettre le libre vol de l'esprit humain.

On nous a beaucoup parlé de la Grèce et d'Athènes ; mais est-ce que les Grecs manquaient de la liberté de l'esprit et de la liberté de l'art ? Notre ami Lintilhac a assez d'éloquence et de critique pour distinguer les divers degrés d'enseignement, pour les caractériser, et il eût été digne de lui de nous montrer quel grand rôle doit avoir la liberté dans l'éducation supérieure de la démocratie républicaine.

Mais, je ne poursuivrai pas cette discussion ; je dis, seulement, puisqu'on a parlé ici de la cité idéale, qu'on n'en pouvait pas parler plus à propos que dans cette cité de Marseille, où l'air est si subtil, où la lumière est si douce pour nous, citoyens du Septentrion.

L'âme de la cité idéale, l'âme de la cité future, de la cité supérieure, c'est la liberté de l'esprit humain. C'est cette liberté qui a donné son prestige au parti républicain depuis plus de cent ans. C'est cette liberté qui a fait notre gloire et notre force, qui vous a amenés ici sur ces bancs, dans ce Congrès démocratique. C'est cette liberté qui vous a créés et élevés au point où vous êtes. (*Vives acclamations*).

Cette haute idée, nous ne devons pas l'abandonner, mais la conserver précieusement pour l'avenir de la République. (*Applaudissements*).

Discours de M. Klotz.

J'ai écouté, avec le plus vif intérêt, le beau développement que le citoyen Lintilhac a donné à sa thèse. Je veux suivre notre ami sur le terrain même où il s'est placé, sur le terrain de la doctrine philosophique et morale ; et, afin qu'il n'y ait pas d'équivoque, m'associant par avance à certaines de ces conclusions, je tiens néanmoins à faire, dès le début, une réserve sur un point principal.

Je ne partage pas son idée sur le monopole intégral de l'Etat, et je suis de l'avis d'un certain nombre de nos amis qu'il convient de préparer l'éducation de la jeunesse par le développement de la personne humaine.

Je croyais que nous étions d'accord là-dessus, et je n'en veux pour preuve que la délibération prise au dernier Congrès de Lyon. Il y a un an, jour pour jour, vous disiez : « Nous affirmons qu'il appartient à l'Etat, défenseur de la personne humaine, de prendre à l'égard de l'éducation de la jeunesse des mesures de précaution. »

Mais, alors, je vous rappelle ceci : c'est que si l'Etat est le défenseur de la personnalité humaine, il ne peut aller jusqu'à vouloir couler tout le monde, toutes les personnes humaines dans le même moule (*Vifs applaudissements*).

Evidemment oui, vous avez raison, lorsque vous rappelez ces paroles écrites sur les frontispices de nos monuments, ces mots de Fraternité, Liberté, Egalité. Je vous suis là encore, en disant tout d'abord que nous avons substitué à l'idée de Fraternité celle de la solidarité. Cette solidarité n'est-elle pas absolue entre les générations qui nous ont précédés et celles qui nous suivront ? Est-ce que nous ne naissons pas ayant déjà contracté une dette vis-à-vis de nos contemporains ; ne bénéficions-nous pas, dans la cité actuelle, de l'effort des générations passées ? Est-ce que nous ne devons pas conserver intact le fruit de leurs efforts, pour le léguer aux générations futures ? Ne devons-nous pas y ajouter notre œuvre à nous, pour en faire profiter les générations qui vont suivre ?

C'est pour cela que nous n'avons pas le droit de laisser le père de famille libre de faire de son fils tout ce qu'il veut. Nous n'acceptons plus la conception romaine des droits du père de famille, qui a été si longtemps la conception de la France. Je n'en veux pour preuve que la loi qui prononce la déchéance de la puissance paternelle, en disant que les parents n'ont pas le droit de compromettre la santé et la moralité de leurs enfants. Eh bien, je dis qu'ils n'ont pas non plus le droit d'en compromettre la santé morale (*Applaudissements*) en les obligeant à recevoir des notions de superstition, qui sont le contraire de la raison et vont à l'encontre du principe même de la République et de la démocratie.

Ce n'est pas là une idée nouvelle ; et, bien que je ne veuille pas faire de citation, permettez-moi, cependant, de faire passer sous vos yeux ce que Victor Cousin disait : « Le père de famille dispose à son gré de son enfant, mais, s'il le maltraite, la société a le droit d'intervenir, et, s'il le maltraite moralement, la société peut encore intervenir au foyer paternel, car le pouvoir paternel a des limites. »

Telle est la doctrine républicaine, la nôtre ; et c'est pourquoi je dis qu'en vertu du principe de la solidarité sociale l'Etat a le droit d'intervenir pour sauver l'enfant et lui permettre de devenir un citoyen qui rendra lui-même service à la société moderne (*Vifs applaudissements*).

Alors, poursuivant dans l'ordre d'idées qui est le vôtre, mon cher Lintilhac, je dis que nous sommes aussi partisan de l'égalité de l'enfant devant l'instruction, mais que nous voulons, nous, non pas que tous les citoyens reçoivent, au cours de toute leur carrière scolaire, le même enseignement, mais que, dès l'origine, ils aient été placés au même point de départ, et qu'ils passent tous par l'école primaire, comme le demande le citoyen Carnaud, député de Marseille (*Très bien !*)

Mais, lorsque nous aurons fait passer tous les enfants par

l'école primaire, il ne faudra pas toutefois, après, se désintéresser d'eux ; lorsqu'ils seront arrivés à l'âge de douze ans,
il faut compléter cette instruction rudimentaire, ces principes qui leur ont été donnés, cette faculté de pouvoir lire,
écrire et compter ; il faut que l'Etat les suive, que l'Etat soit
là pour qu'on ne vienne pas fausser les premières idées ac-
quises. Mais, quand arrivé à l'âge de seize ans, l'enfant veut
poursuivre le cycle des connaissances humaines, est-ce que
vous ne croyez pas qu'à ce moment-là l'enseignement n'est
plus en réalité un enseignement, mais une étude que chacun
a le droit de poursuivre comme il l'entend ? Ne croyez-vous pas
qu'à l'âge de 17, 18 ans, l'enfant a le droit, lui aussi, de
choisir et qu'il n'y a plus le même danger pour l'Etat ? (*Très
bien!*)

Certes, aujourd'hui l'enseignement supérieur, tel qu'il est
donné, présente certains inconvénients; mais lorsque dans
20 ans (car ce n'est que dans 20 ans que vous aurez les résultats du monopole) vous aurez des enfants dont le cerveau
n'aura pas été obscurci par les superstitions de l'enseignement congréganiste, je dis qu'à ce moment-là vous commet-
trez une faute lourde, en leur disant : Il y a une médecine
d'Etat, une chimie d'État, une mathématique d'Etat, une histoire d'Etat, une philosophie d'Etat. Non, vous ne le voudrez
pas.

Citoyens, il y a autre chose. Nous ne sommes pas que des
philosophes et des penseurs ; nous sommes aussi des hommes
politiques et réfléchis. Le citoyen Lintilhac me faisait un
signe d'approbation, lorsque je disais que c'est dans 20 ou
25 ans que nous pourrons apprécier les résultats de l'œuvre
qu'il veut entreprendre aujourd'hui.

Ce n'est donc pas demain que la situation sera modifiée,
c'est dans 20 ou 25 ans. Mais, je vous le demande, citoyen
Lintilhac, êtes-vous assez sûr des événements pour oser dire
de vous-même, dès maintenant, que d'ici vingt ans (a-t-on
jamais pu faire une pareille affirmation à un moment quelconque de notre histoire politique); en êtes-vous assez sûr,
pour dire que ce sera toujours le parti de gauche qui sera au
pouvoir ? (*Bravos et applaudissements ; bruit).*

Placez-vous ici en face de vos responsabilités, citoyens. La
guerre que nous avons engagée, doit être poursuivie sans re-
lâche et sans trêve ; nous voulons les uns et les autres, j'en
suis convaincu, aller jusqu'au bout; mais cette citadelle antique qui a déjà résisté à tant d'efforts, croyez-vous que
c'est par des raids de cavalerie que nous arriverons à la détruire ? Je crois plutôt que c'est par de solides parallèles que
nous arriverons à l'abattre. On peut d'abord, il le faut, et
nous voterons tous, obliger tous les congréganistes à disparaître, autorisés ou non (*Applaudissements*). Et, ne croyez-
vous pas, citoyens, qu'il faudra déjà un grand effort de patience, de force morale et de puissance financière pour en
arriver là ? On nous demandera ensuite la dénonciation du

Concordat, et quand elle sera un fait accompli, n'aurons-nous pas réalisé une réforme considérable?

C'est à ce moment qu'on vient vous dire : il faut créer le monopole à tous les degrés.

Lintilhac, vous avez dit ce matin un mot qui m'effraie ; il ne faut pas, à mon sens, s'en dissimuler la gravité. Notre ami nous a affirmé : « Que lui, et deux de ses collègues, à une certaine époque, étaient seuls de bons et sincères républicains parmi quarante-cinq professeurs de l'Université. »

Mais alors, commencez donc par laïciser l'enseignement de l'Etat lui-même (*Très bien ! Mouvements divers*). Commencez donc, quand vous êtes au ministère de l'Instruction publique, par mettre des professeurs républicains dans les Lycées. (*Vifs applaudissements*).

Citoyens, j'arrête là aux courtes observations et je vous remercie de votre indulgence. Nous sommes ici les uns et les autres pour dire ce que nous pensons; je l'ai fait en toute franchise et je vous demande seulement de bien vouloir corriger sur un point les conclusions de la commission, en supprimant le mot supérieur.

« Dans tout établissement d'instruction primaire et secondaire, le personnel enseignant ou administratif sera exclusivement composé de maîtres ou de maîtresses laïques nommés par l'Etat et pourvus des diplômes ou certificats prévus dans chaque espèce par les lois et règlements universitaires, faits ou à faire. (*Très bien !*).

Discours de M. Lucien Le Foyer.

Citoyens, nous sommes unanimes ici à vouloir le triomphe de l'esprit moderne, et l'élimination des Eglises, et surtout de l'Eglise catholique.

Nous différons sur les moyens de parvenir à cette fin commune.

C'est pourquoi je vous demande de bien vouloir me prêter quelques instants très courts votre bienveillante attention.

Je remercie le citoyen Lintilhac d'avoir posé la question avec sa franchise coutumière. Les partisans du monopole ne veulent l'appliquer, d'ordinaire, qu'à l'enseignement primaire et secondaire, et l'on n'ose guère aller jusqu'au monopole de l'enseignement supérieur. L'examen du monopole de l'enseignement supérieur jettera un jour singulier sur le principe même du monopole, et les reflets en iront éclairer les deux autres ordres d'enseignement.

J'estime que le principe du monopole est en contradiction manifeste avec les principes essentiels, sans cesse et solennellement proclamés, du monde moderne et de la République.

Le monopole n'existe que pour l'instruction militaire

Une remarque préalable, en passant.

A l'heure actuelle, nous n'avons qu'un service d'instruction exclusif, c'est le service d'instruction militaire. (*Mouvements divers*). Autrefois, aux premiers siècles de la monarchie, le service d'instruction militaire n'était pas monopolisé ; le colonel, le capitaine recrutaient, instruisaient librement leur régiment, leur compagnie. Aujourd'hui, il n'y a plus que des instructeurs militaires de l'Etat (caporaux, sergents, etc.). L'armée est une école d'Etat où tout le monde est contraint d'aller.

Voulez-vous caporaliser l'enseignement ? (*Cris : oh ! oh ! oh !*)

C'est un simple fait que je rappelle. De cette constatation, je ne prétends retirer qu'un premier sentiment de méfiance. Je le dis très haut ; ce n'est pas du côté militaire que nous devons chercher les modèles qui nous apprendront à élever la « cité idéale », dont parle Liutilhac.

Contradiction du monopole de l'enseignement et de la liberté du vote

Allons plus avant. Et, pour ne pas demeurer dans l'abstraction, prenons un exemple concret. Envisageons le cas d'un jeune homme qui reçoit l'enseignement supérieur. Cet étudiant est souvent — et je le suppose tel — majeur.

Première contradiction : L'enseignement spécial (lettres, droit, médecine, etc.) auquel il s'est attaché, cet étudiant le reçoit uniquement, dans les écoles de l'Etat, de maîtres choisis par l'Etat. Cependant il puise l'enseignement en général dans les journaux, les livres, les réunions, réglés par la liberté.

Notez que, hors l'école monopolisée, dans la cité libre, en même temps qu'il apprend, il enseigne. L'enseignement libre, au vrai sens du mot, c'est l'enseignement mutuel. (*Très bien !*)

Deuxième contradiction : L'étudiant reçoit l'enseignement exclusif, dans les écoles de l'Etat, de maîtres nommés par l'Etat. Cependant, lui-même, par les journaux, par les livres, par les réunions, peut donner à cet autre étudiant, le peuple, l'enseignement qu'il voudra. Comparons ce monopole à cette liberté : Quoi ! Notre étudiant ne pourra choisir librement ses maîtres, sous prétexte qu'il courrait risque de se laisser séduire par les mauvaises doctrines, et il pourra pervertir librement ses lecteurs par la presse, ses auditeurs dans les réunions ! Vous monopolisez l'enseignement pour que l'étu-

diant soit sauvegardé de la contagion d'une parole antirépublicaine, et vous le laissez libre de parler, d'écrire, d'agir
contre la République. Vous enchaînez l'instruction quand
vous déchaînez la politique ! L'éducation du maître peut
combattre la République, d'accord ; le bulletin de vote de
l'électeur peut détruire la République, c'est pis. Quoi ! Vous
voulez imposer à l'éducation le monopole, quand vous
laissez au bulletin de vote la liberté !

Le monopole à l'école, la liberté dans la cité, ce sont là
deux régimes contradictoires. L'école doit être le germe et
l'image de la cité.

L'antagonisme de la cité et de l'école, c'est le drame même
où se débattrait la République de demain si le vœu de
M. Lintilhac était adopté. (*Interruptions*).

Et le catéchisme ?

Et maintenant, je précise un autre point aigu, une autre
contradiction dramatique.

Nous allons, n'est-ce pas ? éliminer l'enseignement donné par
les congrégations et par les prêtres en soutane; nous sommes
d'accord là-dessus, nous voulons laïciser l'enseignement.
Mais nous allons nous trouver alors en face de laïques qui
vont enseigner dans le même esprit que les clergés. Et
M. Lintilhac propose qu'on retire aux laïcs mêmes, par l'institution du monopole, le droit d'enseigner.

Or, nous sommes, par ailleurs, partisans de la liberté de
conscience et de la liberté des cultes. Il y a plus : Nous
sommes partisans de la dénonciation du Concordat, et nous
voulons la séparation des Eglises et de l'Etat, sous la garantie
nécessaire d'une loi sur la police des cultes. Qu'est-ce à dire ?
C'est que dans certaines écoles qui seront les églises, les curés
continueront à donner leur enseignement! Et quel enseignement ? L'enseignement du cathéchisme et de l'histoire sainte,
l'enseignement clérical intégral, l'enseignement clérical in-
tensif, l'enseignement clérical accru et exalté même, éman-
cipé par l'autonomie des Eglises, exaspéré par les violences
de la lutte.

Permettrez-vous cela, citoyens ? Si vous avez quelque logique dans l'esprit, vous penserez que le premier enseignement
qu'il conviendrait d'interdire, c'est l'enseignement religieux
intégral, c'est cet enseignement faux et perfide, deux fois nocif
et deux fois funeste, du catéchisme et de l'histoire sainte. Et
alors, je vous le demande, à vous qui êtes des hommes de
réflexion, à vous qui demeurez attachés aux principes de la
liberté de conscience et de la liberté des cultes, à vous qui
demeurez attachés aux immortels principes de la Révolution :
Allez-vous établir le monopole de l'enseignement, quand
vous laisserez enseigner le catéchisme ? Quelle œuvre contradictoire allez vous faire ! Si vous voulez abolir un enseigne-

ment, abolissez l'enseignement du catéchisme et de l'histoire sainte. Appliquez les lois : Il y a des lois contre les escrocs ; il y a des lois contre les imposteurs, des cartomanciennes, aux thaumaturges... (*Applaudissements*).

M. Hubbard. — La voilà, la vérité !

Mais si l'évolution de l'esprit humain et de la mentalité française elle-même n'a pas assez progressé pour que vous osiez aller jusque-là, laissez à chacun la liberté d'enseigner, sous des garanties à fixer, ces matières moins dangereuses, objet de l'enseignement laïque, qui s'appellent la géographie, l'histoire, l'arithmétique et la grammaire.

Le travail manuel des enfants n'est que « réglementé »

En face du monopole, il y a une autre méthode bien connue, et souvent mise à l'épreuve : c'est la réglementation. Oh ! j'entends qu'il ne s'agit pas uniquement de la réglementation Chaumié, insuffisante. Mais vous avouerez qu'il est inadmissible de condamner le principe de la réglementation, sous le prétexte qu'un projet d'application de la réglementation s'est révélé insuffisant. Non. La question est plus haute. Il s'agit de savoir si l'enseignement sera ou ne sera pas fondé sur le principe qui soutient le monde moderne : la liberté, réglée par la loi.

Mais l'enfant doit être soustrait, dites-vous, à une liberté qui l'opprime, et le seul instrument de sa libération, c'est le monopole. Pour réfuter ce sophisme, une comparaison, trop oubliée, s'impose. Le jour où l'on s'est décidé à protéger l'enfant contre cet autre éducateur, l'éducateur du travail, le patron qui l'instruit moins qu'il ne l'exploite, de quel instrument s'est-on servi ? Réglementation ou monopole ? C'est la réglementation qu'on a instituée. Prenez garde : Quand la liberté du travail manuel de l'enfant est protégée par la réglementation, n'exigez point le monopole pour protéger la liberté de son travail intellectuel.

Pour tous l'instruction civique d'Etat

A côté de la réglementation, dont il ne peut s'agir ici de déterminer les détails, nous voulons pour tous une instruction civique obligatoire. Nous voulons qu'elle soit donnée par qui? Par un représentant de l'Etat. Où ? A l'école publique ou à la mairie, maison commune.

Que voyons-nous dans le projet Chaumié ? Nous voyons une instruction civique enfermée dans des programmes ou dans des manuels, dans des pages mortes. Nous ne voyons pas qu'on ait songé à désigner l'homme qui donnera cette instruction. Ce n'est pas le programme, ce n'est pas le livre qui font aimer la doctrine : c'est l'homme qui la fait aimer. Et c'est pourquoi je dis qu'il n'y a que le représentant de l'Etat qui puisse donner l'instruction civique.

Nous voulons que, certains jours, pendant un certain nombre d'heures par semaine, tous les enfants du pays viennent recevoir à la mairie, cette pierre angulaire de l'édifice républicain, l'instruction laïque donnée par le représentant de l'Etat.

Monopole ? Non pas. Attentat à la liberté ? Non pas.

Qu'est-ce donc que le service militaire ? C'est, pendant une, deux, trois années, la lourde obligation pour tous les enfants de France, de quitter leur village, leur famille, l'atelier, le champ, de venir à la caserne recevoir l'instruction militaire, apprendre à défendre la patrie.

Je dis que nous avons une œuvre similaire, une œuvre supérieure à accomplir. Il n'est pas plus important de défendre le sol national que de comprendre l'âme nationale. Apprendre le civisme, c'est là notre devoir essentiel de citoyens. Enseigner le civisme, c'est là l'obligation essentielle de l'Etat vis-à-vis de chacun de nous. L'Etat a le droit et le devoir d'appeler les enfants de France à venir, sans quitter leur village, leur famille, l'atelier, le champ, passer un certain nombre d'heures, réparties sur un certain nombre d'années, dans la maison nationale, pour y recevoir l'instruction civique, apprendre à comprendre la cité. Les mêmes raisons, qui permettent le service militaire, imposent l'instruction civique.

Par l'exercice de ce droit nous sauvegardons les principes essentiels de la Révolution, qui constituent l'âme même de la démocratie ; nous sauvegardons le principe de toutes choses, la liberté de l'individu, initiative suprême, sous le contrôle de l'Etat.

Et, d'autre part, au moyen de la loi des associations et de la loi de police des cultes, les congrégations et les Eglises sont dissoutes ou refrénées. Nous élevons la République dans le cœur de la nation ; et nous préparons les voies aux conquêtes de demain. (*Vives acclamations*).

Le Président. — La parole est au citoyen Ferdinand Buisson.

Au moment où il monte à la tribune, M. F. Buisson est l'objet d'une enthousiaste ovation.

Discours de M. F. Buisson

Citoyens, je vous demande pardon de faire descendre peut-être un peu le débat. Mais nous sommes arrivés au moment où il me semble que nous pourrions entrer presque dans les détails, ou du moins essayer de préciser la discussion en y mettant tout le calme dont nous serons capables dans notre émotion légitime. A l'heure présente, non seulement chacun de vous a ses résolutions arrêtées, mais vous pouvez vous rendre bien compte des différentes opinions qui vous sont soumises.

Vous vous en rendriez mieux compte encore si, ce matin, nous avions suivi le même ordre qu'avait suivi la Commission dans ses travaux.

A l'unanimité, votre Commission s'est prononcée sur deux points qui se rattachent de la manière la plus intime à la question même de l'enseignement, qui même, à mon sens, en forment la première partie et la plus importante. Je ne veux pas anticiper sur la discussion ni intervertir l'ordre adopté. Mais je suis bien obligé de vous dire que les deux vœux que j'ai là et que je suis chargé de vous lire, comme rapporteur, au nom de la Commission, — l'un relatif aux congrégations, l'autre à la séparation des Eglises et de l'Etat — que ces deux vœux contiennent, pour une grande partie, la solution de la question de l'enseignement. Ils forment, dans tous les cas, le terrain commun sur lequel nous nous rencontrons tous. Si nous avions commencé par là, nous aurions peut-être vu plus clair dans le débat. nous nous sentirions plus à l'aise dans nos consciences, sachant exactement jusqu'à quel point précis nous sommes d'accord et à quel moment nous cessons de l'être.

En effet, il y a des points sur lesquels nous sommes unanimes. et il y en a d'autres sur lesquels nous ne le sommes pas. Voulez-vous me permettre de faire l'inventaire des uns et des autres ? (*Très bien !*)

Les points sur lesquels nous sommes d'accord

Commençons par ceux sur lesquels nous sommes d'accord. Ce qui ne fait pas de contestation, ce qui n'appartient pas plus aux partisans qu'aux adversaires du monopole, ce que, tous, nous avons voté et voterons encore, le voici :

Nous sommes tous d'accord pour vous proposer d'émettre un vœu — j'allais dire, passez-moi le terme, une sommation aux pouvoirs publics — le vœu de retirer le droit d'enseigner à toutes les congrégations autorisées. (*Applaudissements.*)

Le monopole laïque, nous en sommes tous à l'unanimité partisans ; non pas seulement partisans d'une manière théorique, mais partisans d'une manière tellement pratique que nous tous, députés ou sénateurs, qui engageons notre responsabilité devant le Parlement, autant que devant vous, tous nous signons ici en quelque sorte une mise en demeure au Gouvernement de supprimer dès à présent les autorisations dont bénéficient les congrégations. (*Bravos et vifs applaudissements.*)

Par conséquent, voilà un premier point que nous pouvons considérer comme acquis, puisque nous sommes décidés avec la même ardeur, avec la même conscience de notre responsabilité, à nous retrouver, dans les deux Chambres, pour soutenir le plus radical de tous les projets, qui est celui de la suppression totale des congrégations enseignantes et autres.

Or, ce projet, j'espère que vous le comprenez, est indépendant de la question du monopole de l'Etat en fait d'enseignement.

On peut très bien accepter le monopole laïque de l'enseignement sans avoir besoin d'exiger que ce soit exclusivement celui de l'Etat. Ce sont deux idées bien différentes. Celle qui importe le plus aux républicains, c'est qu'il soit bien entendu que nul ne peut enseigner s'il n'est laïque, attendu que le minimum des garanties que puisse réclamer la nation de quiconque prétend former la société de l'avenir, c'est qu'il ne soit pas lui-même séparé et retranché de la société présente.

C'est dans cet esprit que nous retirons toutes les autorisations à toutes les congrégations autorisées. J'ajoute que nous sommes également unanimes pour refuser le droit d'enseigner à tous les clergés, quels qu'ils soient; (*Très bien !*) au clergé catholique, au clergé protestant, au clergé israélite, et à d'autres, s'il y en a. (*Applaudissements.*)

J'ai dit monopole laïque. Je ne retire pas le mot, quoique je le trouve malencontreux et mal fabriqué. Je l'emploie tout de même couramment, comme vous le faites, sans m'arrêter à des scrupules de grammairien, si légitimes qu'ils soient. Non, sans doute, ce n'est pas un mot juste. C'est un terme impropre, car il n'y a monopole que là où il y a vente, profit pécuniaire ; il peut y avoir un monopole des tabacs, des allumettes, de l'alcool, toutes choses qui se vendent; l'enseignement n'étant pas une marchandise, il ne peut pas y avoir, à proprement parler, un monopole de l'enseignement, surtout de l'enseignement gratuit. Mais, n'insistons pas, servons-nous du mot, quoique mauvais, pour abréger.

Voilà donc deux déclarations que l'on vous a faites déjà tout à l'heure officiellement et au nom de la Commission ; plus d'enseignement congréganiste, plus d'enseignement ecclésiastique. Sous quelque forme que ce soit, à l'exception, bien entendu, de l'éducation dans l'intérieur de la famille, où la loi ne pénètre pas. Aucun établissement d'instruction ne peut être ouvert et dirigé que par des laïques.

Une voix. — Et les faux laïques? (*Bruit.*)

L'Orateur. — Patience, nous allons y venir.

Après ces deux points acquis, en voici un troisième, où nous sommes encore unanimes ; nous estimons que, par la loi actuelle, et si elle est insuffisante, par des lois complémentaires, il faut armer l'Etat laïque contre la fraude tour à tour puérile ou cynique à laquelle nous assistons, fraude très

naturelle, qu'il était facile de prévoir. C'est celle des congrégations qui, feignant de ne pas comprendre, disent à l'Etat :
« Ah ! vous ne voulez plus que nous exercions comme congrégation, avec notre habit séculaire, avec notre cornette, avec notre
rabat. Très bien, qu'à cela ne tienne Nous allons prendre un
autre costume et puis nous continuerons dans les mêmes conditions, et en resserrant plus que jamais les liens de notre
organisation monastique, nous n'en serons que plus à l'aise
sous l'habit laïque pour narguer les lois et la République. »
(*Très bien !*)

C'est ce que Jaurès appelle la comédie de la fausse sécularisation.

Eh bien, nous sommes d'accord pour penser qu'un gouvernement qui se respecte, qu'un Parlement qui se respecte, ne
peut pas laisser violer effrontément ou éluder sournoisement
la loi. Une fois la congrégation dissoute et l'enseignement
congréganiste interdit, nous ne pouvons pas supposer un instant que la majorité républicaine consente à laisser renaître
impunément la congrégation et son enseignement. Elle prendra des mesures législatives, à supposer que ces mesures
n'existent pas déjà, afin de poursuivre les interpositions de
personnes, les fausses sécularisations, les reconstitutions
clandestines de la congrégation prohibée.

Si nous étions au Parlement, j'entrerais dans le détail de
ces mesures et je rechercherais si celles qui sont inscrites
dans la loi de 1901 sont ou non suffisantes ; mais je ne crois
pas que l'assemblée veuille se transformer en Chambre législative. Elle se bornera, ici comme en tout, à indiquer le
principe.

Et le principe, c'est celui qui est déjà inscrit dans la loi
(art. 14) : « Nul n'est admis à enseigner s'il appartient à une
congrégation non autorisée », quels que soient, bien entendu,
ses changements de costume.

Voilà le troisième point sur lequel il n'y a pas de distinction entre monopolistes et anti-monopolistes.

Ces trois points suffiraient à établir un programme de politique républicaine singulièrement énergique et catégorique.

Il y en a pourtant un quatrième, qui en est inséparable et sur
lequel nous sommes encore tous d'accord. Nous estimons que
toutes les mesures que prendra l'Etat pour la défense des
écoles laïques et de la société laïque seront vaines et illu-
soires, aussi longtemps qu'existera une ou plusieurs églises
d'Etat, aussi longtemps qu'existera le Concordat (*Très bien !*),
attendu qu'il y a une contradiction formelle, frappante, humiliante, que nous ressentons tous, dans ce fait d'un Etat qui
joue un double jeu, d'un Etat qui, d'une part, se dit laïque et
qui, d'autre part, paie un clergé précisément pour défaire
l'œuvre de l'école laïque. (*Très bien ! et applaudissements*).

Cette contradiction dans la vie publique, nous ne pouvons
pas l'accepter, nous ne pouvons pas consentir à ce que la
question scolaire soit séparée de la question ecclésiastique

ou que les deux questions soient résolues en sens inverse l'une de l'autre.

Or, c'est là précisément ce qui arrive, et c'est ce qui fait la gravité de la situation. Du moment qu'il existe un clergé d'Etat, une Eglise d'Etat, nous n'avons pas le droit d'opposer notre enseignement au sien, de répondre du haut de la chaire laïque à la chaire sacerdotale, d'attaquer, de critiquer publiquement un « culte reconnu », devant lequel nous sommes obligés de nous incliner.

Nous sommes en présence, là, d'une anomalie, d'une de ces anomalies qui tuent un régime.

Oui, il y a de quoi tuer le régime républicain, s'il devait rester au fond de cette impasse, c'est-à-dire s'il ajournait encore une fois la séparation complète des Eglises et de l'Etat. (*Très bien !*)

Voilà la nomenclature promise ; tels sont les points sur lesquels s'entendent absolument ces adversaires qui semblent sur d'autres en venir aux mains devant vous.

Ce qui nous divise

Quels sont donc ces autres points sur lesquels ces combattants, si unis jusque-là, vont se diviser ? Qu'est-ce qui tout à coup va les séparer les uns des autres ?

Il n'y a qu'un point, un seul.

Nous sommes d'accord pour frapper, sous quelque forme qu'elle reparaisse, la congrégation et l'enseignement congréganiste, et de ces formes j'en ai oublié une encore que notre éloquent président M. Maurice Faure, s'est chargé de vous signaler avec le développement nécessaire, comme la pire peut-être de ces anomalies monstrueuses, je veux parler des petits séminaires, de ces collèges ecclésiastiques qui ont trouvé le moyen de s'affranchir, en fait, de toutes les lois, même de la loi Falloux. (*Très bien ! Applaudissements*).

Après avoir ainsi fait œuvre non pas de sectaires et de jacobins, mais de républicains libéraux et anticléricaux (deux termes qui ne s'excluent pas), voici l'article additionnel sur la nécessité duquel nous différons d'avis.

En plus des congrégations anciennes et nouvelles, il y a en France depuis un demi-siècle, à tous les degrés de l'enseignement, un certain nombre de laïques. Malheureusement ce nombre a beaucoup diminué par l'envahissement même des congrégations, mais il peut croître dès qu'elles disparaîtront. Il s'agit de laïques comme vous et moi, qui ont usé du droit que la loi donne jusqu'à présent à tous les citoyens, en remplissant certaines conditions, d'ouvrir des écoles et de vivre honorablement de la profession d'instituteur, de répétiteur, de professeur dans un des trois ordres d'enseignement.

Les partisans du monopole sont ceux qui pensent qu'il faut

faire immédiatement une exécution radicale de tous ces laïques ; les adversaires, les ennemis du monopole sont ceux qui pensent qu'il n'y pas là un danger assez grand pour justifier une mesure exceptionnelle avec les graves inconvénients qu'elle entraînerait. Voilà, pratiquement, le point sur lequel nous différons. Voulez-vous me permettre d'indiquer pourquoi ceux qui ne se rallient pas au monopole hésitent à engager la République dans cette voie d'exclusivisme et dans ces dispositions de défiance à l'égard des laïques ?

Il y a des raisons assez nombreuses, assez diverses. Je sais très bien que l'opinion que j'ai l'honneur de défendre n'a pas pour elle l'opinion de la majorité de l'assemblée.

Plusieurs voix. — Vous n'en savez rien.

L'Orateur. — Je rends hommage, je suis heureux de rendre hommage à l'esprit de gravité et de sérieuse impartialité dont l'Assemblée donne la preuve en voulant bien m'écouter ; je tremble seulement d'en abuser.

(L'assemblée décide, en raison de l'importance de la question, d'autoriser l'orateur à enfreindre la loi du quart d'heure).

Le monopole est une fausse manœuvre politique

Je tâcherai de raccourcir ces explications le plus possible.

Puisque nous sommes une assemblée politique, permettez-moi de vous dire la première objection que je fais pour ma part au monopole ; je parle pour mon compte, et en raison de ma part de responsabilité, sans prétendre engager par mes paroles personne d'autre que moi-même.

Le monopole, c'est une fausse manœuvre politiquement parlant ; je ne dis pas que ce soit un crime, je ne dis pas que ce soit une énormité ; je suis prêt, au contraire, à convenir que le monopole par l'Etat est parfaitement défendable. Il peut se produire, dans un temps et dans un pays donné, telles circonstances où le monopole soit nécessaire. Moi qui le combats, je conçois tel concours d'événements extraordinaires, il est vrai, mais possibles, à la suite desquels je serais le premier à demander ce remède héroïque.

La question est de savoir si, dans les circonstances où nous sommes, il est permis d'y voir une nécessité impérieuse ou simplement une fausse manœuvre.

A mes yeux, c'est une fausse manœuvre. Pourquoi ? Parce que nous sommes engagés, depuis que nous avons à notre tête un chef de gouvernement qui est un homme de cœur et de tête (*Applaudissements*) ; nous sommes engagés avec lui... Quand je dis « nous », j'entends les membres du « bloc », les fidèles, ceux qui sous aucun prétexte, n'ont consenti à abandonner le ministère Combes (*Bravos et applaudissements*).

Nous sommes, dis-je, engagés dans un combat très pressant, nous sommes sur un champ de bataille.

Est-ce le meilleur terrain qui se pût concevoir ? Je n'en sais rien et n'ai pas le loisir de me le demander. Ce matin notre ami Lintilhac disait une parole très juste que j'ai remarquée. Il disait : « Il y a un an ou dix-huit mois, on aurait très bien pu commencer par la question de l'enseignement », et il ajoutait : « nous n'en serions pas au point où nous sommes ». Il doit avoir raison. Mais qu'importe ? Est-ce la peine de récriminer ? De bons soldats qui ont un bon chef lui disent-ils : « Tu nous as conduits dans telle plaine, nous aurions mieux aimé telle autre ? » — Non, c'est ici que nous sommes, c'est ici qu'il faut nous battre.

M. Combes, le citoyen Combes (car il a bien mérité, je crois, que nous l'appellions citoyen) (*Bravos*) ; le citoyen Combes s'est dit : « Cette loi de 1901 n'est pas la loi telle qu'il la faudrait à la République. Mais même avec cette loi médiocre on peut faire une besogne qui ne sera pas de médiocre importance ». Et là-dessus il s'est mis à l'œuvre.

Il n'avait donc à sa disposition qu'un instrument législatif très défectueux, je puis bien me permettre d'en parler ainsi, puisque j'ai eu l'honneur de le dire à la tribune de la Chambre et d'être par cela même conspué par la droite comme je ne le serai jamais davantage dans aucune assemblée. J'ai soutenu que la seule loi véritable contre les congrégations est celle de 1792 qui dit : « Toutes les congrégations sont abolies, et aucune ne pourra être rétablie en France. » (*Applaudissements.*)

La loi de 1901 n'en dit pas autant, c'est vrai ; mais elle dit au moins quelque chose qui s'en rapproche ; elle nous dit :
— (c'est tout ce que M. Waldeck-Rousseau avait pu ou voulu obtenir de la précédente Chambre).

Plusieurs voix. — Voulu.

L'Orateur. — Choisissez. Voici ce que dit la loi :

« A partir d'à présent, 1er juillet 1901, toutes les associations de citoyens sont libres ; elles n'ont qu'à faire une déclaration ; elles sont libres de posséder les immeubles nécessaires à leur fonctionnement et de percevoir des cotisations. » Voilà donc la liberté absolue pour les associations de citoyens. Mais dans son titre III, cette loi de 1901 ajoute : « Les congrégations ne sont pas des associations normales, il serait dérisoire de les assimiler aux associations ordinaires et de droit commun : une congrégation étant un mode de société très exceptionnel, il lui faudra une autorisation exceptionnelle : aussi la loi seule pourra lui permettre l'existence. »

Et voilà l'arme que M. Combes a eu le courage de ramasser pour s'en servir.

On raconte qu'autrefois, dans cette antiquité dont nous a tant parlé ce matin, de courageux gladiateurs, armés d'un tronçon d'épée, s'en allaient parfois en plein cirque à la rencontre du lion, et l'on en vit qui sortirent vivants de cette lutte inégale.

C'est là ce qu'a fait notre Président du Conseil. Il s'est mis à notre tête et il nous a dit : Avec ce fragment, avec ce tronçon de loi, nous allons engager la lutte à fond contre les Congrégations. (*Vifs applaudissements.*)

Nous l'avons suivi.

Qu'a-t-il pu faire? Et qu'avons-nous pu faire? Une seule chose; celle que permettait la loi. Nous nous sommes attaqués aux seules congrégations qui, n'ayant pas encore d'autorisation, étaient obligées de nous la demander. Le Ministre a fait fermer les établissements congréganistes qui s'étaient ouverts sans autorisation, la Chambre a refusé l'autorisation aux cinquante-quatre congrégations d'hommes et aux quatre-vingts congrégations de femmes qui, ne l'ayant pas, étaient obligées de la demander ou de se dissoudre.

Le Sénat a voté dans le même sens.

C'est beaucoup, et ce n'est rien.

Beaucoup, car cela nous a permis de faire la grande expérience à laquelle un de nos amis faisait allusion tout à l'heure; de consulter, de tâter le pays et de rendre courage aux républicains en leur montrant que le pays de France ne se soulève plus à présent, parce qu'on chasse les jésuites. (*Vives acclamations.*)

Le sang devait couler à flots, disait-on; le sang des nobles et celui des grandes dames qui s'étaient mises à la tête de cette magnifique croisade Il n'a pas coulé le sang; s'il a coulé autre chose, n'en parlons pas. (*Rires.*)

Toujours est-il que nous savons maintenant qu'il y a une France laïque, anticongréganiste, anticléricale, sur laquelle ou avec laquelle tout gouvernement devra compter. Et cette constatation est de grande importance. La preuve, c'est que M. Combes lui-même n'aurait pas pu assurer, il y a quinze mois, que les choses en étaient là et que la France était mûre pour la laïcisation intégrale.

Et pourtant j'ai le droit de dire que ce n'est rien encore, attendu que nous n'avons livré jusqu'ici qu'une escarmouche, nous avons refusé l'autorisation à cent trente congrégations; il en reste plus de neuf cents autorisées. pour ne parler que des femmes; nous avons dispersé quelques congrégations d'hommes qui comptaient quelques milliers d'élèves, nous avons laissé en pleine prospérité celle qui à elle seule en instruit trois ou quatre cent mille.

Aussi ne puis-je m'empêcher de répéter le mot que je trouvais ce matin dans un article de Jaurès et qui est un avertissement au « bloc » : « Il n'y a de salut pour les combattants que dans l'agrandissement de la bataille. » Qu'est-ce en effet que la bataille contre les congrégations? Se bornerait-elle par hasard à ces cinquante-quatre congrégations d'hommes et à ces quatre-vingts congrégations de femmes, simple avant-garde de l'armée cléricale? Il reste maintenant la masse compacte et redoutable des congrégations qui se disent autorisées.

Nous soutiendrons, nous, républicains, que ces autorisations, qu'elles tiennent des gouvernements de Napoléon, de la Restauration et de l'Ordre moral, ne sont pas des autorisations légales, que ce sont des autorisations illégalement obtenues par voie administrative, des autorisations frelatées que la loi de 1901 permet au gouvernement de supprimer par décret. Et c'est ce que nous demanderons sans retard au gouvernement que dirige M. Combes. (*Vigoureux applaudissements.*)

Voilà la bataille politique dans laquelle nous sommes engagés. Nous sommes allés jusque-là.

A ce moment où, soldats dévoués, nous sommes heureux et fiers de nos premiers succès, bien qu'ils ne soient pas bien grands ; à ce moment, où il s'agit non pas d'achever, mais de continuer la bataille à peine commencée, de s'attaquer au gros de l'armée congréganiste, aux neuf cents congrégations de femmes qui sont autorisées et au puissant institut des frères des écoles chrétiennes ; de leur retirer la protection de l'Etat qui leur livre un million et demi des enfants de la France (*Applaudissements*); a ce moment, dis-je, où nous devrions concentrer tous nos efforts sur cette lutte-là, on vient nous dire tout à coup : «Non, ne nous occupons plus des congrégations ; occupons-nous de quelques laïques qui pourraient bien être cléricaux, interdisons l'enseignement à quelques centaines de professeurs de l'enseignement secondaire, qui, après tout, ne valent peut-être pas mieux, au fond, que les congréganistes. »

Pourquoi ce revirement en pleine bataille ? Ne sommes-nous pas avant tout engagés d'honneur devant la France à soutenir jusqu'au bout la lutte contre les congrégations; et prétendez-vous par hasard que nous soyons déjà au bout, quand nous avons à peine effleuré, blessé superficiellement l'adversaire ? Est-ce déjà le moment de nous diviser? car autant nous sommes unis contre la masse des congrégations, autant nous le serons peu quand il s'agira des laïques. S'il en est de dangereux, je veux bien le croire, il en est aussi qui sont pour nous de précieux auxiliaires et qui ont fait leurs preuves comme républicains à une époque où l'Université ne l'était pas toujours.

A supposer qu'il faille en venir un jour à légiférer contre quelques centaines de laïques qui seraient des faux-laïques, est-ce par là qu'il faut commencer quand il nous reste cinquante mille religieuses et vingt-cinq mille religieux constitués à l'état d'organisation militante et investis d'une autorisation prétendue légale? Je comprends très bien qu'un jour pourra venir. — après que nous aurons fait tout notre devoir, et exterminé cette formidable organisation de la milice noire — un jour pourra venir où nous aurons à rechercher si elle ne se reforme pas sous des déguisements nouveaux. Oui, il se peut qu'après la disparition des congrégations, l'Eglise, avec son immutabilité protéiforme, imagine, sous le masque de la laïcité, de reconstituer de nouvelles congrégations. Il se peut que les jésuites nous réservent des surprises qu'il faudra déjouer en rendant l'enseignement à l'Etat tout seul. Mais nous n'en sommes pas là, et nul ne peut dire si nous en viendrons jamais là. A l'heure qu'il est, c'est au grand jour que les congrégations existent, possèdent, agissent, enseignent ; c'est donc au grand jour qu'il nous faut, nous aussi, les attaquer. Ce qu'il faut combattre ce n'est pas l'ennemi de demain ou d'après-demain, c'est celui d'hier et d'aujourd'hui qui est là devant vous et qui vous défie en bataille rangée. Au lieu de marcher droit sur lui et sur lui seul, nous allons courir l'aventure de je ne sais quel mouvement tournant qui aura l'air d'une hésitation ou d'un recul. Qui vous dit que le gouvernement va nous suivre, qu'il va changer la tactique approuvée par le pays et substituer comme programme le monopole de l'enseignement à la lutte contre la congrégation ? Qui vous dit que le citoyen Combes ne sera pas le premier à décliner une pareille responsabilité ? (*Vigoureux applaudissements.*)

Voilà pourquoi je me permettais de dire : c'est une fausse manœuvre politique.

Je suis bien loin de critiquer, bien loin de suspecter les intentions de qui que ce soit. Je pense avec vous que c'est un droit absolu pour l'Etat d'avoir une autorité, un contrôle, une surveillance effective, pour l'ensemble et pour les détails, sur tout l'enseignement des enfants de la nation.

Mais dans une lutte politique aussi compliquée qu'est la nôtre, il faut commencer par le commencement avant d'aller plus loin : il faut avoir détruit effectivement et complètement la congrégation. (*Applaudissements.*)

L'idéal antique et l'idéal moderne

On nous a dit dans un très beau langage -- et je n'ajouterai pas mes éloges à vos acclamations — « Rappelez-vous la démocratie d'autrefois, la démocratie grecque, celle d'Athènes, par exemple. N'était-ce pas dans toute l'antiquité la règle absolue que l'Etat était maître souverain ?» Dans une très belle métaphore, notre ami Lintilhac nous retraçait ce souvenir symbolique : la pierre même du foyer dans les villes antiques de la Grèce, on était obligé d'aller l'emprunter à l'Autel de la Patrie. C'est vrai, et peut-être est-il resté quelque chose de cette touchante et antique cérémonie dans la coutume catholique de suspendre au-dessus du foyer ce brin de buis bénit qui atteste en quelque sorte la protection de l'Eglise sur la maison ; c'est un des souvenirs innombrables qui nous restent du paganisme.

Mais, ne nous y trompons pas, dans cette cité antique, ce n'était pas seulement la famille qui vivait dans cette étroite dépendance de l'Etat et de la Patrie; l'individu lui-même, le droit de l'individu n'existait pas.

On nous disait ce matin que ce qui existe, ce n'est pas la liberté, ce sont des libertés. Oui, tel est bien là l'idéal antique, et ce fut celui du Moyen Age : le citoyen avait des libertés, des franchises, à proprement parler des privilèges; et d'abord celui d'échapper au sort de la multitude, de ne pas être confondu dans la masse des travailleurs manuels qui étaient des esclaves, plus tard des serfs. C'était un privilège que d'être un homme libre.

Toutes ces franchises n'étaient pas pour tout le monde; chacun luttait éperdument pour en conquérir une parcelle. Heureux ceux qui parvenaient à se faire reconnaître des libertés plus ou moins étendues. Mais c'est précisément ce système-là que la Déclaration des Droits de l'homme a brisé. (*Applaudissements.*) Elle a dit, et je répète après elle : Il faut aux hommes non plus des libertés, mais la liberté (*Sensation, vives acclamations.*)

La liberté de la personne humaine, voilà tout simplement ce qu'ajoute à la cité antique notre cité moderne. La République, telle que la France l'a conçue, telle que la Révolution l'a réalisée, diffère des Républiques anciennes, en ce que, tout en proclamant l'unité de la Patrie et la souveraineté nationale, elle reconnaît à chaque citoyen un droit primordial et naturel que pas une des Constitutions de l'antiquité n'avait même entrevu, le droit de penser, le droit d'avoir une opinion personnelle.

Que toute personne humaine, simplement parce qu'elle est une personne humaine, possède ce droit de se faire une croyance, une doctrine, une philosophie ou une religion sans se demander si c'est celle de l'Etat; voilà la grande nouveauté que la Déclaration des Droits de l'homme est venue révéler en édictant pour les deux mondes modernes, en France et en Amérique, les tables de la loi de l'humanité nouvelle. (*Applaudissements*).

Et le premier principe qui y fut inscrit, c'est simplement « que tous les hommes naissent et demeurent libres et égaux en droit ». (*Nouveaux applaudissements*).

Citoyens, on aura beau, dans les plus éloquentes paroles, faire luire devant vos yeux le mirage de l'harmonie telle que la créait jadis l'autorité absolue de l'Etat dans les petites cités grecques et dans les grandes villes romaines, on ne vous fera pas perdre de vue la différence fondamentale qui existe entre les temps modernes et les temps anciens.

L'Etat moderne met son honneur à réaliser l'inverse de l'idéal antique. Dans les républiques d'autrefois, la grandeur de la République se mesurait à l'étendue de son autorité, à la toute-puissance avec laquelle elle supprimait toute résistance, toute dissidence, toute idée de diversité et d'indépendance pour les familles ou pour les individus. L'Etat moderne met sa grandeur à ne pas les écraser de son poids : il ne croit pas se diminuer en reconnaissant dans le plus humble, dans le dernier de la famille humaine, un ayant-droit, un citoyen, un homme, une personnalité inviolable à laquelle il confère la plénitude de sa dignité et de ses droits. (*Vives acclamations*).

Appliquons ce principe à l'examen de la thèse spéciale du monopole de l'enseignement de l'Etat.

Ce que doit être l'éducation républicaine

Oui, j'en conviens et je le répète, telles circonstances exceptionnelles pourraient se produire, où l'Etat croirait nécessaire, pour sauver la patrie et la République, de se charger lui-même de tous les enfants, de les faire passer par une même école. Je reconnais qu'alors il en aurait le droit, puisque nous supposons qu'il n'aurait pas d'autre moyen de remplir sa fonction protectrice de l'intégrité nationale. Mais jusqu'à ce qu'il soit réduit par des événements extraordinaires à ce parti extrême, il y a une raison majeure qui empêchera l'Etat d'y recourir. Laquelle, dites-vous ? C'est que le premier devoir d'une République est de faire des républicains, et que l'on ne fait pas un républicain comme on fait un catholique. Pour faire un catholique il suffit de lui imposer la vérité toute faite : la voilà, il n'a plus qu'à l'avaler. Le maître a parlé, le fidèle répète. (*Bravos et vifs applaudissements*). Je dis catholique, mais j'aurais dit tout aussi bien un protestant ou un croyant quelconque. La différence, c'est qu'aux protestants on dit qu'il faut croire la Bible et aux catholiques on dit qu'il faut croire le pape.

Mais, Bible ou pape, c'est toujours l'autorité prétendue surnaturelle, et toute l'éducation cléricale aboutit à ce commandement : croire et obéir, foi aveugle et obéissance passive.

Pour faire un républicain, il faut prendre l'être humain si petit et si humble qu'il soit, un enfant, un adolescent, une jeune fille ; il faut prendre l'homme le plus inculte, le travailleur le plus accablé par l'excès du travail, et lui donner l'idée qu'il faut penser par lui-même, qu'il ne doit ni foi ni obéissance à personne, que c'est à lui de chercher la vérité et non pas de la recevoir toute faite d'un maître, d'un directeur, d'un chef, quel qu'il soit, temporel ou spirituel. (*Nouveaux applaudissements.*)

Citoyens, je vous en prie, réfléchissez-y : Est-ce qu'on apprend à penser comme on apprend à croire ? croire, c'est ce qu'il y a de plus facile, et penser, ce qu'il y a de plus difficile au monde. Pour arriver à juger soi-même d'après la raison, il faut un long et minutieux apprentissage ; cela demande des années, cela suppose un exercice méthodique et prolongé.

C'est qu'il ne s'agit de rien moins que de faire un esprit libre. Et si vous voulez faire un esprit libre, qui est-ce qui doit s'en charger, sinon un autre esprit libre ? Et comment celui-ci formera-t-il celui-là ? Il lui apprendra la liberté en la lui faisant pratiquer. C'est en agissant qu'on apprend à agir, c'est en choisissant qu'on apprend à choisir. Et c'est là ce qui fait la vertu de l'enseignement supérieur dont nos amis Klotz et Hector Depasse vous ont si dignement parlé. Je suis de leur avis, mais j'ajoute qu'à des degrés divers, il en est de même de tout enseignement, même de l'enseignement primaire.

Il n'y a pas d'éducation libérale là où l'on ne met pas l'intelligence en face d'affirmations diverses, d'opinions contraires, en présence du pour et du contre, en lui disant : Compare et choisis toi-même ! (*Bravos et applaudissements.*)

Sans doute, il y a des vérités incontestables, mais celles-là, l'Etat n'a pas besoin de les imposer : personne ne les conteste. Telles sont les vérités mathématiques, les lois fondées sur l'expérience dans tous les ordres de science. Celles-là, l'Etat les enseigne, non à titre de dogmes, mais à titre de vérités démontrées et que chacun peut toujours vérifier. Quant aux autres, aux croyances, aux opinions, aux hypothèses, aux convictions religieuses, par exemple, l'Etat ne les enseigne pas. Mais il ne veut accorder à aucune d'elles un rang privilégié, le droit de parler seule et d'étouffer la contradiction. Non, l'Etat républicain, qui a charge d'âmes, qui doit rendre les comptes de la génération présente aux générations de demain ; non, il n'a pas le droit de permettre que l'on élève les enfants de la France dans l'ignorance systématique de ce qu'il leur importe de savoir. Il a le droit d'exiger qu'on leur apprenne qu'il y a plusieurs religions sur la terre et comment elles se sont faites. Il a le droit de leur apprendre lui-même l'histoire des religions, sans avoir celui de leur en donner une toute faite. Il ne dit pas : « Voilà mon dogme, voilà ce qu'il faut croire » ; mais il ne laissera pas enfermer les enfants, sous prétexte de ménager leur foi, dans une éducation exclusive qui leur cachera la multiplicité des religions humaines, et la longue suite des transformations du dogme correspondant à celles de la civilisation.

Il importe à la démocratie de ne pas ignorer le passé de l'esprit humain et je dis que l'histoire des religions est à mettre au nombre de ces enseignements scientifiques indispensables pour former des républicains. (*Applaudissements*).

Comment on devient un esprit libre

Je suis bien loin de demander, par exception et faveur singulière, le droit à la liberté des opinions pour l'enseignement supérieur seulement. Je le demande pour tous les degrés de l'enseignement ; parce que de tout enfant du peuple il faut tâcher de faire à la longue un esprit libre. Comment devient-on un esprit libre ? Comment nos étudiants de facultés y parviennent-ils, sinon parce qu'ils passent des années et des années à étudier sous la conduite d'hommes de grande valeur qui sont des gens sincères, sérieux et libres, et qui précisément leur exposent en toute franchise des opinions différentes, variables, souvent opposées.

Laissez-moi vous en citer un exemple :

Il y a maintenant à la Sorbonne un professeur qui a été pendant longtemps un de nos plus éminents professeurs de lycées ; il a fait ses preuves comme républicain, et dans le grand drame de ces dernières années, il a payé de sa personne. Ce professeur de philosophie a été pendant de longues années très persuadé que l'enseignement à donner en fait de morale, c'était la morale de Kant, basée sur l'impérative et catégorique loi du devoir ; et il a produit sur ses élèves, qui s'en souviennent encore, une grande et profonde impression, tant sa parole sincère incitait à la réflexion.

Eh bien, ce même homme, continuant à travailler, réfléchissant davantage, reprenant les mêmes problèmes, avec la ténacité que donne l'amour de la science ; cet homme vient de publier un livre admirable, pour lequel il serait déjà révoqué si nous étions sous l'Empire ou le gouvernement de l'Ordre moral ; il explique avec autant de clarté que de science comment il est arrivé à reconnaître que la morale de Kant, malgré ce qu'elle a de beau, ne donne pas, en effet, la base solide qu'il avait cru y trouver, qu'il faut aller plus loin, et que la morale humaine est comme la religion, comme la philosophie, comme l'esthétique, une chose qui va se transformant et grandissant peu à peu au fur et à mesure que se développent les civilisations. Il fait voir que la morale la plus avancée n'est pas autre chose, n'est jamais autre chose, que le tableau et le reflet de l'état social d'où elle émane. (*Vifs applaudissements*).

C'est par la science de la sociologie que se constituera définitivement la science de la morale. (*Nouveaux applaudissements*). Elle n'est pas faite, cette science : elle se fait. (*Vives acclamations*).

Voilà ce que l'on peut dire quand on a la liberté d'enseignement, quand la pensée et la parole du professeur sont libres, quand il peut, homme de conscience, susciter des hommes de conscience.

La liberté d'esprit des maîtres prépare la liberté d'esprit des élèves

Cet exemple ne prouve rien d'autre que ceci : il ne faut pas, sans des nécessités impérieuses et évidentes, briser l'admirable instrument que la République a mis entre nos mains ; je veux dire un mode d'enseignement qui, par la liberté d'esprit des professeurs, prépare et garantit la même liberté d'esprit chez les élèves.

Evidemment cet état de choses peut prêter à des critiques. Mais il faut que nous ayons le courage de prendre parti entre les deux conceptions de l'Etat. L'un des deux c'est la théorie de l'Etat providence, de l'Etat qui fait tout, qui enseigne comme il administre, avec un pouvoir discrétionnaire. Nous préférons l'autre théorie, qui conçoit le rôle de l'Etat, ainsi que nous le disions dans notre déclaration d'il y a un an, comme celui du défenseur naturel de la liberté de l'enfant, intervenant tous les fois et en toutes les circonstances où la liberté de l'enfant peut être atteinte, étouffée, confisquée par qui que ce soit, par ses parents aussi bien que par ses maîtres.

Dans cette théorie, l'Etat n'a pas le droit d'intervenir pour se substituer à l'initiative des individus, il n'intervient que comme garant responsable de la liberté de tous.

Il est le grand libérateur et le grand justicier qui fait respecter le droit du faible : son autorité n'est qu'un moyen ; le but, c'est d'assurer la liberté de tous. Il sait bien que depuis quelque temps nos adversaires affectent de revendiquer pour eux ce mot de liberté et quelques-uns des nôtres semblent disposés à le leur laisser prendre.

Pas de confusion : défendons nos principes

Il y a là un fait général que vous avez certainement remarqué aussi et que je constate avec un étonnement mêlé de joie et de tristesse. Il en est de même pour tous les grands principes qui nous viennent de la Révolution. Ceux qui naguère encore les maudissaient avec fureur — le *Syllabus* est là pour le prouver — se sont un jour aperçu que ces principes ont fini par luire d'un tel éclat, que la conscience humaine n'y peut résister. Et du coup ils se sont convertis, ils crient plus haut que nous : vive la liberté, ils invoquent (ô nouveauté !) la Déclaration des Droits de l'homme. Et après ? Est-ce une raison pour nous de crier : à bas la liberté ! et de renier l'immortelle Déclaration ?

Il en est absolument de même pour des lois bien plus récentes. Les lois scolaires, les lois Ferry, traitées de lois scélérates il y a vingt ans, les hommes qui en ont dit le plus de mal se retournent aujourd'hui et prétendent les comprendre mieux que nous, les défendre contre nous.

Et alors faudra-t-il que nous les abandonnions parce que d'autres affectent de s'en emparer ? Parce qu'ils ont imaginé de chanter bravement la *Marseillaise*, après l'avoir proscrite pendant quatre-vingts ans comme le chant même de la Révolution, faudra-t-il que nous cherchions un autre hymne, l'*Internationale*, par exemple? (*Vives acclamations*).

Qu'est-ce que cette politique de reculade qui consisterait aussitôt que l'ennemi fait mine d'adopter les plus beaux de nos principes, à les lui abandonner pour qu'il les retourne contre nous ?

Nous ne pouvons pas faire cela. Nous ne pouvons pas changer notre drapeau, sous prétexte que ceux qui le combattent depuis un siècle prétendent nous l'enlever pour en faire le leur.

Ils cherchent à créer une confusion dont ils profiteraient. Nous l'empêcherons précisément en restant fidèles à nous-mêmes. Qu'ils changent si bon leur semble, qu'ils se déclarent aujourd'hui partisans des principes dont toute leur vie ils ont été les adversaires. Pour nous, nous ne changerons pas. (*Vigoureux applaudissements.*)

Et c'est là ma conclusion. Je ne demande point à l'assemblée de transformer ce Congrès en Concile Je lui demande d'examiner politiquement une question politique. De cette question très vaste, un seul point nous divise, réservons-le, Sur tous les autres, nous sommes d'accord; disons-le bien haut.

Je dépose, pour ma part, le projet de résolution que voici :

Projet de résolution

« Le Congrès,

« Renouvelant et confirmant la déclaration du Congrès de Lyon de 1902,

« Affirmant de nouveau que l'enseignement est un service national d'intérêt public, et que l'Etat a le devoir absolu d'assurer à tous les enfants de la nation un enseignement laïque, rationnel et républicain,

« Invite les pouvoirs publics à concentrer leurs efforts immédiats sur la triple réforme inscrite à l'ordre du jour du Parlement :

« 1º Suppression de toute congrégation (retrait des autorisations) ;

« 2º Suppression de toute école ecclésiastique (abrogation de la loi Falloux) ;

« 3º Suppression de toute Eglise d'Etat (dénonciation du Concordat);

« Invite le Gouvernement à prendre l'initiative d'une réforme de l'enseignement, des programmes, des manuels et des règlements dans tous les établissements d'instruction publique, en vue d'y faire cesser les dérogations aux principes de l'esprit laïque et aux méthodes rationnelles qui s'y sont trop souvent introduites en faveur des traditions et des pratiques religieuses ;

« Insiste notamment sur la nécessité de faire entrer obligatoirement dans les cours d'histoire l'histoire des religions, indispensable pour soustraire la jeunesse à l'ignorance systématique de cet ordre de faits. » (*Ovation. — Plusieurs voix : l'impression !*)

Le Président. — Je remercie et félicite le citoyen Buisson de l'éloquent et vibrant discours qu'il vient de prononcer et qui sera imprimé, conformément au vœu de l'Assemblée. (*Applaudissements.*)

Vous ne m'en voudrez pas, j'espère, d'avoir laissé le citoyen Buisson développer toute sa thèse ; nous y aurions tous beaucoup perdu si nous nous en étions tenu aux termes du règlement. Cependant, pour que la discussion soit menée à bonne fin, il est nécessaire que les orateurs qui ont encore à prendre la parole sur cette question (il y en a encore huit) veuillent bien resserrer leur discussion.

La parole est au citoyen Lintilhac, rapporteur. (*Applaudissements.*)

Réplique de M. Lintilhac

M. Eugène Lintilhac. — Citoyens, je ne répondrai pas point par point aux quatre orateurs précédents. Ce n'est pas l'envie de le faire qui me manque, c'est le temps. Et, à ce propos, laissez-moi regretter de n'avoir pas réussi ce matin, comme je l'espérais, à creuser un lit à ce torrent de raisons pour et contre : car il a singulièrement débordé, surtout avec le beau discours du citoyen Buisson. Je ramènerai donc la question à ses points vifs, en ne retenant parmi tant d'arguments discussifs que ceux qui, ayant vraiment trait au débat, n'ont pas été ce matin combattus d'avance dans votre esprit par mon rapport.

Le citoyen Hubbard a opposé à je ne sais quelle *doctrine d'État*, dont je me défie, autant que le faisait Condorcet, une doctrine positiviste, dont je me défie tout autant, du moins en matière d'éducation ; car je crois me souvenir qu'Auguste Comte a été sans indignation contre le coup d'État de décembre, et je me souviens très bien de la verve avec laquelle Pierre Laffitte proposait la réhabilitation de Louis XI. L'argument tiré de la réelle solidité du système positiviste n'a donc que faire ici et je crois bien, mon cher collègue, que le plus libéral de nous deux, en l'espèce, c'est moi. (*Applaudissements et rires.*)

Vous dites que vous bravez les injures réactionnaires qui attendent votre théorie : et moi donc? Pensez-vous que j'ignore de quelles railleries et calomnies je vais être assailli au sortir de cette séance, et combien la meute va mordre et baver sur le vœu de votre Commission et son auteur? Je ne m'en émeus pas et n'y ai pas grand mérite ; car cette bave-là, je la connais, pour l'essuyer avec tranquillité depuis longtemps : ça se nettoie, et même ça nettoie. (*Bravos et rires.*)

Quant au droit « sacré des pères », comme disait M. de Montalembert, qui hante aussi, je le vois bien, l'esprit du citoyen Hubbard, puisqu'il va jusqu'au droit individuel de chacun à enseigner ; quant à ce droit, si imprudemment proclamé à côté de celui de l'Etat, par la Constitution de l'an III, issue de la réaction thermidorienne, et si lumineusement réfuté par Portalis, à la Chambre des pairs, j'ai déjà répondu, par avance, ce matin. Je répète qu'en réservant au père de famille, à son foyer, le domaine du sentiment et de la foi, nous allons jusqu'à l'extrême limite de ce que l'Etat peut accorder à la tendresse familiale et à cette autorité paternelle qu'il faudrait pourtant cesser de considérer sous le point de vue romain, pour rappeler qu'au-dessus d'elle il y a ce qui s'inscrit de plus en plus dans nos lois et qui est le *devoir paternel*. (*Vifs applaudissements.*)

Qu'on nous permette au moins d'être là-dessus de l'avis de Guizot, qui en vint à subordonner nettement, en matière d'éducation publique, la puissance paternelle à celle de l'Etat, de l'avis de Victor Cousin qui demandait, il y a soixante ans, en matière d'enseignement, l'expropriation pour cause d'utilité publique. (*Rires et bravos.*)

Mais j'ai hâte de courir à l'argumentation du citoyen Buisson, du moins aux points où j'ai une sorte de tristesse, faite de mon vieux respect pour son caractère et son œuvre, à n'être pas de son avis Aussi bien j'y retrouverai le principe des arguments si vigoureusement maniés avant lui, par les citoyens Depasse, Klotz et Le Foyer, et je leur répondrai ainsi du même coup et en bloc.

Le citoyen Buisson a beaucoup parlé de la loi des congrégations et s'est fait applaudir de vous et de moi, en montrant éloquemment ses insuffisances et la nécessité de continuer le bon combat que livre si crânement le président du Conseil, avec les mauvaises armes qu'on lui a passées, sans qu'il les ait pu retremper et aiguiser. Le citoyen Buisson sort tout chaud et tout glorieux de cette même mêlée, et il est plein de son sujet. Il me permettra cependant de lui faire observer qu'il l'a fait déborder ici outre mesure sur celui du monopole qui n'est pas tout à fait le même. Je demande donc à revenir et à vous ramener à la question, en fuyant ses *à-côtés*, tout passionnants qu'ils soient, pour aboutir. Car, tout comme

le citoyen Hubbard j'ai l'ardent désir de ne pas vous faire
« voter dans l'obscurité. » (*Applaudissements*).

Voyons, citoyens, est-ce que le souci de rendre efficace la
loi des associations contre la congrégation, souci que nous
avons tous, peut être troublé chez le chef du gouvernement,
par celui que nous voulons lui donner d'armer l'Etat de la
cuirasse sans défaut du monopole intégral ? Est-ce que la
meilleure arme contre la congrégation, celle qu'on aurait dû
saisir dès l'entrée en campagne, comme je l'ai indiqué ce matin, approuvé en outre à l'instant même par le citoyen Buisson, n'est pas précisément celle du monopole ? Forgeons-la
donc, sans critique stérile de la tactique passée, ni préoccupation dirimante des autres manœuvres stratégiques qui
restent à faire parallèlement ! (*Vifs applaudissements*).

Quant aux arguments de fond du citoyen Buisson, je les
livre pour la plupart à votre souvenir de ce que j'ai déjà dit,
en prenant mes parades contre eux, dès ce matin. Cependant,
si pressé que je sois par l'heure et le sentiment de votre
fatigue, il faut que je m'arrête, ne fût-ce qu'un instant, au
principe d'où mon éminent contradicteur tire les plus forts
ou les plus spécieux de ses arguments, et qui est le principe individualiste.

Citoyens, tous les problèmes politiques et sociaux d'aujourd'hui et toutes les solutions de demain dépendent, en
dernière analyse, de la conception que chacun se fait des
droits de l'Etat vis-à-vis de soi-même. Or rien ne divise plus
les intellectuels, depuis la dernière évolution du philosophe
Spencer, que cette conception ; et après avoir une fois de
plus constaté ce matin qu'il y a deux *jeunesses* en France,
laissez-moi constater ce soir, et regretter aussi amèrement,
qu'il y ait, à ce point de vue, deux *maturités*, c'est-à-dire que
nous, les hommes mûrs, nous nous divisions si irréductiblement en individualistes et étatistes. (*Applaudissements et
mouvements divers*).

C'est leur lutte inévitable qui succédera à celle des libres-
penseurs et des cléricaux : c'est de son issue que sera fait
demain.

En attendant, l'outrance de l'individualisme est la mère
Gigogne de tous les sophismes, plus ou moins désintéressés,
sur la liberté que je visais, dans mon rapport.

Sous prétexte que la Révolution a proclamé le principe de
la liberté de la personne humaine, ceux qui combattent cette
Révolution dont l'Etat est l'héritier dans le présent et le mis-
sionnaire dans l'avenir, crient à celui-ci, à chacune de ses
revendications légitimes contre les égoïsmes ou les or-
gueils individuels, nécessaires en faveur de la paix civique et
de l'harmonie sociale : *Tu n'iras pas plus loin !* Et ils font
des dupes jusque parmi les meilleurs d'entre nous. Mais il
y a équivoque et casse-cou ! Je ne me lasserai pas de le penser et de le redire. Si le mot de liberté était clair pour nos
pères partant en guerre contre les tyrannies de l'ancien ré-

gime, il l'est moins pour nous, quand il retentit, comme mot du guet, contre les fils de Voltaire, dans la bouche des fils de croisés et des fils *snobs* de cette bourgeoisie qui voudrait figer le flot qui l'apporta. (*Vifs applaudissements*).

Tous les orateurs qui m'ont précédé ce soir me paraissent étrangement prisonniers de ce mot, dupes de cette équivoque. Citoyens, je vous supplie de ne pas l'être, de repousser, avec toute la clairvoyance et l'énergie que commandent les circonstances, cette énervante et si périlleuse duperie d'un soi-disant libéralisme qui prostitue le mot de liberté et donne, depuis Condorcet et Lakanal jusqu'aux citoyens Buisson et Hubbard, des radicaux, et même des socialistes, pour auxiliaires naïfs à ceux qui nous répéteraient, une fois la farce jouée, avec le cynisme benoît de Veuillot : « Je vous demande la liberté au nom de vos principes, et je vous la refuse au nom des miens ! » (*Applaudissements prolongés*).

Que j'aimerais à parler là-dessus pour tenter de lever les respectables, mais formidables scrupules de certains de nos amis ! Ici je dois couper court, me bornant à énoncer mon principe, en opposition au leur.

J'estime et ne crains pas de dire que plus un citoyen sait aliéner de sa liberté individuelle à l'Etat, plus il a de dignité réelle et plus il me paraît doué de cette vertu que Montesquieu donnait pour base à la démocratie ; que plus il subordonne ses égoïsmes à l'intérêt de tous, plus il est républicain ; et que plus il apprend à être heureux du bonheur public, plus il est assuré de réaliser le sien, car il n'en est pas de plus réel pour chacun de nous que la conscience d'aider présentement de toutes ses forces à diminuer la somme du mal dans la société, et à préparer à l'humanité future un monde meilleur. (*Ovation*).

Je ne suis pas un *jacobin !* s'est écrié M. Buisson. Ce mot bien entendu, n'est pas pour me faire peur. Depuis Thermidor, il a été une injure dans la bouche des réacteurs à l'adresse des républicains ; le deviendrait-il dans la nôtre, entre nous ? J'espère que non, et qu'il suffira de nous expliquer mieux. Les Français, très latins en cela, aiment au fond l'ordre par-dessus tout. Ils estiment d'ailleurs que l'autorité est indispensable pour avoir l'ordre, et je crois qu'ils ont raison. Sous l'empire de cet instinct héréditaire, ils en arrivent à tant chérir l'autorité. quitte à la tempérer par des frondes passagères ou des *rosseries* imprimées ou chantées, que si la République ne leur en fournit pas assez, ils vont en demander la dose voulue à César. Or, l'autorité, sous la forme républicaine, Citoyens, s'appelle de son vrai nom le *jacobinisme*. Quand la République l'oublie en France, elle est perdue. De ce jacobinisme-là, et qui est celui dont Edgar Quinet a parlé avec une reconnaissance éloquente, l'heure est revenue, depuis la crise boulangiste et ses suites. Aveugle qui ne le voit pas ! (*Applaudissements prolongés*).

En ce sens et en matière d'enseignement, il faut être jacobin, c'est-à-dire autoritaire, car, selon le mot de Victor Hugo, instruire, c'est construire. Comme lui, et en espérant être mieux entendu qu'il ne le fut, en 1850, nous devons dire au cléricalisme : Tu ne mettras ni ta main, ni ton souffle sur les générations nouvelles. Le citoyen Le Foyer nous a parlé du drame de demain qui se jouerait entre la liberté de penser et notre monopole : je ne le vois pas du tout et m'en suis déjà expliqué ; mais je vois très bien le drame d'aujourd'hui et qui est l'emprise tenace du cléricalisme sur la pensée française (*Applaudissements*).

Gare aux concessions ! Vous parlez de délégations ! C'est comme l'a dit le clairvoyant et vaillant auteur du *Cléricalisme et l'école*, le monopole avec l'hypocrisie en plus, le monopole honteux. Et d'ailleurs, quel leurre au fond ! Comment surveillerez-vous efficacement les bénéficiaires de cette délégation tâtonnante du droit éminent de l'Etat ? En vérité, l'Etat a bien assez à faire de ce chef, avec ses propres professeurs ! Un document, au pied levé, là-dessus, mais qui suffira, je pense, à vous faire réfléchir. Au courant de l'affaire Dreyfus, — qui était, entre intellectuels, une bonne pierre de touche du républicanisme — parmi la trentaine de professeurs d'un grand lycée de Paris dont j'étais, et qui se rencontraient et causaient, dans leur salle de réunion, avant la classe, savez-vous combien nous nous trouvions, tout compte fait, à avoir soif de cette vérité, à avoir soif de cette justice ? Trois, dont un israélite ! (*Bravos et rires*). Décléricalisez d'abord l'Université, expulsez l'ennemi qui est dans la place, avant de lui permettre de camper au dehors, sous un pavillon qui couvrira sa marchandise, aux yeux même de vos inspecteurs bernés (*Applaudissements prolongés*).

Je conclus. Nous ne sommes pas ici des parlementaires, mais des congressistes. Nous ne gravons pas des textes sur la table de la loi, nous lançons des vœux d'avant-garde par les mille voix des militants que vous êtes, venus de tous les coins de la France radicale, avide des réformes tant promises, avide de voir la République des républicains. Nous n'avons qu'un mot d'ordre qui est de formuler, haut et clair, dans l'absolu théorique, tout notre idéal. A vos élus de trouver ensuite, dans le relatif de la politique, la tactique qui le réalisera. C'est pourquoi, en dehors de toute considération des voies et moyens, vous devez proclamer ici, citoyens congressistes, la nécessité pour l'Etat du triple monopole de l'enseignement. Le pays entier vous entendra, et le gouvernement aussi. Vous êtes les vigies du parti républicain. Souvenez-vous-en et au vote ! (*Salves d'applaudissements. — Une ovation est faite à l'orateur.*)

Discours de M. Debierre.

Je crois qu'il y a des confusions et des paradoxes à dissiper ; c'est pour cela que je suis monté à cette tribune.

Les uns, et ce sont nos amis Hubbard, Klotz, Depasse et Le Foyer. soutiennent que nous devons rester dans notre situation scolaire actuelle... (*Interruptions*) à la condition d'apporter à cette situation une réglementation.

Klotz, accepte, lui, à la rigueur, le monopole pour l'enseignement primaire, mais il le repousse pour le secondaire.

(*Cris : Non, non.*)

Depasse n'en veut point pour l'enseignement supérieur.

Je suis en désaccord avec Klotz et avec Hubbard, comme je suis en désaccord avec Depasse.

Buisson, de son côté, arrive à cette conclusion que lorsque nous aurons supprimé toutes les congrégations, et séparé d'une façon définitive les Eglises de l'Etat, la question scolaire sera à peu près, pour le moment, tout du moins, résolue.

Eh bien, si une argumentation pareille était acceptée par vous, je vous poserais la question suivante :

« Pourquoi d'abord la Congrégation existe-t-elle encore ? Y a-t-il besoin de la loi de 1901 pour la disperser ? Y a-t-il besoin d'une loi nouvelle ? »

Non, citoyens ; il y a des décrets législatifs, ceux de septembre 1792, qui n'ont jamais été abrogés, et je demande au citoyen Buisson pourquoi le gouvernement ne les appliquerait pas, d'ores et déjà. (*Applaudissements.*)

On a parlé aussi de la liberté de la croyance, de la liberté dans la laïcité. Mais demain, citoyens, lorsque les congréganistes seront dispersés, ils n'auront disparu qu'en apparence, ils seront allés chez un autre tailleur, ils auront un paletot au lieu d'une soutane, mais ils n'auront changé ni d'état d'âme, ni de sentiments.

Je me demande comment vous ferez pénétrer dans l'école ces sentiments laïques républicains et scientifiques dont parlait tout à l'heure avec tant d'éloquence M. Buisson, si vous laissez l'école ouverte aux congréganistes faussement laïcisés ou à l'esprit dogmatique de l'Eglise.

Résultats de l'application des décrets Combes

Oui je sais bien, car j'ai l'habitude de fuir les abstractions et de demeurer au milieu des contingences de la vie, oui je sais bien que les décrets de M. Combes ont fermé les établissements congréganistes. Eh bien je vais vous parler des résultats de l'application de ces décrets.

A Lille les décrets ont fait fermer 50 établissements congréganistes, mais avant que la fermeture de ces établissements ait été effectuée, 60 déclarations d'écoles laïques cléricales avaient été déposées à la Mairie. (*Bravos*).

Résultat : avant d'avoir été fermés, citoyens, les établissements congréganistes étaient au nombre de 50, et au mois d'octobre nous en avions 60 ! (*Applaudissements*).

Si les décrets Combes étaient efficaces, il resterait encore dans ce pays, après leur application, plus de 90 mille moines et nonnes ; mais comme toutes les écoles congréganistes se rouvriront avec des congréganistes faussement sécularisés, il n'y aura pas en France une école catholique et cléricale de moins.

A Lille encore, pour prendre un nouvel exemple qui m'est familier, à Lille, foyer par excellence de toutes les œuvres catholiques et cléricales, on a fermé l'Ecole Saint-Gabriel, tenue par des Maristes. Cette école est rouverte. Elle avait à sa tête, il y a 8 jours, un congréganiste sécularisé par la haute volonté de l'évêque de Cambrai ; elle va avoir demain un prêtre pourvu du simple brevet primaire. Elle avait avant la fermeture 400 élèves et près de 100 pensionnaires, elle en a maintenant 600 et près de 300 pensionnaires.

La cause n'est-elle pas jugée ? (*Applaudissements*).

Confusion entre la liberté d'enseignement et la liberté de pensée

On a fait également une confusion entre l'école et l'enseignement, entre ce qu'on a appelé la liberté de l'école et la liberté d'enseigner. Ne confondez pas ces deux termes. On est allé jusqu'à dire qu'on ne pourrait plus exprimer sa pensée, que le monopole était une atteinte à la liberté de conscience et à la liberté de penser. Mais est-ce que cela a jamais été dans l'idée de ceux qui soutiennent le monopole ? Est-ce qu'il est jamais entré dans leur esprit de ne pas laisser la tribune ouverte à tout le monde et d'interdire à quelqu'un d'exposer au grand jour ses idées philosophiques, politiques ou sociales ?

Non, ne confondez pas la liberté de penser avec la liberté d'enseigner, ne confondez pas la liberté pour le citoyen de propager par l'idée ses opinions, de les faire partager à la foule qui l'écoute, que cette foule soit composée d'enfants, de jeunes gens ou d'adultes ; ne confondez pas cette liberté avec la prétendue liberté scolaire qui, à l'heure actuelle, n'est que la liberté de l'enseignement congréganiste.

N'oubliez pas qu'au bout de tout enseignement dans l'organisation actuelle, il y a un diplôme. On a besoin de ce diplôme pour s'ouvrir une carrière.

N'oubliez pas que dans les facultés catholiques (ces facultés dont on vous parlait tout à l'heure), où on fait des avocats catholiques, des médecins catholiques, des ingénieurs cathollques, et que sais-je encore? (*Applaudissements*); où l'on fait non pas des hommes de science, mais des propagandistes de l'idée catholique, apostolique et romaine (*Applaudissements*), n'oubliez pas, dis-je, que dans ces facultés on donne aussi un diplôme aux jeunes gens qui en sortent, et que ce diplôme fait d'eux, caractère à retenir, des privilégiés en quelque sorte, des estampillés de l'Etat, qui vont aux quatre coins de ce pays, avec la complicité du curé et souvent de la Municipalité, porter leur influence au profit de l'Eglise romaine.

Les propagandistes de l'Esprit nouveau

Puisque vous donnez des garanties et des privilèges de fait à ceux qui détiennent ces diplômes, puisque l'Etat donne des garanties à des jeunes gens qui ont fait leurs études dans des établissements congréganistes, vous avez bien le droit, en raison de ces avantages sociaux, qu'ils fassent leurs études dans des établissements non seulement exclusivement laïques, mais de l'Etat. (*Vifs applaudissements*).

Car à l'heure actuelle, ne vous y méprenez pas, dans les facultés catholiques il n'y a pas de professeurs en robe ; ce sont des professeurs comme vous et moi, qui ont une redingote, et ça ne les empêche pas, d'être restés des esprits opposés aux idées scientifiques; ça ne les empêche pas d'enseigner avec un dogme à la base de leur enseignement dont ils ne peuvent pas sortir sous peine d'exclusion. C'est là la liberté qu'on enseigne dans les établissements supérieurs et catholiques.

N'oubliez pas, en un mot, qu'il y a là des professeurs en apparence laïques comme nous, qui cependant enseignent avant tout le dogme, les idées de l'Eglise catholique et romaine et qu'ils font des jeunes gens qu'ils élèvent des adversaires irréductibles de l'esprit démocratique et moderne et de la République (*Vifs applaudissements*).

La Science d'Etat

On a parlé de science d'Etat. Cette parole a certainement dépassé l'idée de celui qui l'a prononcée. Je ne connais pas, moi, de science d'Etat. Jamais l'Etat ne m'a dit: « Citoyen Debierre vous enseignerez l'anatomie ou l'embryologie selon telle ou telle doctrine ; jamais l'Etat ne m'a demandé ce contrat de servitude. Il m'a dit : J'ai confiance en vous, car vous avez fait vos preuves dans les examens et les concours, vous avez un bagage scientifique qui me donne des garanties ; je connais aussi votre passé politique; je vous investis d'une mission qui est sacrée, celle de faire des esprits éclairés, des esprits critiques, des citoyens et non des esclaves. »

Or, dans les établissements congréganistes il en est toujours autrement (*Applaudissements*). Dans ces établissements, on continuera à enseigner sous l'égide du dogme, sous l'égide de la prescription religieuse, impérative et immuable, et vous n'aurez, j'en ai bien peur, rien changé dans ce pays, si vous ne fermez pas toutes les fissures à l'enseignement congréganiste.

Monopole avec Délégation

J'arrive à ma conclusion. J'ai déjà fait cette observation qu'il serait bon que le monopole intégral de l'Etat pour l'enseignement à tous les degrés fût momentanément, tempéré et précédé par une mesure transitoire. Je vise là les écoles primaires supérieures ; car il y en a qui sont dirigées par des laïques animés du même esprit que nous. Ces écoles vont disparaître. Il y a également des établissements secondaires qui sont actuellement dirigés par des laïques véritablement libres d'esprit et républicains ; il y a encore dans l'ordre de l'enseignement supérieur, l'école des hautes études politiques et sociales et l'école d'anthropologie de Paris.

Si vous acceptez le monopole intégral immédiatement, *ipso facto*, tous ces établissements qui sont des établissements laïques animés du même esprit scientifique, du même esprit républicain que nous, tous ces établissements devront disparaître.

Il y aurait aussi des difficultés budgétaires et des difficultés de recrutement du personnel qui seraient peut-être momentanément insurmontables.

Aussi, n'y aurait-il pas moyen de tourner la difficulté et de dire : Oui (je suis d'accord sur ce point avec M. Lintilhac), il n'y a qu'une école publique où l'enseignement doit être organisé et donné par l'Etat au nom de la Nation ; nous n'en connaissons pas d'autres : c'est l'école publique de l'Etat, c'est l'enseignement intégral de l'Etat à tous ses degrés. Mais, n'y a-t-il pas lieu d'ajouter que l'Etat, qui ne pourra partout et immédiatement organiser lui-même l'enseignement, j'entends l'enseignement primaire, secondaire et supérieur, le donnera soit directement, soit par délégation accordée à des personnes ou à des associations juridiquement et légalement constituées, lui offrant d'autre part toutes garanties ? La congrégation serait définitivement écartée de l'école et si jamais les associations ou les personnes laïques auxquelles vous auriez donné délégation ne vous donnaient plus les garanties que vous êtes en droit d'exiger d'elles, un simple décret pris en conseil des ministres, rapporterait purement et simplement l'autorisation que vous leur aviez donnée.

Ainsi l'école publique, unique, nationale, où l'enseignement est organisé par l'Etat, sera établie, et nous n'aurons peut-être pas éloigné de nous des laïques, des libres-penseurs, des républicains, qui, à l'heure actuelle, accordent à notre propagande tout leur dévouement dans l'intérêt de la République et de la démocratie (*Vifs applaudissements*).

Discours de M. Armand Charpentier

Je comprends que vous soyez las, mais si je me permets de prendre la parole, c'est uniquement pour ramener la discussion sur le terrain des réalités, et pour examiner si entre ces deux extrêmes : monopole de l'Etat, d'une part, et, d'autre part, liberté absolue, il n'y aurait pas un juste milieu qui obtiendrait dans cette assemblée une forte majorité et, par conséquent, permettrait au parti radical de faire bloc, dès maintenant, sur cette question.

Les orateurs précédents ont parlé de la cité future.

Qu'est-ce donc que la cité future, sinon une société meilleure, une Humanité plus juste, que nous voudrions réaliser ?... Et nous savons tous que pour atteindre le plus rapidement possible cette cité idéale, il importe de surveiller l'enseignement donné à la Jeunesse.

On peut comparer cet enseignement dans son ensemble à trois routes qui se prolongeraient l'une l'autre... (Je vous prie de suivre mon image.)

1º Celle de l'enseignement primaire; 2º Celle de l'enseignement secondaire; 3º Celle de l'enseignement supérieur. Je dis que c'est une erreur de vouloir comprendre dans un même tracé ces trois routes, car elles ne sont pas parcourues toutes les trois par l'ensemble des citoyens de la nation.

Qu'est-ce que l'enseignement primaire ? A qui est-il réservé ? C'est l'enseignement des tout petits et il est réservé plus spécialement aux enfants du peuple. Les orateurs qui ont parlé en faveur de la liberté absolue ont trop souvent, ce me semble, confondu la liberté du maître avec la liberté de l'élève. Il est nécessaire, dira-t-on, de sauvegarder la liberté de l'éducateur ! Soit, mais à une condition, c'est que l'on protège la liberté de l'enfant.

Nos adversaires parlent également des droits du père de famille; mais en présence de ces droits il y a aussi ceux de l'enfant, de cet enfant d'aujourd'hui qui sera le citoyen de demain. Eh bien, cet enfant, ce petit être sans expérience et sans défense, ne peut avoir la liberté d'opter entre tel ou tel enseignement.

Aussi sur la question de l'enseignement primaire je suis d'accord avec le citoyen Lintilhac et j'estime que pour cet enseignement nous pouvons, nous devons accepter le monopole de l'Etat. C'est à l'Etat qu'appartient le droit d'instruire tous les enfants d'une Démocratie. Il doit d'autant plus veiller sur l'instruction des enfants du peuple que ceux-ci n'ont ni les moyens, ni les loisirs, d'aller plus loin que l'école primaire ; l'enseignement qu'ils y recevront aura donc une importance capitale, car il donnera à leurs esprits une empreinte quasiment définitive

L'enseignement secondaire est déjà quelque chose de différent ; il s'adresse à des jeunes gens qui, sans être encore des hommes, ne sont plus de tout petits enfants et peuvent réfléchir et discuter ; ils commencent à distinguer le pour et le contre d'une opinion... *(Bruit.)*

Cris : La clôture.

Le Président. — On ne peut pas prononcer la clôture, l'orateur étant à la tribune.

M. Armand Charpentier. — Je comprends votre impatience et j'abrège... Nous ne pouvons pas oublier que l'enseignement secondaire est donné actuellement par deux catégories d'individus en dehors des établissements de l'Etat : Les uns appartiennent soit au clergé, soit aux ordres religieux ; les autres sont des laïques libres. En ce qui concerne les premiers, les prêtres ou les religieux *(bruit)* nous n'en voulons pas, c'est entendu. Mais il ne peut en être de même des professeurs de l'enseignement libre laïque. *(Bruit.)* Songez à tous ces professeurs laïques qui presque tous, pour ne pas dire tous, sont d'ardents démocrates et de véritables libres-penseurs. *(Bruit.)*

Je demande donc que sous la réserve de certaines garanties nous laissions subsister l'enseignement secondaire libre, laïque... *(Tumulte.)*

Nouveaux cris : La clôture.

Je termine, citoyens...

Quant à l'enseignement supérieur, il convient de tenir compte de l'âge de ceux qui sont appelés à le recevoir; ce sont des hommes, de véritables citoyens ayant déjà reçu une éducation et une instruction suffisantes pour pouvoir distinguer le blanc du noir, la vérité du mensonge... *(Les paroles de l'orateur se perdent dans le bruit.)*

N'oublions pas d'ailleurs que les diplômes donnés par l'Etat sont les seuls qui comptent... *(Bruit prolongé.)*

Cris : La clôture.

Citoyens, je conclus non pas en vous proposant un ordre du jour, mais en vous soumettant la rédaction hâtive d'un vœu que voici :

« Le Congrès émet le vœu que le Parlement vote le monopole intégral de l'enseignement primaire, qu'un contrôle scrupuleux soit exercé par l'Etat sur l'enseignement secondaire libre et qu'il soit laissé à l'enseignement supérieur la liberté compatible avec les lois de la nation. »

J'ajoute que ce vœu suppose le vote préalable de l'interdiction d'enseigner aux congrégations et au clergé.

(L'assemblée insiste pour la clôture.)

Le Président. — La parole est au citoyen Henri Bérenger. (*Bruit.*) On a toujours le droit de demander la parole contre la clôture.

Discours de M. Henry Bérenger

Citoyens, les acclamations variées dont vous avez accueilli les orateurs qui ont défendu le monopole, comme ceux qui l'ont combattu, prouvent qu'il y a peu de nuances qui nous séparent, et que nous sommes tous d'accord sur ce point que l'Etat doit affirmer sa suprématie contre l'Eglise.

Pourtant, d'une part, il y a un point extrêmement important qui a été abordé par MM. Buisson et Debierre, deux professeurs de cette Université laïque pour laquelle nous voulons le monopole; deux de nos maîtres et de nos amis, que nous devons écouter avec respect, même lorsqu'ils nous présentent des objections que nous n'admettons pas.

D'autre part, notre ami Lintilhac, également professeur de l'Université, vient ici défendre le monopole de l'enseignement par l'Etat ; il a quelques droits de se faire entendre et il est par conséquent très légitime que vous ayez témoigné votre sympathie aux uns et aux autres.

Quel est donc la nuance qui nous sépare ?

M. Ferdinand Buisson l'a indiquée. Nous sommes tous d'accord sur les points suivants : Nous voulons supprimer les congrégations autorisées et nous voulons également la dénonciation du Concordat. Nous ne voulons plus que l'Eglise puisse enseigner, nous ne voulons plus d'Eglise d'Etat. Mais M. Buisson pense que le monopole de l'Etat républicain est incompatible avec la liberté d'enseignement.

Voilà, mon cher Maître, une affirmation qui est contraire à tous les principes de la Révolution française, dont vous vous réclamez ; car, si la Révolution a affirmé le principe de la liberté individuelle, elle l'a placée sous le contrôle de la souveraineté nationale. La Révolution a fait la Déclaration des Droits de l'Homme et du Citoyen, mais elle a déclaré la Loi du peuple souveraine.

Vous venez de dire que, pour des raisons particulières et parce que le président du Conseil a entrepris une campagne, dont nous avons été les premiers à le féliciter (je ne suis pas suspect sur ce point), vous venez nous dire que nous ne devons pas abandonner le champ de bataille choisi par lui pour en prendre un autre.

Permettez-moi de vous faire remarquer, mon cher Maître, que si le président du Conseil a ramassé l'arme ébréchée dont vous parliez, et qui a d'ailleurs rendu de grands services, ce n'est pas une raison pour que nous nous renfermions éternellement dans cette question des congrégations autorisées ou non autorisées.

Un grand Congrès comme le nôtre n'est pas une assemblée de législateurs, mais bien une réunion de philosophes qui préparent l'avenir (*Applaudissements*), et lorsque nous avons à délibérer sur le monopole de l'enseignement, nous n'avons pas à nous préoccuper des contingences de la politique, ni de la méthode à employer vis-à-vis des congrégations ; c'est là l'œuvre du président du Conseil et de la police des cultes. Que le président du Conseil s'attaque aux congrégations autorisées et nous irons avec lui à la bataille. Mais ce n'est pas une raison pour que nous nous arrêtions à ce cul-de-sac, dont les fausses sécularisations vous ont indiqué le danger.

Permettez-moi de vous rappeler, mon cher maître Buisson, que certains de nos collègues n'ont pas eu la même énergie, la même fermeté dont vous faites preuve à l'heure actuelle vis-à-vis des congrégations, lorsque le projet de loi Massé a été présenté devant la Chambre. (*Applaudissements*).

Alors, s'est posée la question de savoir si les écoles sécularisées, faussement sécularisées, seraient un danger pour la République. Vous pouvez mesurer le danger, maintenant que les congréganistes sont les maîtres, dans chaque commune de France, des écoles laïques libres ; ils sont les maîtres des écoles laïques de l'Eglise, puisqu'ils vont contre les écoles laïques de l'Etat. (*Bravos et applaudissements*).

Si vous n'adoptez pas le monopole intégral, si vous admettez la délégation indirecte, ce sera là la petite fissure par où l'Eglise rentrera dans le vaisseau de la démocratie. Il ne faut pas mesurer les brèches à leur largeur, il faut les mesurer à l'endroit où elles sont ouvertes. Si, par une fissure insignifiante d'apparence, toute la mer peut rentrer au cœur de la machine, elle noiera le mécanicien, le capitaine et l'équipage, elle entraînera le navire au fond de la mer.

Cette fissure, c'est vous qui l'aurez laissée se former.

Vous venez, dans un débat de cette importance, plaider la cause de qui ? Vous venez plaider la cause d'institutions que nous sommes tous ici les premiers à respecter ; la cause de l'école alsacienne, de l'école Boulle et de quelques autres.

C'est sur ces quelques pointes d'aiguilles que vous voulez faire reposer le programme de la démocratie. (*Vifs applaudissements*).

Ces écoles, citoyens, nous sommes les premiers à les respecter, et le jour prochain où, nous l'espérons, aidés de l'influence que vous avez dans les conseils du gouvernement, nous aurons réalisé le monopole intégral de l'Etat laïque, nous serons les premiers à demander que l'on rachète ces écoles au compte du gouvernement, pour continuer à en faire des écoles républicaines. (*Très bien !*)

Ce n'est donc pas pour cette misérable question de quatre ou cinq écoles vraiment laïques, que nous allons permettre à l'Eglise, comme vous le disait si éloquemment l'éminent professeur de la Faculté de Lille, le citoyen Debierre ; ce n'est pas pour ces quelques écoles libres, que nous allons permettre à l'Eglise de jeter sur toute la France son réseau d'écoles faussement laïques dont l'enseignement produira les avocats catholiques, les médecins catholiques, les ingénieurs catholiques.

Sacrifierez-vous l'éducation de la démocratie à ces quelques écoles libres fréquentées par de petits bourgeois, au-dessous desquels il y a le peuple de France tout entier qui attend la vraie solution de la crise ?

Vous ne voulez, dites-vous, que quelques années de transition : je vous réponds que l'Eglise ne vous les accordera pas (*Vigoureux applaudissements*). Ne voyez-vous pas que la petite fissure, si vous n'y prenez garde, va bientôt devenir la crevasse par où la République peut périr !

Au point de vue de la délégation par l'Etat, qui vient de nous être proposée, je n'en puis donc pas être partisan, et je crois qu'il convient de rester sur le terrain pratique. Je ne me balancerai pas comme l'écureuil entre le Monopole et le Concordat, et je ne m'occuperai pas de la question du Concordat lorsque je discuterai le Monopole. (*Très bien !*)

M. Debierre se trompe lorsqu'il croit que l'Etat peut, sans danger, déléguer à quelques écoles son pouvoir ; c'est là une nouvelle fissure qu'il va créer, et elle n'est pas moins dangereuse que celle proposée par M. Buisson. Nous n'admettons pas la délégation, citoyens, parce que nous avons déjà trop de peine, dans l'Université laïque, à tous les degrés, à trouver l'esprit vraiment laïque et républicain. Comment, dans cette Université de l'Etat, sur laquelle le ministère de l'instruction publique et celui de l'intérieur ont le contrôle, nous n'avons pas pu recruter des professeurs qui soient tous laïques et républicains, et vous voudriez que nous abandonnions le contrôle de l'Etat à des directeurs qui ne pourraient prendre des mesures efficaces contre les nouveaux laïques de l'Université cléricale ? (*Vifs applaudissements*).

Nul plus que moi ne rend hommage, non seulement à l'éloquence, mais à la philosophie de M. Ferdinand Buisson ; il sait depuis quinze ans quelle vénération j'ai pour son caractère. Mais bien des fois déjà nous avons été en dissentiment. Vous ne m'en avez pas voulu, mon cher Maître, et vous avez reconnu quelquefois que la jeunesse avait raison.

Lorsque vous venez nous dire qu'il y a antinomie entre l'Etat républicain et la liberté individuelle, je crois que vous êtes la dupe d'un mirage, comme lorsque vous avez parlé des civilisations antiques et de l'homme antique. Vous avez dit beaucoup de mal de cette Grèce et de cette Rome dont nous sommes les petits-fils. Et pourtant, n'avons-nous pas mis, nous aussi, dans notre République, l'autorité suprême du Peuple, et du Peuple souverain ? Ah ! permettez-moi de vous rappeler que c'est la civilisation antique qui a produit les Sophocle et les Aristote, que nous considérons comme les créateurs véritables de la beauté, de la science. Est-ce que le contrôle, le principe d'autorité de l'Etat, dans les civilisations antiques, les a empêchées de produire quelque chose d'infiniment plus beau, d'infiniment plus magnifique que la civilisation soi-disant individualiste du moyen âge chrétien ?

Non, non, entre l'Etat républicain et la liberté de penser il n'y a pas antinomie ; car, s'il en était ainsi, les radicaux-socialistes que nous sommes seraient forcés de renoncer à la théorie même de la République. Qu'est-ce que la République, sinon l'affirmation de la liberté des individus par le Suffrage Universel exerçant son contrôle sur tous les citoyens ? Le suffrage universel n'est-il pas le régulateur de la liberté ? Renouvelant incessamment les pouvoirs publics dans les profondeurs de la volonté populaire, il ne peut être une tyrannie, mais quelque chose, au contraire, d'incessamment modifiable et inventif. On nous dit : « Le suffrage universel est capable d'avoir des retours en arrière. » Et après ? Faudrait-il pour cela désespérer de la République ? Ne serait-ce pas à nous d'être les éducateurs perpétuels du suffrage universel ? C'est par l'instinct de la bataille que nous maintiendrons la victoire. Une éternelle agitation pour la liberté, dans la République souveraine, voilà ce que l'Etat doit entretenir.

Aussi, lorsque vous viendrez nous dire, avec notre ami Hubbard, que l'Etat est quelque chose de cristallisé, de tyrannique, qui s'oppose à je ne sais quel idéal de liberté de l'individu, je vous répondrai : « Non, l'Etat n'est pas cristallisé ; les grandes traditions de notre pays, celles du Cartésianisme, de la Révolution et du XIXe siècle, sont là pour l'attester. L'Etat n'est pas un tyran immuable. Il est la vérité en marche, il est la liberté, la justice et la beauté en marche. L'Etat républicain c'est la Révolution elle-même en marche et nous devons donc être avec lui contre je ne sais quelle duperie de liberté individuelle, incompatible avec la démocratie rationaliste. (*Vives acclamations*).

Je me rallie donc entièrement à la proposition du rapporteur, M. Lintilhac, c'est-à-dire aux conclusions de la Commission.

Cris : La clôture !

La clôture est prononcée sur la discussion.

LE PRÉSIDENT. — Cinq ordres du jour sont parvenus au bureau. Il y a d'abord celui de la Commission. Il y en a deux autres qui se rapprochent du texte de la Commission. Les deux qui restent s'écartent beaucoup du texte de la Commission. Je crois qu'il est de mon devoir, conformément aux règles parlementaires, de mettre aux voix celui de ces ordres du jour qui s'écarte le plus du texte de la Commission. (*Agitation.*)

M. HUBBARD. — En ce qui me concerne, je me rallie pleinement à la motion Buisson, qui constitue un acte politique et une déclaration de principe. (*Très bien ! Mouvements divers.*)

Le Rapporteur. — Je ferai remarquer que la Commission a repoussé avec énergie la suppression du mot « supérieur » ; ce serait là une fissure dangereuse et nous n'en voulons laisser subsister aucune. (*Très bien ! Bruit prolongé.*)

Le Président. — L'ordre du jour de M. Buisson s'écarte le plus de la Commission ; M. Hubbard déclare s'y rallier. Le voici (sans ses considérants) :

« *Le Congrès,*

« *Invite les pouvoirs publics à concentrer leurs efforts immédiats sur la triple réforme inscrite à l'ordre du jour du Parlement :*

1º Suppression de toute congrégation (retrait des autorisations);

2º Suppression de toute école ecclésiastique (Abrogation de la loi Falloux);

3º Suppression de toute église d'Etat (Dénonciation du Concordat);

« *Invite, d'autre part, le gouvernement à prendre l'initiative d'une réforme de l'enseignement des programmes, des manuels et des règlements, dans tous les établissements d'instruction publique, en vue d'y faire cesser la dérogation aux principes de l'esprit laïque et aux méthodes rationnelles qui s'y font trop souvent en faveur des traditions et des pratiques religieuses;*

« *Insiste notamment sur la nécessité de faire entrer obligatoirement dans les cours d'histoire les notions sur l'histoire des religions indispensables pour soustraire la jeunesse à l'ignorance systématique de cet ordre de faits.* »

Le Président. — Je mets aux voix l'ordre du jour que je viens de lire.

Une voix. — Je demande la division de cet ordre du jour.

Le Président. — La division est de droit. Je me conforme au règlement le plus strict (*Tumulte prolongé*) et vais mettre aux voix cet ordre du jour.

Le Rapporteur. — Je demande la priorité sur mon ordre du jour.

Après un échange d'observations sur la question de priorité, celle-ci est votée en faveur de l'ordre du jour de la Commission.

Sur la demande de quelques délégués, le rapporteur consent à la suppression des considérants de sa proposition.

Le Président. — Je donne lecture des conclusions de la Commission. Je ne crois pas devoir donner lecture de ces considérants. (*Cris : Oui, oui.*)

« *Le Congrès du parti radical et radical-socialiste, considérant que l'Etat républicain a le droit et le devoir de vouloir l'harmonie politique des citoyens pour réaliser l'harmonie sociale ;*

« Que, qui veut l'harmonie dans le tout, qui est ici la cité, la doit préparer dans chacune des parties qui sont ici des apprentis citoyens ;

« Que l'État républicain a donc le devoir, comme il en a le droit, d'éduquer tous les citoyens pour la cité idéale, en vertu et en vue de laquelle il fonctionne ;

« Que ce devoir est impératif comme ce droit est souverain ;

« Que conséquemment l'état républicain a le devoir d'exercer en fait la fonction de l'enseignement à tous les degrés, qui lui appartiennent en droit ;

« Exprime le vœu suivant :

« Dans tout établissement d'instruction primaire, secondaire et supérieur, le personnel enseignant ou administratif sera exclusivement composé de maîtres ou de maîtresses laïques nommés par l'État et pourvus de diplômes ou certificats prévus dans chaque espèce par les lois et règlements universitaires faits ou à faire. »

Le Président — Il y a un amendement ; c'est celui de M. Klotz. qui demande la suppression du mot « supérieur » dans la dernière partie du vœu de la Commission. On me fait observer que nous pouvons voter sur la partie non contestée. c'est-à-dire jusqu'aux mots : « primaire et secondaire ». (*Cris : La division*).

Je mets aux voix la première partie, jusqu'à : Etablissements primaires.

(Adopté). (*Acclamations*).

La seconde partie : Etablissements secondaires.

(Adopté). (*Nouvelles acclamations*).

Je mets maintenant aux voix l'amendement qui supprime le mot « supérieur ».

(Cet amendement n'est pas adopté). (*Bravos*).

L'ensemble du texte de la Commission est ensuite adopté par mains levées.

(*Longues et vives acclamations*).

Cris de : Vive la République !

L'assemblée demande la clôture.

Le Président. — On me demande la clôture; mais il reste encore quelques petites questions à solutionner ; ce sera rapidement réglé.

Il y a d'abord un certain nombre de départements qui n'ont pas encore proposé leurs délégués au Comité exécutif. Ce sont: Charente-Inférieure, Cher, Ille-et-Vilaine, Jura, Loire-Inférieure, Nièvre, Pas-de-Calais, etc...

Ceux d'entre vous qui appartiennent à ces départements et qui auraient des listes à déposer sont invités à le faire immédiatement, car on va se réunir ensuite ici pour procéder à la nomination du bureau du Comité exécutif.

Le Président. — La parole est au citoyen Dauzon.

Vérification des Pouvoirs

M. Dauzon. — Je viens vous demander si vous voulez faire respecter les décisions votées à l'unanimité par le Congrès. Parmi les questions qui ont été débattues dans notre assemblée, je n'en connais pas de plus grave que celle de la constitution du Comité exécutif, et, partant, de la Vérification des Pouvoirs des délégués.

Malgré la solution qui a déjà été donnée à cette question, je persiste à signaler qu'il y a des départements non représentés ici pour lesquels ont cependant été déposées des listes de délégués au Comité exécutif. Ce sont des irrégularités qui ne doivent pas être tolérées, car elles vicieraient dans ses sources mêmes l'œuvre à laquelle vous avez collaboré. Je vous demande donc, Citoyens, de prier la Commission de la Vérification des Pouvoirs de se réunir quelques instants avant la nomination du Bureau exécutif et d'examiner avec le soin le plus scrupuleux les dossiers des départements. (*Bruit*).

M. Bellanger, *président de la Commission de la Vérification des Pouvoirs*. — Je ferai remarquer que cette vérification que l'on nous demande ne peut s'effectuer en 10 minutes ; cette vérification, nous l'avons déjà faite ; sur quoi voulez-vous que la Commission délibère si personne ne réclame ?

M. Dauzon. — Il faut cinq minutes pour vérifier cela. C'est un principe que je défends ; il est très facile de se réunir et de valider les pouvoirs. (*Bruit*).

Mais, au fait, nous le ferons nous-mêmes, entre nous, au Comité exécutif. Je retire donc ma motion.

(On remet encore au bureau quelques listes de délégués).

L'assemblée décide de faire une séance de nuit, qui aura lieu à 10 heures.

Le Président. — Le Comité exécutif va se réunir à 8 heures pour nommer son bureau.

La séance est levée à 7 heures aux cris de : *Vive la République !*

SIXIÈME SÉANCE. — 10 OCTOBRE
(Séance de nuit.)

La séance est ouverte à 10 heures 1/2.

Le Président. — Je vous prie de bien vouloir me désigner quelqu'un qui n'appartienne pas au Parlement pour présider cette séance.

Voix : Debierre ! Bérenger ! Bellanger !

Le Président. — Je mets aux voix la présidence de M. Debierre, dont le nom a été lancé le premier.

Le nom du citoyen Debierre est acclamé.

Vice-Présidents : Henry Bérenger, directeur de l'*Action*.
Albert Sarraut, député de l'Aude.
Thivet-Hanelin, maire de Saint-Denis.
Dibon, maire d'Avignon.

Secrétaires : Sully-Thomas, du Gard.
Dr Cassoute, de Marseille.
Michaud, de la Côte-d'Or.
Jaunet, du Comité républicain du Commerce de Paris.

MM. F. Bouffandeau et Resch, secrétaires permanents du Congrès.

M. Henry Michel. — J'ai à vous annoncer la bonne nouvelle que le citoyen Brisson est arrivé ce soir à Marseille. (*Applaudissements.*)

M. Debierre étant absent, je cède la présidence à M. Henry Bérenger. (*Applaudissements.*)

Le citoyen Henry Bérenger. — Citoyens, je vous adresse tous mes remerciements, mais puisque notre président et ami Debierre n'est pas ici, je vais être votre interprète à tous en demandant à notre ami Michel de continuer à présider.

Le citoyen Michel refuse et M. Henry Bérenger ouvre la séance.

Le Président. — Je serai bref. Je vous adresse tous les remerciements du Bureau.

Si j'ai bien compris le sens de l'élection, vous avez voulu marquer par là que les populations rurales et agricoles sont d'accord avec la France active pour demander la réalisation immédiate des réformes inscrites au programme du parti radical et radical-socialiste.

L'œuvre accomplie cette après-midi, le vote du monopole de l'enseignement dans l'Etat intégralement laïque, parmi tant d'autres réformes, est l'affirmation de la volonté du pays d'en finir avec les Eglises et d'aller de l'avant.

Ce soir nous aurons à examiner d'autres réformes, industrielles, commerciales et sociales : leur importance ne vous échappera pas.

La 8ᵉ Commission a demandé à déposer son rapport complémentaire ; je donne la parole au rapporteur.

Réformes économiques

(Huitième Commission.)

M. Gustave Cahen, *rapporteur*. — Le Congrès a renvoyé à l'examen de la 8ᵉ Commission quelques propositions remises en séance ; nous avons rapporté ces questions ce matin et nous venons soumettre les conclusions à votre sanction.

1ᵒ **Vœu tendant à modifier la loi de 1883 sur les Tribunaux de Commerce.** — La Commission a émis un avis favorable. Je vous demande de vous prononcer ; il s'agit d'accorder l'électorat aux voyageurs de commerce, afin qu'ils puissent se défendre eux-mêmes.

Cette résolution est adoptée par le Congrès.

2ᵒ **Chambres de Commerce.** — Au nom du groupe radical et radical-socialiste de Salon, le citoyen Girard, président, et ses codélégués, ont l'honneur d'émettre le vœu que les élections aux Chambres de Commerce, qui s'effectuent actuellement au chef-lieu d'arrondissement, soient fixées, dans la législation à intervenir, en la mairie de chaque commune, ou tout au moins, comme pour les élections des Tribunaux de Commerce, au chef-lieu de canton.

La 8ᵉ Commission a émis un avis favorable qu'elle vous demande de sanctionner.

Ce vœu est adopté à l'unanimité par le Congrès.

3ᵒ La 8ᵉ Commission, saisie hier par le Congrès de la proposition de M. Grosclaude sur la question des zones franches, vous propose :

« *D'inviter les Pouvoirs publics à persévérer dans les pro-*

*jets de création de zones franches dans les principaux ports
du pays. »*

UN DÉLÉGUÉ. — Il s'agirait, si j'ai bien compris, de la création de ports francs ?

M. GROSCLAUDE, de Marseille, qui a fait un rapport sur la question, expose la question des zones franches et des ports francs.

Après lui, MM. Gérault-Carion, Falot. Denis, Guillot, Delbois, prennent la parole. Sur la proposition de M. Klotz, la question est renvoyée au Comité exécutif, ainsi que le rapport de M. Grosclaude.

Assurance et Prévoyance sociales

(Cinquième Commission)

LE PRÉSIDENT. — L'ordre du jour appelle maintenant la discussion du rapport de la cinquième Commission sur les réformes sociales. — La parole est à M. Blanchard, rapporteur.

M. BLANCHARD. — Messieurs, votre Commission s'est occupée de nombreux projets ayant pour but d'atténuer la trop grande misère qui frappe parfois la vieillesse et aussi ceux qui, quoique jeunes encore, sont atteints d'infirmités les mettant dans l'impossibilité de subvenir à leurs besoins par un travail régulier.

Nous n'avons pas voulu faire un exposé complet de la question et demander le vote d'une loi de solidarité dont le bénéfice s'étendrait à toutes les individualités des deux sexes dans des cas déterminés ; cela aurait absorbé une trop grande partie du temps restreint que vous pouvez accorder à chaque question.

Dans son discours d'ouverture du Congrès de Marseille, le président, M. Dubief, nous conviait à améliorer le sort des déshérités. Je le remercie de son intervention où je trouve un si éminent appui

Il est bien certain que le prestige de nos législateurs serait fortement atteint s'ils étaient impuissants à donner à la démocratie cette loi appelée à attacher définitivement, par un acte de justice sociale, le plus grand nombre des électeurs à l'idée républicaine et laïque, et qu'en eux le principe même de la République démocratique serait atteint. Vous ne le voudrez pas.

Votre cinquième Commission vous prie, Messieurs, de vous prononcer sur le principe et de vous joindre à elle pour appeler l'attention des représentants de la démocratie dans les deux Chambres, afin que la législature en cours n'arrive pas au terme de son mandat sans avoir à son actif cette loi de solidarité sociale qui fera sa gloire et celle de la République. Nous vous soumettons donc le vœu suivant :

« Le Congrès de Marseille exprime le désir qu'une loi de solidarité soit instituée, reconnaissant des droits indiscutables aux individualités des deux sexes, infirmes ou âgés n'ayant pas d'autres ressources que le produit de leur travail. »

Adopté.

M. FALOT. — Au nom de la cinquième Commission nous vous demandons d'insister auprès du Sénat pour qu'il vote dans les plus courts délais possibles la loi d'assistance sociale déjà adoptée par la Chambre des députés.

Il faut que, dans cette législature, l'assistance à la vieillesse soit organisée sur des bases vraiment humaines, sur les bases de la solidarité sociale, et que les vieillards nécessiteux ne relèvent plus de l'humiliante charité confessionnelle.

(Le vœu, rapporté par M. Falot, est adopté).

M. Victor JEAN. — Citoyens, votre cinquième Commission, qui s'est réunie hier, a été saisie de quelques projets concernant les réformes ouvrières. Elle a regretté de n'avoir pas le temps matériel de se livrer à une étude assez complète des lois ouvrières, car elle avait pensé qu'il était du devoir du grand parti républicain radical et radical-socialiste de se préoccuper, avant toute chose peut-être, des réformes à apporter à ce que nous pouvons considérer comme le code ouvrier de notre pays. Elle a pensé qu'il appartenait au Congrès de montrer que d'autres ne se préoccupent pas plus que nous du sort des travailleurs, et elle m'a chargé d'exprimer tout d'abord l'ardent désir qu'elle a de voir votre Comité se mettre à l'œuvre pour étudier dans tous leurs détails nos lois ouvrières.

Votre Comité devra poursuivre cette étude de façon à pouvoir présenter l'année prochaine au Congrès des projets détaillés indiquant toutes les réformes qu'il convient d'apporter dans cet ordre d'idées.

Votre Commission a étudié la loi sur les accidents du travail et elle m'a chargé de rapporter devant vous certains projets concernant l'extension de la loi et les modifications de tels articles qui ont été reconnus défavorables à la classe ouvrière. Voici la courte rédaction que je propose :

« Le Congrès émet le vœu: Que le bénéfice de la loi du 9 avril 1898 soit étendu aux ouvriers de toutes professions, notamment aux ouvriers agricoles (Applaudissements).

« Que les quatre premiers jours de l'incapacité résultant d'un accident soient compris et comptés dans l'évaluation de l'indemnité temporaire due à l'accidenté (Applaudissements).

« Que l'indemnité temporaire du demi-salaire payée à l'ouvrier du jour de l'accident au jour du jugement qui liquide

sa rente viagère, soit acquise définitivement à l'accidenté, et qu'en tout cas une partie des sommes représentant ce demi-salaire ne puisse être imputée sur le montant de la rente viagère, et retarder le paiement de celle-ci qui, étant une dette sociale, ne peut être réduite du jour où elle est accordée. »

Voilà, citoyens le projet de modification concernant la loi de 1898 elle-même. Mais votre commission a pensé qu'il fallait aller plus loin, et sur la proposition qui a été faite par M. Lacroix, elle a pensé qu'il y avait lieu d'étendre le bénéfice de cette loi, non seulement aux accidents, mais encore aux maladies professionnelles. Elle a pensé que ces maladies, lentement mais sûrement contractées dans telle ou telle industrie, ouvraient pour l'ouvrier un droit à une rente viagère (*très bien!*); et, alors sur l'examen d'un rapport très minutieusement étudié et dont je regrette de ne pouvoir donner lecture ce soir, nous avons voté au moins les conclusions si claires de M. Lacroix et que voici :

Attendu que les maladies causées par l'exercice des professions malsaines, notamment celles qui proviennent de la fabrication ou de la manipulation de produits toxiques rentrent tout aussi bien dans le risque professionnel que les accidents du travail;

Que notamment en Allemagne les mutualités professionnelles obligatoires supportent la charge de toutes les maladies ouvrières;

Que la responsabilité patronale en pareil cas aura en outre pour effet de multiplier les précautions hygiéniques et de faire rechercher des procédés moins nocifs de fabrication;

Emet le vœu que le bénéfice des indemnités prévues par la loi du 9 avril 1898 pour les accidents du travail soit accordé aux ouvriers victimes de maladies professionnelles ou à leurs ayants-droit.

M. Eugène LEROY. — Comment sera constituée l'indemnité dont il est question ?

M. Victor JEAN. — Cette indemnité sera prélevée sur un fonds constitué par le produit de centimes additionnels, la patente des industries malsaines. Chaque patron sera tenu de verser sa quote-part, et ce versement alimentera une sorte de caisse d'assurance pour les maladies professionnelles.

C'est là seulement un principe; j'estime et votre commission estime également que ce Congrès n'a pas l'obligation d'arrêter les termes des projets de loi qui sortiront de ces délibérations; il lui suffit d'indiquer les grandes lignes, s'en référant, pour l'application, aux législateurs. Je vous demande de consacrer le principe que, comme les accidents, les maladies professionnelles donneront droit à des indemnités.

(Le Congrès, sur la proposition du Président, vote des félicitations au rapporteur de la cinquième commission).

La parole est au docteur Cazeneuve, délégué de Lyon.

M. Cazeneuve. — Je serai très bref. Je suis de l'avis de quelques membres ici présents, que la question qui vient de nous être soumise est essentielle et très délicate. Je suis comme eux partisan de renvoyer cette question au Comité exécutif. Je veux, comme notre collègue, que les ouvriers qui sont victimes des poisons industriels, qui peuvent agir sur eux, d'une manière chronique, soient indemnisés absolument comme ceux qui sont victimes d'accidents traumatiques.

Mais, je le répète, cette question est excessivement délicate, parce qu'elle peut donner lieu à des interprétations très diverses.

Je prends pour exemple la tuberculose. Cette maladie peut être due aux poussières dégagées et elle peut être engendrée par toutes sortes de matières. Comment pourra-t-on démontrer si l'ouvrier atteint de cette maladie l'a contractée à son travail, à son domicile ou à un autre endroit ?

A ce sujet, je signalerai que le Comité consultatif d'hygiène de France a une grande tâche à remplir ; il doit chercher à faire disparaître de l'industrie les matières toxiques et les remplacer par des succédanés.

D'ici là, j'espère bien déposer un projet de loi qui supprime l'usage de la céruse, de l'urane, de l'oxyde de plomb et de l'oxyde de zinc ; on pourra les remplacer par d'autres produits, de même qu'on a remplacé le mercure par l'argent.

Il y a là une grande réforme à faire.

La question qui nous est soumise est grave ; elle intéresse au plus haut point la classe ouvrière. Mais pour les raisons que je viens de donner, je demande qu'elle soit renvoyée au Comité exécutif, afin qu'après une étude plus approfondie, des conclusions plus fermes, plus précises, soient apportées au Congrès l'année prochaine.

Le Président. — La parole est à M. Bertrand.

M. Bertrand. — Il arrive très souvent que lorsqu'on se trouve en présence d'ouvriers de nationalité étrangère ou même des indigènes de nos colonies, les lois ouvrières ne sont pas appliquées ; on ne s'occupe plus du tout des responsabilités patronales.

Je voudrais qu'on ajoutât au vœu qui a été lu tout à l'heure que les lois ouvrières devront être appliquées, non seulement en France, mais en Algérie et en Tunisie, sans distinction de nationalité.

Voici d'ailleurs mon vœu écrit : « *Le Congrès émet le vœu que les lois ouvrières seront applicables aux colonies, sans distinction de nationalité.* »

Le Président. — La parole est à M. Victor Jean.

M. Victor Jean. — Je demande au Congrès de bien vouloir approuver les parties de mes conclusions qui ont trait aux modifications de la loi de 1898. Quant à l'extension du bénéfice de cette loi aux maladies professionnelles, je lui demande d'en accepter le principe ; je crois qu'il se fera honneur en étendant le bénéfice de la loi des accidents du travail aux maladies qui sont forcément la conséquence du travail ou de ses conditions.

Permettez-moi maintenant de vous donner lecture d'un dernier vœu que votre Commission a adopté. Ce vœu concerne les ouvriers agricoles ; il nous a été présenté par M. Vitalis Brun, un de nos bons camarades de l'Aude ; le voici :

« Le Congrès,

« Considérant que les ouvriers agricoles ont été jusqu'à ce jour placés en dehors des lois qui réglementent le travail industriel et protègent l'ouvrier de l'usine, de la manufacture, ou de l'atelier,

« Emet le vœu que les lois et règlements qui visent la protection des travailleurs soient étendus aux ouvriers agricoles, sauf à y ajouter les mesures d'atténuation qui seraient nécessaires pendant les travaux de la moisson ou des vendanges, en ce qui concerne la durée du travail effectif quotidien. »

Je prie Monsieur le Président de vouloir bien mettre aux voix les trois parties de mon rapport :

1º Modifications à apporter à la loi de 1898.

2º Extension du bénéfice des indemnités de cette loi au cas de maladies professionnelles ;

3º Vœu concernant les ouvriers agricoles.

(On demande la division).

Le Président. — La parole est au citoyen Castel.

M. Castel. — Citoyens, je suis heureux que votre cinquième Commission se soit occupée des ouvriers agricoles. En effet, il existe une anomalie qui constitue en quelque sorte une inégalité ; il n'y a aucune raison pour que les ouvriers de la terre française soient privés des avantages de cette loi.

Maintenant, en outre des quelques imperfections et irrégularités que vous a signalées le rapporteur, il y en a quelques autres qui devraient être étudiées.

Lorsqu'il s'agit de l'incapacité totale, par exemple, on prend la moitié des salaires gagnés par l'ouvrier et lorsqu'il s'agit de l'incapacité partielle on prend les deux tiers ; c'est-à-dire qu'on n'accorde jamais la totalité.

C'est ainsi que le Tribunal civil de Narbonne a accordé 96 % d'indemnité pour incapacité à un charretier qui avait eu la colonne vertébrale complètement déviée.

Pourquoi lui accorder 96 % ? Pour favoriser les Compagnies d'assurances. Si l'ouvrier avait 900 francs, en obtenant l'indemnité pour incapacité totale, il n'aurait eu que 85 %, soit 750 francs au lieu de 900 francs.

Je demande donc que pour l'incapacité partielle la règle soit la même que pour l'incapacité totale.

J'ajoute qu'il serait à souhaiter que les ouvriers n'eussent plus à passer par les Sociétés d'assurances, qui, en aigrissant les conflits, retardent continuellement la solution quand elles ont une indemnité à payer ; on en arrive à ceci, c'est que les ouvriers n'obtiennent pas ce qui leur est dû de par la loi.

Donc, je demande que le Congrès décide que, puisque pour les patrons qui ne sont pas assurés il y a une taxe, on porte cette taxe à 0 fr. 10 % si l'on veut, mais que ce soit l'Etat qui, par le moyen de l'impôt, assure le paiement des indemnités pour incapacité de travail. (*Bravos et applaudissements.*)

J'ai formulé ainsi mon vœu :

« L: Congrès émet le vœu que les pensions et indemnités pour les victimes des accidents du travail soient assurées par une taxe de garantie sur les patentes perçues par l'Etat à l'exclusion de toute Compagnie d'assurances. Il émet également la volonté que la proportionnalité de la pension à servir aux victimes du travail soit la même pour les incapacités absolues et pour les incapacités partielles. »

Je demande que le rapporteur de la cinquième Commission insère dans son ordre du jour les dispositions que je viens de vous soumettre. (*Applaudissements.*)

Le Président. — La parole est à M. Falot.

M. Falot. — Je vous demanderai de voter d'abord la division du rapport qui vous a été présenté.

La première partie ne peut soulever aucune contestation.

Quant à la deuxième partie, concernant les risques professionnels, vous avez entendu des docteurs. Je ne discuterai pas sur les maladies professionnelles ; je ne suis pas docteur, mais je suis industriel et je sais qu'il existe des maladies professionnelles que l'on doit traiter absolument comme les accidents.

Ce qui vous a effrayés, c'est le nouvel impôt que propose le rapporteur...

M Victor Jean, *rapporteur*. — Je n'insisterai pas sur les moyens financiers; je demande que le bénéfice de la loi qui ne prévoit que les accidents soit étendu aux maladies du travail (*Bruit*); mais je retire ce que j'ai pu dire concernant le mode d'application ; ce que je vous demande, c'est d'envoyer mes projets à l'étude du Comité exécutif. Votez le principe, et au Comité il appartiendra d'assurer les voies et moyens pour mettre en pratique ces réformes. (*Cris : Aux voix ! aux voix !*)

M. Falot. — Citoyens, il serait profondément indigne de voir une assemblée comme la nôtre se dérober à ses devoirs dans une question aussi sérieuse. **Nous arrivons ici avec des** propositions fermes ; la Commission a étudié ces questions et les approuve ; il ne saurait plus être question de renvoi à la Commission.

La première partie du rapport ne saurait soulever aucune contestation. Qu'on la mette aux voix. Quant à la deuxième partie concernant les maladies professionnelles, je demande que l'on en accepte le principe.

M. Victor Jean. — Nous sommes d'accord.

Le Président. — Je mets aux voix la première partie du vœu de la Commission. (Adopté).

M. Denis Guillot. — Je propose qu'aux mots ouvriers agricoles on ajoute le mot « marins » (*Bruit.*)

M. Victor Jean. — La situation du marin en cas d'accident est prévue et réglée par la loi du 21 avril 1898. Nous savons tous combien cette loi est fâcheuse et j'avais même l'intention de demander au Congrès des réformes sur ce point ; malheureusement, la Commission n'a pas eu le temps de s'en occuper. Le Comité aura à étudier cette question. Mais ce serait une erreur monumentale que de vouloir lier le sort des Inscrits maritimes à la loi du 9 avril 1898, qui ne s'applique qu'aux ouvriers des industries terrestres.

M. Denis Guillot. — Je pose simplement cette question :

Messieurs, j'entends soutenir devant vous que la loi de 1881, à laquelle on vient de faire allusion, n'est qu'un leurre pour les marins. En réalité, les marins devraient être soumis, comme les ouvriers des industries de terre, à la loi de 1898. Par la loi spéciale aux marins on a constitué une caisse de prévoyance qui est tout à fait insuffisante ; tandis que les ouvriers de terre touchent de 7 à 800 francs, on n'accorde aux marins que 2 à 300 francs.

Je demande qu'on ajoute, quand la Commission examinera les vœux qui ont été émis, qu'elle mette aussi la question qui concerne les marins à l'étude.

(Le renvoi, mis aux voix, est adopté).

Le Président. — Je mets maintenant aux voix la deuxième partie du vœu de la cinquième Commission. (Adopté à l'unanimité)

Le Président. — Il reste à statuer sur l'amendement suivant :

« Le Congrès émet le vœu que les pensions et indemnités pour les victimes des accidents du travail soient assurées par une taxe de garantie sur les patentes perçues par l'Etat à l'exclusion de toute Compagnie d'assurances. Il émet également la volonté que la proportionnalité de la pension à servir aux victimes du travail soit la même pour les incapacités absolues et pour les incapacités partielles. »

(Le renvoi au Comité est adopté).

Le Président. — Il est donc bien entendu que le principe est adopté et les détails renvoyés à l'examen du Comité exécutif.

Le Bureau avait été saisi du vœu de M. Vitalis-Brun, qu'a lu M. Victor Jean.

Satisfaction est donnée à ce vœu par les votes émis.

M. Victor Jean. — Voici encore un vœu; c'est simplement, sous une formule différente, les conclusions Lacroix pour les maladies professionnelles.

« Le Congrès émet le vœu que le bénéfice de la loi des accidents du travail soit applicable aux maladies professionnelles. Il charge le Comité exécutif d'étudier les voies et moyens pour assurer la mise en pratique de ce principe. »

Le Président. — Je vais mettre aux voix cette nouvelle formule; je crois que personne ne fera d'opposition.

(Le principe est adopté et les détails renvoyés à l'examen du Comité).

Reste le vœu de M. Bertrand :

« Les lois ouvrières seront applicables aux colonies sans distinction de nationalités. »

Le Président. — Je mets ce vœu aux voix. (Adopté.)

Réformes fiscales

(Troisième Commission)

Le Président. — Je donne la parole à M. Maurice Sarraut sur la question des réformes fiscales.

L'impôt sur le revenu

M. Maurice Sarraut. — Citoyens, le Comité exécutif s'est préoccupé, comme c'était son devoir, de l'importante question des réformes fiscales; il a nommé une Commission qui en a délibéré et a adopté à ce sujet plusieurs rapports.

Vous comprenez qu'à l'heure tardive où nous sommes arrivés et après la fatigue écrasante de cette journée, je ne songe pas à vous infliger la lecture de celui de ces rapports dont la Commission a bien voulu me charger.

J'ai préféré condenser, en quelques indications très brèves, l'exposé de la doctrine de notre parti sur la principale des réformes fiscales, sur l'impôt sur le revenu.

Jamais, citoyens, plus qu'à l'heure présente, il ne fut nécessaire de se préoccuper de cette réforme. Elle doit aboutir, il faut qu'elle aboutisse. C'est pour le parti auquel nous appartenons une obligation impérieuse de ne rien négliger pour qu'il en soit ainsi.

L'impôt sur le revenu, nous l'avons promis ; vous savez comme moi, citoyens, que les élections législatives dernières n'ont pas roulé seulement sur la question congréganiste et que dans les régions du Sud-Ouest et du Sud c'est parallèlement au problème de l'enseignement sur l'impôt sur le revenu que la bataille s'est à fond engagée.

Cette bataille, à laquelle chacun de nous a participé avec ardeur, nous l'avons gagnée aujourd'hui ; notre parti a le pouvoir, mais il a pris aussi à sa charge les responsabilités qui en découlent ; la première de toutes, c'est de tenir les promesses qu'il a faites. *(Applaudissements)*.

Nous aurions voulu qu'une grande discussion s'engageât sur la question de l'impôt sur le revenu. Ce n'est plus l'heure ; nous aurions voulu exprimer en détail notre sentiment sur le projet Rouvier, qui ne nous satisfait pas, parce que nous le trouvons insuffisant. Mais puisque cette discussion ne peut pas s'ouvrir, nous nous contenterons d'indiquer les lignes générales du projet d'impôt sur le revenu qui doit être établi par le Parlement.

Ces lignes générales les voici, résumées en une brève déclaration :

« *Votre Commission des réformes fiscales s'est livrée à l'examen approfondi des divers projets qui lui ont été soumis et qui émanent, soit du Comité exécutif, soit des délégués au Congrès, et notamment des citoyens Lefèvre, Laterrade et Fontenille.*

« *Son avis unanime est que la réforme démocratique de l'impôt direct s'affirme comme une nécessité impérieuse et ne peut plus être différée.*

« *Tous les impôts directs, depuis longtemps condamnés, doivent disparaître et faire place à un nouveau système basé sur la justice.*

« *La justice, c'est de demander, conformément à la Déclaration des Droits de l'homme, que chaque citoyen contribue aux dépenses publiques, en raison de ses facultés et dans la mesure de celles-ci.*

« *La justice, c'est l'impôt sur le revenu.*

« *Mais pouvons-nous choisir entre les projets en présence ? C'est le rôle du Parlement : ce n'est pas le nôtre.*

« *Ce que nous avons le droit de demander, ce que nous demandons, c'est que le Parlement se mette à l'œuvre dans le plus bref délai possible et que de ses délibérations sorte, non pas une apparence de réforme, mais une transformation profonde et sincère d'un système fiscal arbitraire et inique.*

« *Cette réforme, à notre sens, doit consacrer les principes suivants :*

« *L'impôt sur le revenu, tel que nous le concevons, doit répondre à l'idéal républicain de solidarité en permettant, par la suppression progressive des impôts indirects, de décharger la masse des non-possédants.*

« Il doit se substituer à tous les impôts directs ;

« Comporter une progression qui atteigne l'argent là où il est ;

« Établir à la base les plus larges exemptions ;

« Il ne doit pas peser sur le nécessaire ;

« Il doit favoriser le travail et par cela même la fortune en formation ;

« Accorder une diminution sérieuse de leurs charges aux familles nombreuses ;

« Il implique nécessairement la taxation de la globalité du revenu et la déclaration.

« En réalisant sur les bases que nous venons d'indiquer l'impôt sur le revenu, le parti radical et radical-socialiste ne fera d'ailleurs que continuer la pure et saine tradition du vieux parti républicain, au nom duquel en 1881 Gambetta s'écriait : « Je crois qu'il faudrait se demander une bonne fois et résolument si le moment n'est pas venu de tenter l'essai de l'impôt le plus juste, le plus équitable, le plus moral de tous : je veux parler de l'impôt sur le revenu, de celui qui a pour but de mesurer la charge de l'impôt à la faculté des contribuables. » Il y a vingt-deux ans que la démocratie française attend que cette heure ait sonné : au gouvernement et à la majorité de ne pas prolonger une attente qui n'a que trop duré. » (Vifs applaudissements).

A vous, citoyens, en faisant vôtre cette déclaration, en l'appuyant de la haute et légitime autorité du Congrès de notre parti, d'affirmer qu'en vérité l'heure est bien venue de réaliser une réforme que le pays attend impatiemment. (*Vifs applaudissements*).

LE PRÉSIDENT exprime tous ses remerciements au citoyen Sarraut pour l'étude approfondie à laquelle il s'est depuis longtemps livré au sujet de l'impôt sur le revenu.

Il met aux voix la déclaration apportée par le citoyen Sarraut au nom de la Commission.

Cette déclaration est unanimement approuvée.

LE PRÉSIDENT. — La parole est au citoyen Lefèvre, d'Hyères. Je prie l'orateur d'être bref.

(Le citoyen LEFÈVRE résume un rapport assez long. Il base l'impôt sur la valeur locative.)

M. GÉRAULT-CARION. — Le citoyen Lefèvre nous propose de mettre un impôt proportionnel sur le loyer. Or, d'après le programme de notre parti, il est question d'un impôt progressif non proportionnel.

M. LEFÈVRE. — Je ferai remarquer que l'impôt que je propose devient en pratique progressif.

M. GÉRAULT-CARION. — Le loyer n'est pas le moins du

monde une marque de richesse et par conséquent la proposition qui consiste à établir un impôt, qu'il soit progressif ou proportionnel sur le loyer, est mauvaise (*Applaudissements*).

Cris : Aux voix.

Le Président. — Je mets aux voix le rapport de M. Maurice Sarraut.

(Adopté).

Les droits sur les successions

Le Président. — L'ordre du jour appelle le rapport sur les droits sur les successions. La parole est à M. Burot, rapporteur.

M. Burot. — En présence de l'heure tardive de la soirée et de la fatigue qui résulte pour tous d'une si laborieuse journée je ne vous ferai pas une lecture complète de mon rapport sur la *Réforme de l'impôt sur les successions*, je vous donnerai seulement lecture d'une partie de l'exposé des motifs et des conclusions :

Citoyens,

Jusqu'à ce jour le législateur a ordonné la transmission des biens suivant la filiation du sang, tandis que les principes démocratiques font apparaître de plus en plus qu'il devrait se préoccuper surtout de la collaboration, ou, si je puis parler ainsi, de la filiation du travail.

On comprend que la consanguinité et les efforts faits en commun établissent entre le père, la mère et les enfants, une étroite solidarité.

Mais s'il est impossible de séparer l'homme de la famille, au point de vue social, on ne peut davantage le séparer de la société à laquelle il appartient également.

Voici comment Treilhard expliquait au commencement du siècle dernier le principe fondamental de la loi relative aux successions qui nous a régis pendant tout ce siècle :

«Chacun laisse en mourant une place vacante: nous avons des biens à régir, des droits à exercer, des charges à supporter; l'héritier est un autre nous-même qui nous représente dans la société: il y jouit de nos biens, il y remplit nos obligations, le remplacement ne peut s'opérer que de deux manières, ou par la force de la loi qui nous donne un successeur, ou par la volonté de l'homme qui désigne lui-même la personne qui doit le remplacer »

La première partie de cette assertion paraît conforme aux lois de la nature et, par conséquent, juste, mais la seconde paraît contraire à ces lois et, par conséquent, immorale

Il en est résulté que l'impôt qui, dans toute société basée sur la liberté et l'égalité, ne doit être que la quote-part de solidarité de chacun dans la vie sociale commune, n'a fait que reproduire en partie les erreurs et les iniquités de l'ancien régime monarchique.

Or, la réforme générale de l'impôt peut seule nous permettre de continuer l'œuvre sociale et économique de la Révolution. C'est la base même des réformes sociales. Sans elle, il est impossible de résoudre toutes ces graves questions touchant au salaire, au crédit, à la retraite des travailleurs. La réforme générale de l'impôt, comme le dit notre distingué et sympathique ancien Président, M. Maujan, dans son projet déposé le 11 juin dernier à la Chambre, doit logiquement accompagner et même précéder la réforme sociale.

En ce qui concerne celle qui est relative aux droits de succession, on peut dire qu'elle a été réclamée presque avec unanimité, sous tous les régimes, depuis cette loi de frimaire an VII. qui a été chez nous la base du régime fiscal en matière de mutations par décès, jusqu'en ces dernières années où la loi portant fixation du budget de 1901 a commencé à la modifier d'une façon sensible.

La loi de frimaire an VII avait soumis à la perception toutes les valeurs composant les successions, biens meubles et immeubles, sauf les inscriptions au Grand Livre de la Dette publique et en avait fixé les tarifs.

La loi de mai 1850 a seulement fait rentrer dans le régime commun les porteurs de dette publique.

Cependant, ces deux lois avaient totalement omis d'inscrire le principe de la déduction des dettes au passif du *de cujus* ou décédé, sous prétexte de la difficulté de les reconnaître ou de les contrôler exactement, et cette flagrante anomalie avait été relevée inutilement depuis cette époque par une foule d'économistes et de parlementaires qui, notamment depuis 1870, comme MM. Y. Guyot, Tirard, Rouvier, Barodet, Peytral, Maujan, Burdeau, Poincaré et Doumer, pour ne citer que les principaux, avaient déposé projets sur projets, rapports sur rapports, dans les législations qui se sont succédé depuis cette époque, sans faire avancer la question d'un pas.

Tous voulaient faire disparaître cette absurdité et modifier les tarifs et différentes parties de la loi dans un sens plus conforme à nos aspirations démocratiques en y ajoutant le principe de la progression ou proportionnalité des taxes à l'importance des successions. Ce principe était même reconnu équitable par des économistes qui ne passent cependant pas pour gens trop pressés en matière de transformations sociales, tels que Léon Say qui, dès 1880, acceptait la progression en matière successorale.

Ce n'est que lors de la discussion du budget de 1901, après que la Chambre se fût mise d'accord, en 1895, sur les projets de MM. Dupuy-Dutemps, Maujan et Poincaré, déposés successivement en 1891, 93 et 94, et que le projet, adopté par la Chambre, eût été soumis au Sénat, qui reprit entièrement le projet Poincaré et l'adopta en première lecture, en 1900, que le nouveau tarif fut définitivement accepté par les deux assemblées.

En même temps que ce tarif consacrait le principe de la progression de l'impôt réclamé depuis de si longues années, la nouvelle loi établissait également celui de la déduction des dettes du *de cujus* attendu depuis aussi longtemps.

MM. Maujan et Dupuy-Dutemps avaient précédemment proposé d'élever les chiffres de cette progression qui s'arrête à 1 million, pour taxer encore davantage les fortunes de 1 à 50 millions et au delà, et c'est encore la loi portant fixation du budget de 1902 qui décida cette modification.

Si, maintenant, nous examinons la valeur des annuités successorales et les résultats fournis par les taxes, on voit combien est importante cette question pour l'équilibre du budget et l'augmentation des ressources qui nous sont nécessaires pour faire aboutir les réformes réclamées depuis si longtemps en faveur des travailleurs de toute catégorie.

Les annuités successorales, en France, se sont élevées, depuis 1847 jusqu'en 1900, de la somme de 2.055 millions à 6.737 millions, décomposées à peu près comme suit pour ce dernier exercice :

Héritages en ligne directe........	4.404 millions.
— entre époux.....................	768	—
— en ligne collatérale.............	1.232	—
— entre étrangers (ou non parents)	333	—
	6.737 millions.

Et le produit des droits a passé de 188 millions en 1894, à 210 millions en 1900.

On voit donc quelles importantes ressources peut donner un impôt bien établi sur cette matière et on se rend compte qu'il est loin d'atteindre tout ce qu'il devrait produire et que c'est celui dont la perception peut soulever le moins de difficultés et de récriminations, surtout lorsqu'il s'agit d'héritages en ligne collatérale.

Mais nous ne pouvons pas espérer faire immédiatement dans cette voie des réformes trop brusques, afin de ne pas effrayer les gros capitaux français et les voir se déplacer et s'expatrier à l'étranger avec tout l'empressement et la désinvolture qui caractérise leurs détenteurs presque toujours très nationalistes et combien patriotes lorsqu'il s'agit de faire preuve de réel patriotisme.

Tant que nos voisins immédiats n'auront pas modifié euxmêmes leurs tarifs à cet égard, tarifs qui s'écartent cependant peu des nôtres, et que les mêmes nécessités financières et d'ordre social qui nous en font un devoir et qui les pousseront aussi forcément sans tarder dans la même voie, ne les y auront pas encore conduits, nous sommes obligés de tenir compte de cette éventualité dans une certaine mesure.

Je ferai toutefois remarquer que des considérations d'ordre

pratique, qu'il serait un peu long d'énumérer ici, nous garantissent un peu contre cette tendance et la restreignent sensiblement.

Aussi quoique nous soyons tous partisans de réformes plus importantes, que, personnellement, votre rapporteur estime que tôt ou tard l'héritage devra disparaître en ligne collatérale en attendant des modifications plus profondes, et qu'actuellement on devrait taxer dans une très forte proportion les fortunes considérables qui passent à des collatéraux, même avec des taux de 50, 60 °/o et plus, proposés autrefois par quelques députés, nous sommes forcés de limiter ces desiderata, si nous voulons voir aboutir une réforme sérieuse et la faire accepter par les Chambres.

Je ne crois donc pas pouvoir mieux faire en ce moment que de vous proposer d'adopter et de faire voter, sous forme de vœu, le projet et les tarifs présentés par notre distingué et sympathique ancien Président, M. Maujan, dans le très remarquable rapport qu'il a déposé, le 11 juin dernier, à la Chambre des députés en même temps que d'autres propositions relatives à la réforme générale de l'impôt.

Les conclusions de M. Burot, impliquant l'adoption du projet Maujan avec le relèvement des tarifs proposé en dernier par le député de la Seine, sont adoptées après échanges d'observations entre le rapporteur et M. Eugène Leroy.

Le Président, au nom du Congrès, remercie M. Burot et le félicite de son remarquable rapport.

Les Majorats

M. Burot. — J'ai à vous proposer encore un vœu sur certaines réformes fiscales ; il s'agit des majorats et pensions extraordinaires :

« Le parti radical et radical-socialiste, considérant que les majorats, dotations et pensions établies par les anciens régimes ne peuvent pas lier indéfiniment la nation, qu'il n'est pas tolérable qu'on conserve plus longtemps de gros majorats aux familles des auteurs de coups d'Etat, parce qu'elles ont contribué à des attentats à la liberté (Très bien !) ; qu'on continue à pensionner des généraux et des magistrats ou leurs descendants, parce qu'ils ont mitraillé le peuple et l'ont envoyé dans les bagnes en 1851 et 1871, et que si l'on a renversé l'Empire et la Royauté, ce n'est pas pour respecter tous les abus et les exactions qu'ils ont commis au détriment du peuple,

« Emet le vœu que les majorats et les pensions soient révisés d'urgence dans le sens démocratique en supprimant tous

ceux qui résultent d'abus et de privilèges contraires à nos doctrines (Vigoureux applaudissements).

(Ce vœu est adopté par acclamations).

Réformes administratives

(Septième Commission)

Le Président. — La parole est au citoyen Beauquier, qui va vous présenter son rapport sur les réformes administratives. M. Beauquier est le citoyen que tous les libres-penseurs connaissent bien pour son ardeur républicaine (*Applaudissements*), et que tous les républicains connaissent aussi pour son activité infatigable (*Cris: vive Beauquier!*)

M. Beauquier *monte à la tribune*. — Citoyens, la question que j'ai à développer devant vous demanderait certainement plusieurs heures. C'est la question de la décentralisation d'une part et des réformes administratives d'autre part. — Vous pensez bien que je ne vais pas vous faire un long exposé ; vous connaissez tous ces questions qui sont agitées depuis très longtemps et dont on trouve trace dans tant de discours et dans des livres de toutes sortes. Par conséquent, je ne me livrerai à aucune considération inutile et je vous donnerai tout simplement le résumé des conclusions de votre Commission.

« *Le Congrès,*

« *Considérant que la division administrative de la France ne correspond plus aux besoins de notre époque, que les départements actuels, hâtivement créés par la Constituante, n'ont plus de raison d'être, étant donné le développement des moyens de communication, chemin de fer, télégraphe, téléphone, etc... et les nouveaux groupements des populations ; estimant que cette organisation administrative est au plus haut point dispendieuse en ce qu'elle multiplie inutilement le nombre des fonctionnaires ;*

« *Considérant, d'autre part, que la concentration de tous les pouvoirs à Paris, aux mains du gouvernement, en supprimant toutes les libertés, toutes les initiatives locales, constitue un redoutable danger pour l'avenir de la République et favorise les audacieuses tentatives des aventuriers politiques, à qui il suffit de s'emparer de la capitale pour s'imposer à la France entière,*

« *Le Congrès estime nécessaire de procéder à une nouvelle division territoriale du pays, sur la base d'une décentralisation rationnelle résumée dans la formule suivante : Aux communes les intérêts communaux, aux provinces, régions ou départements, les intérêts régionaux ; à l'Etat, les intérêts nationaux.* (Très bien !)

« *Il est indiscutable que notre situation financière nécessite la recherche d'économies importantes à réaliser dans nos budgets de plus en plus difficiles à équilibrer ; ce n'est pas avec des combinaisons plus ou moins ingénieuses, avec des artifices de trésorerie qu'on arrivera à ce résultat. Or, ces économies sont faciles à réaliser ; il suffit pour cela de simplifier les rouages trop compliqués de notre administration, de supprimer la paperasserie, les gaspillages et par suite, de diminuer le nombre des fonctionnaires.*

« *Le Congrès estime que le seul moyen pratique d'arriver à ce résultat est de réformer l'administration par l'administration elle-même, en faisant appel par voie de concours avec primes à tous ceux qui auront présenté des projets susceptibles de réaliser des économies.*

« *Ces projets seront jugés par un jury spécial, composé d'hommes indiscutablement compétents en cette matière, notamment d'anciens fonctionnaires. Le Parlement étant déjà saisi d'une proposition de loi dans ce sens, proposition adoptée par la grande commission des économies, dont je suis président, le Congrès invite la Chambre à mettre le plus promptement possible cette réforme à l'ordre du jour et invite également le Gouvernement à favoriser sa réalisation.* » (Bravos et applaudissements).

Le Président. — Les applaudissements de l'Assemblée indiquent qu'elle est unanime à adresser ses remerciements au citoyen Beauquier pour le travail si important qu'il nous présente.

La France se meurt en effet du parasitisme fonctionnariste. Le citoyen Beauquier a étudié cette question pendant de longues années dans le silence de son cabinet, aussi bien que dans les commissions, et je pense qu'une discussion n'ajouterait rien à ses judicieuses observations.

Je vous propose donc d'adopter par acclamations le rapport du citoyen Beauquier.

M. Eugène Leroy. — Je demande à faire une simple observation sur la composition du jury qu'on nous propose. Vous vous plaignez du fonctionnarisme, et vous cherchez, pour remédier à ce malheureux inconvénient, des fonctionnaires ; vous confiez ce soin à un jury composé d'anciens fonctionnaires. Vous savez ce qu'ils feront.

M. Beauquier. — Le jury sera composé d'un certain nombre de parlementaires, auxquels seront adjoints d'anciens fonctionnaires qui connaissent tous les rouages et tous les vices des administrations. (*Interruptions*).

Les projets de réformes présentés seront ainsi appuyés par d'indiscutables compétences. En effet, qu'est-ce qui a fait échouer jusqu'à présent les réformes proposées au Parlement? C'est que les députés qui les présentaient n'avaient ni compétence, ni autorité en cette matière et qu'il suffisait au commissaire du Gouvernement de dire : « Le projet de réforme qui vous est proposé désorganise les services, et est impraticable », pour que la Chambre se rangeât immédiatement à cet avis.

Il est certain que les chinoiseries administratives ne sont connues que par les fonctionnaires eux-mêmes. Vous ne pouvez, par exemple, vous rendre compte de ce qui se passe dans l'Administration des contributions indirectes ou de la douane, sans consulter les fonctionnaires qui en font partie.

A l'heure qu'il est, du reste, ce sont les fonctionnaires eux-mêmes qui commencent à indiquer les réformes à faire. Je reçois des journaux spéciaux dans lesquels sont signalées par les agents du gouvernement les économies à réaliser, et elles sont considérables.

Dans ces conditions, je crois qu'on peut sans hésiter se ranger à l'avis de la commission.

Le vœu est adopté.

L'arbitrage permanent. — Les questions de droit international

LE PRÉSIDENT. — Je donne la parole au citoyen Le Foyer, rapporteur de la septième Commission.

M. Lucien LE FOYER. — M. Arnaud, dans son excellent rapport présenté au nom de la sixième Commission, s'est fait l'interprète de ses collègues en vous disant que le Comité Exécutif et le Congrès à sa suite ne se préoccupent pas assez des questions de politique extérieure. Et il vous a, au nom de cette Commission, entretenu des questions militaires envisagées comme des questions de politique extérieure, c'est-à-dire de la nécessité et de la possibilité d'une diminution progressive et simultanée des charges militaires en Europe et notamment en France.

Nous nous sommes trouvés, à la septième Commission, placés en face de la même difficulté, et nous l'avons résolue dans le même esprit La question extérieure, à côté de son premier aspect militaire, présente un second aspect judiciaire; et nous avons cru possible, indispensable même, de retenir à notre ordre du jour l'étude des questions judiciaires internationales c'est-à-dire de l'arbitrage international, à l'occasion de la discussion des réformes administratives et judiciaires qui constituent l'objet propre de nos travaux.

Il y aura bientôt une commission spécialement chargée de l'examen des questions internationales au Comité Exécutif et dans les Congrès ; quoi qu'il en soit, nous avons dû, pour le moment, procéder comme je viens de vous le dire.

Dans ce domaine international, une première résolution

a été adoptée à l'unanimité par la 7⁰ Commission : Elle tend
à la conclusion de deux traités d'arbitrage entre la France et
l'Angleterre, d'une part, et entre la France et l'Italie, d'autre
part.

Les différends internationaux, que la diplomatie n'arrive
pas à résoudre, ne peuvent être tranchés, pacifiquement,
vous le savez, que par l'arbitrage. Or, nous nous trouvons
dans la situation que voici, depuis le fait immense qui s'appelle la Conférence de la Haye.

La Conférence de la Haye a institué un Tribunal international susceptible de régler pacifiquement les conflits entre
nations. Seulement, il y a une lacune dans le texte de la
Convention de la Haye (on ne pouvait, dès le premier jour,
tout demander) : le recours au Tribunal arbitral n'est pas
obligatoire. C'est dire que si les peuples sont animés de
loyaux et pacifiques sentiments, ils s'adresseront à la Cour
d'arbitrage, que s'ils sont, au contraire, animés d'intentions
mauvaises, ils pourront se dérober à la justice et se réfugier
dans la guerre.

Le remède, hâtons-nous de l'ajouter, est près du mal. Et
cette Conférence de la Haye fut vraiment ingénieuse dans le
bien. Il est dit, dans l'article XIX de la « Convention pour le
règlement pacifique des conflits internationaux », que les
puissances pourront, par ailleurs, conclure entre elles des
traités d'arbitrage permanent, par lesquels elles décideront
qu'elles soumettront tout ou partie des litiges qui pourraient
les diviser, soit à un tribunal arbitral, soit à la Cour de la
Haye.

Tel est, à grands traits, l'état de la question juridique.

L'état de la question politique, vous le connaissez : M.
Loubet à Londres ; hier le roi Édouard, demain les souverains italiens à Paris ; hier à Londres les parlementaires
français, demain à Paris les parlementaires anglais.

En présence de cette situation juridique et politique, il
apparaît qu'un grand devoir s'impose à un grand parti
comme le nôtre, qui a fait solennellement adhésion à un
programme d'intégrale justice. Il faut qu'il ne s'agisse pas
seulement de visites de politesse échangées, de manifestations
populaires platoniques, il faut qu'il survive à chaque rappro-
chement un gage tangible d'amitié, il faut qu'un lien soit noué,
un lien de justice entre les peuples, qui les empêche à
l'avenir de s'entrechoquer dans des rencontres sanglantes.
(*Vifs applaudissements.*)

Nous estimons donc qu'il y a lieu de conclure des traités
d'arbitrage permanent entre la France et l'Angleterre, d'une
part, et entre la France et l'Italie, d'autre part.

Voici le vœu de la 7⁰ Commission :

« Le Congrès,

« Prenant acte des vœux émis par 58 Conseils généraux en

faveur de la prompte conclusion de traités d'arbitrage permanent entre la France et d'autres nations ;

« Heureux de la réception des parlementaires français à Londres et de la prochaine visite des parlementaires anglais à Paris, ainsi que du voyage des souverains italiens ;

« Estimant que les rapprochements politiques et les manifestations de sympathies internationales doivent aboutir• à l'établissement d'une paix durable,

« Est d'avis que le gouvernement négocie la conclusion de traités d'arbitrage permanent avec l'Italie et l'Angleterre. »

Je crois, citoyens, que vous voterez, à l'unanimité, le texte que je vous soumets. Nous sommes unanimes à penser qu'il convient de substituer au principe de la force celui du droit, et nous croyons que les meilleurs promoteurs de ces idées de justice et de moralité internationale doivent être, comme le rappelait le citoyen Arnaud, les peuples libres, les républiques ! Vous le savez, on s'est battu au sein des nations, et notamment en France, jusqu'au xiiiᵉ siècle, entre barons, ducs et comtes, seigneurs ecclésiastiques ou laïques; mais il est venu quelqu'un qui, à ce moment, a imposé son autorité et sa justice : ce quelqu'un, c'était le roi, c'est-à-dire le souverain d'alors. Eh bien, maintenant, il y a un souverain qui vient mettre un terme aux guerres des rois : c'est le souverain nouveau, c'est le souverain peuple ! (*Vives acclamations.*)

Le vœu du citoyen Le Foyer, mis aux voix, est adopté à l'unanimité.

La parole est au citoyen Emile Arnaud.

M. Emile ARNAUD. — C'est en l'absence de notre collègue Hubbard que je rapporte, au nom de la 7ᵉ Commission, sur une question du Droit international public.

La principale lacune de l'organisation internationale c'est qu'il n'existe pas de parlement international. Mais il est un principe de droit applicable aux nations comme aux individus, c'est celui-ci : « Les conventions font la loi des parties. » Or, si les conventions font la loi des parties, à défaut de législateur, la loi résulte de la convention et, puisqu'il existe une Société internationale, les lois internationales pourront résulter de conventions internationales. — Jusqu'à ces dernières années, on put soutenir que le Droit international public n'était pas un droit positif. Mais depuis la Conférence de la Haye, cette opinion n'est plus admissible.

En effet, l'article 48 de la *Convention pour le règlement pacifique des conflits internationaux,* stipule que les nations et les arbitres peuvent *invoquer les principes du droit des gens.* Et le préambule de la *Convention sur les lois et coutumes de la guerre sur terre* impose aux nations le respect « des principes du droit des gens, tels qu'ils résultent des usages établis entre nations civilisées, des lois de l'humanité

et des exigences de la conscience publique ». Par conséquent,
ces Conventions ayant été signées et ratifiées par 26 Etats, en
se référant aux principes du droit des gens, tels qu'ils résultent des usages établis entre nations civilisées et des exigences
de la conscience publique, ces principes sont devenus de droit
positif.

Mais il n'y a pas eu de codification de ces principes, elle
nous manque, et ce que nous vous demandons, c'est d'engager les membres du Parlement à réclamer cette codification,
de manière que ces principes ne soient plus contestables et
qu'ils soient appliqués par la Cour de la Haye, comme par
tout autre tribunal international.

Au nom de la septième Commission, qui en a approuvé le
texte à l'unanimité, j'ai l'honneur de vous proposer le vote
de la résolution suivante, présentée à la Commission par
MM. Hubbard, Le Foyer, et par moi-même :

> « Le Congrès,

> « Constate avec satisfaction que les Conventions de la Haye
ont fait entrer d'une manière formelle les principes du droit
international public, conformes aux lois de l'humanité et aux
exigences de la conscience publique, dans le domaine du
droit positif ;

> « Le Congrès prie le gouvernement de nommer une com-
mission chargée de préparer la codification de ces principes
et de se concerter à cet égard avec les Gouvernements étrangers. » (*Applaudissements*).

Un Délégué. — Est-ce la réunion d'une Conférence internationale que vous proposez ?

Le Rapporteur. — La question a été examinée de savoir
sous quelle forme on devait faire cette codification ; nous
sommes partisans, quant à nous, de la réunion d'une Conférence internationale, si les gouvernements veulent bien s'y
rallier. Mais il a été dit que tout les gouvernements ne sont
pas, dés à présent, disposés à adopter cette procédure.

Dès lors nous demandons que, dans chaque pays, une
commission soit chargée d'élaborer un projet préalable ; une
fois les éléments réunis, on pourrait convoquer une commission internationale et les parlementaires seraient invités à
réclamer cette convocation. Pour notre part, nous prierions
les parlementaires de notre pays de rédiger une motion
dans ce sens qui devrait être soumise à la Conférence interparlementaire pour la Paix et l'arbitrage, laquelle comprend
des membres de tous les Parlements du monde. (*Applaudissements*).

Le Président. — Je demande au Congrès d'adopter le vœu
de l'ancien président du Congrès universel de la Paix,
M. Emile Arnaud, que nous sommes heureux de compter
parmi nous ; je pense que ce vœu ne peut pas soulever de

contradiction : nous sommes pour la marche en avant. Nous savons qu'il y a des gens de guerre ; il faut que nous affirmions, nous, que nous sommes des gens de droit (*Applaudissements*).

(Le Congrès adopte à l'unanimité).

La parole est au citoyen Le Foyer.

M. Lucien LE FOYER. — Je suis également rapporteur d'une autre résolution de la septième Commission, relative à une autre question qui, je pense, vous touche au cœur. Il s'agit de la question d'Arménie et de Macédoine. Je sais bien qu'il n'a pas été dans l'habitude de nos Congrès de se prononcer sur ces sortes de questions, même lorsqu'elles sont aussi connues, aussi anciennes, aussi douloureuses, aussi urgentes. Nous évitons d'ordinaire d'aborder les questions diplomatiques. Ici pourtant, il importe que notre parti fasse entendre sa voix. Quant aux faits mêmes, vous les connaissez, je n'y insisterai pas.

VOIX — Conclusions.

« Le Congrès,

« Emu par les massacres qui se poursuivent en Arménie et en Macédoine ;

« Rappelant les engagements contenus dans les articles 61 et 23 du traité de Berlin,

« Est d'avis qu'il est du devoir de la République française d'insister auprès des autres puissances signataires du traité de Berlin comme des conventions de la Haye, afin qu'une action commune, diplomatique et juridique, mette fin à un état de choses contraire au droit international et aux exigences de l'humanité. »

Nous sommes tous d'accord pour penser que la première démonstration qui doive être faite auprès du sultan, c'est une action diplomatique commune des puissances. Il faudrait que les intérêts moraux ne fussent pas dédaignés par les gouvernements, et que les ministres des affaires étrangères fissent des représentations à la Sublime Porte en s'appuyant sur ces faits : l'existence de traités solennels (le traité de Berlin et la Convention de la Haye que le sultan a signée comme puissance européenne), et la violation de ces conventions. Cette action diplomatique commune obligerait le sultan à abandonner ses errements et donnerait satisfaction au droit international et à l'humanité.

Néanmoins, pour ne pas nous engager à la légère, nous devons envisager le cas où ces représentations recevraient du sultan un mauvais accueil. Il s'agit de savoir si les puissances devraient alors se lancer dans une guerre qui aurait chance de prendre les proportions et d'offrir les risques d'une conflagration européenne. S'il n'existait que cette solution militaire, j'éviterais de m'aventurer, dès la première heure, sans doute, dans la voie diplomatique. Mais la convention de la Haye, signée par les puissances et le sultan, permet, si elle est loyalement interprétée, de substituer une solution judiciaire à l'échec de la diplomatie. L'inexécution du traité de Berlin autorise les puissances à inviter le sultan à les accompagner devant la cour de la Haye. La sentence arbitrale réglera les moyens coercitifs dont il pourrait être besoin, le cas échéant, au moment de son exécution. C'est seulement au cas où le sultan refuserait de déférer le différend aux juges de la Haye, que l'intervention militaire pourrait avoir à se produire. Mais, dans l'un comme dans l'autre cas, l'action européenne aurait suivi la méthode judiciaire, les démonstrations armées perdraient leur caractère arbitraire et agressif pour prendre un caractère légal et défensif. Cette transformation des mœurs internationales est d'un capital intérêt. Il faut plier les événements aux nouveaux principes de justice. Oui, si l'action diplomatique échouait, la voie qui s'ouvrirait à nous serait seulement celle d'une intervention juridique et d'une opération de police. (*Applaudissements.*)

Le Président. — Je mets aux voix l'adoption du vœu. (Adopté.)

Application des lois aux colonies

Le Président. — La parole est à M. Marini, pour présenter un vœu au nom de la Loge de Saïgon.

M. Marini. — Citoyens, l'année dernière, au Congrès de Lyon, nous avions émis le vœu suivant :

Le Congrès,

« Considérant qu'il importe que les lois de la métropole, en ce qui touche au moins les principes fondamentaux de la société moderne, soient le plus vite et le plus complètement possible appliquées à toutes nos colonies et d'abord à la population européenne de ces colonies,

« Emet le vœu : Que les lois relatives à l'instruction gratuite, obligatoire et laïque soient rendues applicables aux colonies dans les plus brefs délais et que le Parlement se préoccupe d'y faire cesser le régime des décrets qui tend à perpétuer la puissance des congrégations et à faire de certaines administrations coloniales de véritables fiefs cléricaux. »

Nous n'avions pas à cette époque de documents très précis prouvant que les subventions que nous accordions aux écoles des missions catholiques pour l'enseignement de la langue française ne servaient réellement pas à enseigner le français ! Aujourd'hui nous sommes en mesure de le prouver.

Dans une lettre que M. Mossard, évêque de Saïgon, adressait au président du Conseil colonial, à la date du 13 octobre 1902, le prélat s'exprimait ainsi :

Monsieur le Président,
Messieurs les Conseillers coloniaux,

Il est fait grief à la mission de Saïgon de ne pas enseigner aux enfants qui fréquentent ses écoles dans l'intérieur, la langue française, conformément aux *desiderata* de l'Administration et du Conseil colonial et de ne pas rendre ainsi les services qui sont la conséquence de la subvention accordée à la Mission.

J'estime que l'enseignement du français à de jeunes enfants, dont beaucoup quittent l'école à douze ans et dont l'avenir est de rester attachés au sol, constitue un danger et une inutilité pour le plus grand nombre.

De plus, à la page 13 du rapport du même M. Mossard, je relève le passage suivant :

....Les Annamites qui savent le français, sont ceux qui respectent le moins les Français...... N'est-ce pas constituer un péril pour la sécurité publique et un danger sérieux...

Cela n'empêche pas la Mission d'avoir touché 750.000 francs pour l'enseignement du français pour la Cochinchine seulement !

En présence de ces faits, la Loge de Saïgon a exprimé le vœu suivant :

« *La Loge « Réveil de l'Orient » de Saïgon, demande au Congrès républicain radical et radical-socialiste de 1903, de vouloir bien, conformément au vote déjà acquis à la Chambre des députés, réclamer du gouvernement l'obligation de promulguer, sans délai, dans nos Colonies, les lois et décrets en vigueur dans la Métropole, en limitant strictement le droit des gouverneurs à la seule initiative d'apporter quelque tempérament à l'exécution de ces lois et décrets, lorsque le bien de la Colonie ou de la Métropole l'exige impérieusement.* »

Il était de mon devoir de rapporteur de lire intégralement le vœu, mais je prétends qu'un Congrès qui a voté le monopole de l'enseignement laïque, ne peut pas laisser entre les mains d'un gouverneur la possibilité d'appliquer ou non la loi. Je propose donc en mon nom personnel le vœu suivant :

« *Le Congrès,*

« *Conformément au vote précédent du Congrès de Lyon, de 1902, et au vote déjà acquis à la Chambre des députés, réclame du gouvernement l'obligation de promulguer sans délai dans nos Colonies les lois et décrets en vigueur dans la Métropole, et de faire supprimer toute subvention officielle aux écoles des missions.* » (Applaudissements).

Il y a déjà une association d'universitaires, « la Mission laïque », qui se propose de prendre une part des fonds réservés jusqu'à ce jour aux congréganistes pour la diffusion de la langue française dans les colonies ; je demande que la plus grande part des fonds accordés jusqu'à ce jour aux missions religieuses, soit concentrée entre les mains de laïques qui feraient une œuvre plus française.

Si les missions veulent enseigner, elles sont libres de le faire, mais nous ne pouvons pas leur donner de l'argent pour enseigner le français alors qu'elles avouent elles-mêmes n'en vouloir rien faire.

Le vœu de M. Marini, mis aux voix, est adopté à l'unanimité.

M. Bonnafoux dépose ensuite le vœu suivant, amendé par M. Maurice Sarraut et adopté à l'unanimité :

« Le Congrès radical et radical-socialiste de Marseille demande *au Ministre des Colonies* de réserver aux associations d'enseignement laïque les subventions affectées trop généreusement jusqu'à ce jour à des missionnaires religieux *dans les colonies.* »

Le danger clérical en Bretagne

La parole est à M. de Kerguézec.

M de Kerguézec. — Je demande à dire quelques mots au sujet de ces questions de missions.

Le pays de Bretagne est précisément en proie aux tentatives de tous les missionnaires, et nous avons, sur le territoire de la Bretagne, des séminaires spécialement consacrés au recrutement des missions étrangères et destinés à les alimenter. C'est le gouvernement qui entretient ces séminaires et leur laisse pratiquer ce recrutement. Leurs émissaires parcourent les communes de Bretagne, prennent, dans les fermes, pour les emmener à l'étranger, en Espagne surtout même, les enfants. Après avoir déformé l'intelligence et le cœur de ces enfants malheureux par des pratiques religieuses, et quand ils sont bien préparés pour la besogne qu'on attend d'eux, on les envoie dans les missions.

Nous demandons que le Congrès prenne une résolution demandant au Gouvernement de défendre aux missionnaires et de les empêcher au besoin, par les moyens en son pouvoir, de venir faire cette besogne dans les pays de l'Ouest. Nous espérons que vous voudrez bien nous aider dans cette œuvre d'émancipation sociale, et nous accorder votre concours qui pourra nous être si utile pour la mener à bonne fin.

Du reste, tantôt, j'avais déposé sur le bureau du Congrès une motion au sujet de la Bretagne, et cette motion, par suite de dispositions spéciales, n'a pu venir devant vous.

C'est pourquoi je vous demanderai de déroger à votre règlement et de me permettre de vous soumettre, puisque j'ai la bonne fortune d'obtenir la parole, une question vitale et urgente que je vous demande de régler au plus tôt.

Il s'agit de l'action militaire en Bretagne.

Il faudrait attirer l'attention du gouvernement sur ce fait que certains officiers se font placer en Bretagne et dans tout l'Ouest, dans les régiments des pays dont ils sont originaires, et qu'ils y acquièrent ainsi une influence réelle dont ils disposent au profit de la congrégation.

J'avais déposé un vœu demandant que le Gouvernement ne nomme plus les officiers dans les corps d'armée dont ils sont originaires. Je me basais sur ce fait, que nous avons vu en Bretagne, dans les derniers événements, les officiers se mettre ouvertement à la disposition des nobles et des prêtres qui combattent contre la République.

Aux fêtes de Tréguier, le citoyen Bérenger a pu voir comme moi, les officiers qu'on avait fait venir pour rendre les honneurs au Président du Conseil, échanger le salut avec les chefs réactionnaires qui venaient pour injurier les ministres. Nous avons vu les officiers de cavalerie sabrer les bleus de Bretagne injuriés et frappés par les blancs et les cléricaux. (*Applaudissements.*)

Eh bien, citoyens, j'ai voulu qu'il soit entendu que nous avons porté cette question à la tribune du Congrès, j'ai voulu qu'il soit entendu que nous avons signalé le véritable péril militaire en Bretagne, parce que nous avons pris l'engagement de le dire, parce que devant le Congrès républicain radical et radical-socialiste des Côtes-du-Nord, nous avons pris l'engagement d'avertir le Gouvernement de l'existence de ce danger militaire en Bretagne.

On pourra tout d'abord nous taxer d'exagération ; mais, quand les événements éclateront, nous sommes certains qu'on nous dira : Vous aviez dit la vérité, et il y avait là un danger militaire certain (*Sensation*).

Mais alors nous aurons conscience d'avoir fait notre devoir. — Il reste au gouvernement à faire le sien.

Voilà pourquoi nous demandons que le Congrès radical et radical-socialiste prenne ce soir la résolution de demander au Gouvernement que désormais aucun officier ne soit nommé dans les régiments dépendant du corps d'armée dont il est originaire.

Nous faisons cette proposition formelle après avoir pris conseil des membres de l'armée républicaine qui ont toutes les peines du monde à résister à l'organisation, soigneusement établie par la congrégation.

En effet, le fils du châtelain. élevé dans la jésuitière la plus voisine. va à Saint-Cyr, puis il revient dans la garnison la plus proche de son domicile. Vous voyez d'ici ce qui se passe : Le châtelain et le curé envoient tous leurs *clients* à l'officier du régiment d'à côté ; et par là, le châtelain, le curé et l'officier lui-même prennent une influence considérable dans le pays. Quant à nous, républicains, il suffit que nous demandions au colonel d'un régiment une chose juste, conforme au droit d'un républicain ; il suffit, dis-je, que l'homme pour lequel nous réclamons soit républicain, pour que les officiers d'un de ces régiments qui s'intitulent avec fierté les Royal-Bretagne, refusent catégoriquement (*Sensation*).

Il est singulier qu'actuellement, sous le régime où nous vivons, on permette de pareilles choses et qu'au Parlement il ne s'élève pas des voix pour dénoncer de tels faits.

Eh bien, puisqu'on ne les dénonce pas au Parlement, nous ne voulons pas, nous, républicains de Bretagne, que la France ne soit pas avertie du danger qui menace la République (*Vives acclamations*.

LE PRÉSIDENT. — Nous sommes heureux de remercier le citoyen de Kerguézec de ses paroles républicaines.

Je n'ai pas besoin de vous présenter notre collègue : Vous savez tous qu'il est l'organisateur des fêtes de Tréguier (*Bravos*).

S'il n'y avait pas eu à Tréguier un homme comme de Kerguézec, on n'aurait pu organiser des manifestations magnifiques auxquelles j'ai assisté et qui ont assuré le triomphe des idées républicaines en Bretagne.

M. de Kerguézec est venu jouer ici un rôle de la première utilité, et nous lui sommes reconnaissants de nous avoir signalé avec tant d'éloquence le grave danger qu'il y a à laisser de plus en plus l'armée réactionnaire s'allier avec l'Église pour détruire la République (*Vifs applaudissements*).

UN DÉLÉGUÉ. — Il serait nécessaire que l'on ne comprît pas seulement les militaires dans cet ordre du jour et que l'on y ajoutât les fonctionnaires.

UNE VOIX. — Tous les fonctionnaires.

LE PRÉSIDENT. — Je mets aux voix le vœu de M. de Kerguézec, ainsi libellé :

« *Le Congrès appelle l'attention du Gouvernement sur les dangers qui résultent, notamment dans l'Ouest, de la nomination dans leur pays d'origine de nombreux officiers et de fonctionnaires.*

« *Il exprime l'espoir que le Gouvernement saura prendre les mesures nécessaires pour parer à ces dangers.* »

(Adopté à l'unanimité).

M. Henry BÉRENGER, *président*, remercie les Congressistes d'être venus à la réunion de nuit et lève la séance à une heure du matin.

———

SEPTIÈME SÉANCE. —|11 OCTOBRE 1903

La séance est ouverte à 8 heures (matin).

M. DEBIERRE, *Président*. — Citoyens, je vous remercie, puisque je n'ai pu le faire hier, par suite de circonstances indépendantes de ma volonté, de m'avoir appelé à présider une séance de ce Congrès. Je remercie également mon ami Bérenger de m'avoir remplacé au bureau.

Ce matin, si vous voulez bien me confirmer encore un moment dans la mission que vous m'avez confiée, nous discuterons une partie de l'ordre du jour, en attendant l'arrivée du citoyen Brisson, qui est à Marseille, et à qui nous offrirons la présidence de la séance de clôture. (*Assentiment de l'assemblée*).

Je donne la parole au citoyen Henry Bérenger, qui va vous rappeler ce qui a été fait hier soir.

M. Henry BÉRENGER, *Vice-Président*. — Citoyens, nous avons regretté que le docteur Debierre n'ait pas pu présider notre séance de nuit, car il l'aurait fait avec sa courtoisie et sa bonne grâce habituelles. Je suis heureux de lui témoigner combien nous lui sommes reconnaissants de son intervention décisive dans la discussion sur l'enseignement qui, hier, a déterminé le vote du monopole.

Je me permets de rappeler à ceux de nos collègues qui n'assistaient pas à la séance de nuit, que nous avons accompli un travail modeste, mais cependant assez considérable, et que nous avons adopté un certain nombre de vœux qui sont à l'honneur du parti.

(M. Henry Bérenger énumère alors rapidement les questions traitées dans la séance de nuit).

M. DEBIERRE, *Président*. — L'ordre du jour appelle la discussion sur les mesures de défense laïque proposées par la quatrième Commission.

La parole est au citoyen Henry Bérenger.

La Défense laïque

M. Henry Bérenger. — La Commission de défense laïque a déjà présenté hier soir un projet national d'enseignement laïque. Ce n'a pas été le seul travail de cette Commission ; il y a eu encore d'autres projets également importants.

Notre éminent président, M. Maurice Faure, vous a rappelé hier matin quels ont été ces travaux. Je n'y reviendrai pas. M. Buisson va présenter son rapport sur la suppression de toutes les congrégations autorisées, et sur la nécessité de séparer intégralement toutes les Eglises de l'Etat, sans aucune mesure de privilège, sans aucun service des cultes pour une quelconque des religions existantes.

Pour ma part, j'ai à rapporter deux vœux :

L'un sur les fausses sécularisations, l'autre sur le monopole de l'enseignement.

Voici le premier de ces vœux :

« *Le Congrès du parti radical et radical-socialiste émet le vœu qu'en attendant l'abrogation définitive de la loi Falloux et l'établissement intégral du monopole de l'enseignement laïque par l'Etat, il soit mis fin dans le plus bref délai, par le Parlement et le Gouvernement, à la comédie des soi-disant sécularisations, par laquelle les écoles congréganistes non autorisées ont échappé à l'application de la loi de 1901, et menacent de battre en brèche, plus violemment que jamais, la raison moderne et l'université républicaine.* »

Je n'insisterai pas longtemps sur cette question ; mais pourtant je pense qu'il n'est pas mauvais de rappeler les raisons qui nous font agir ainsi.

Vous vous rappelez que lorsque le suffrage universel eut envoyé à la Chambre une majorité nettement anticléricale décidée aux créations républicaines fécondes, le président du Conseil et ses collaborateurs résolurent d'appliquer la loi de 1901, non seulement dans sa lettre, mais encore dans son esprit. Obéissant à cette inspiration, le président a décidé de fermer les milliers d'écoles congréganistes qui n'avaient pas voulu se soumettre à la puissance de la volonté nationale.

Vous savez quelle résistance il a rencontrée et quelle énergie il a dû déployer pour forcer les résistants.

Et pourtant, à l'heure actuelle encore, toute l'œuvre du ministère Combes (et les délégués qui sont ici me comprennent), toute cette œuvre menace de ne donner aucun résultat, parce que l'Eglise est restée fidèle à son éternelle tactique qui consiste à ne jamais résister ni attaquer de front. Elle ne se défend jamais en face ; elle cherche toujours un moyen détourné pour renverser l'adversaire.

Elle a trouvé un moyen détourné en adoptant la théorie de la sécularisation. Il avait été décidé que les écoles congréganistes seraient fermées : « Qu'à cela ne tienne, ont-elles dit ;

vous ne voulez pas que nous portions une robe, un froc, une
cornette ; nous ne garderons plus le froc, nous prendrons une
redingote, nous nous habillerons en clergymen, ou bien même,
en veston comme les prolétaires ; les femmes, nous mettrons le
chapeau à fleurs et nous nous moquons de vos interdictions ;
nous continuerons à défendre la congrégation dans chaque commune de France ; nous fermerons nos écoles le 3i août avec
notre robe et notre soutane et nous les rouvrirons avec une
redingote le 15 septembre, avec une robe et un chapeau à fleurs
de prétendus laïques.

Je n'ai pas besoin de vous rappeler que des hommes expéri-
mentés avaient prévu ce danger et que la question a été posée
dès le mois de juin dernier devant la Chambre par l'amendement Massé. Je n'ai pas besoin de rappeler avec quelle énergie
Massé a proposé que l'on interdît dans chaque commune les
sécularisations pendant quelques années.

Eh bien, nous avons eu des déboires sur ce point ; il s'est
trouvé à ce moment un certain nombre de républicains qui ont
permis de laisser accomplir cette comédie par leurs scrupules
exagérés à l'égard de nos adversaires. Oui, il s'est trouvé un
certain nombre de nos amis qui ont eu des scrupules et qui se
sont dit : « Nous ne pouvons pas avoir l'air d'entreprendre une
persécution, nous ne pouvons pas adopter l'amendement, car
nous sommes pour la liberté de l'individu contre l'Etat. »

Et c'est pourquoi, à l'heure actuelle, dans chaque commune, en
face de chaque école laïque communale se trouve une école
laïque cléricale. Le duel n'est plus engagé d'une façon franche ;
il n'est plus engagé entre l'instituteur laïque, d'une part, et le
curé, de l'autre, il n'est plus engagé entre l'institutrice et la
bonne sœur : il est engagé entre des laïques qui ont l'air d'être
tous des laïques, alors que certains le sont et d'autres non.

Eh bien, vous le savez, il y a un bien plus grand danger à
avoir en face de soi des cléricaux laïques, une institution laïque
fausse, que d'avoir en face la religion et le prêtre ; et cela parce
que de la religion et du curé le peuple n'en veut plus, le peuple
combattra toujours ceux qui portent la robe ; tandis que le
tiers-ordre, les congréganistes et les jésuites en robe courte,
sont bien plus difficiles à combattre. (*Vifs applaudissements.*)

Entrée de M. Henri Brisson

(Le discours du citoyen Bérenger est interrompu par l'arrivée
de Brisson, qui fait son entrée au Congrès accueilli par une
magnifique ovation de l'assemblée ; les cris de Vive Brisson !
Vive la République ! et les applaudissements se prolongent pendant plusieurs minutes.)

M. Debierre, *président provisoire du Bureau*. — Citoyens,
vous nous aviez confirmé provisoirement dans la mission que
nous vous aviez confiée hier soir ; mais c'était en attendant l'ar-

rivée du plus vieux et du plus fidèle vétéran de la République et de la démocratie : l'éminent citoyen Brisson. C'est le moment de lui souhaiter la bienvenue et de vous prier d'acclamer sa candidature à la présidence de la séance de clôture. (*Vives acclamations*).

Ce que nous aimons le plus peut-être en Brisson, c'est sa fidélité au principe républicain. Brisson n'a jamais varié ; il était radical, il est resté radical ; il était laïque, il est resté laïque ; il était libre-penseur, il est resté libre-penseur. Ce que nous devons admirer encore en lui. c'est sa foi profonde dans la vérité toujours en marche et qui doit tôt ou tard obtenir gain de cause dans notre société. C'est grâce à lui que dans notre pays la vérité a été connue et respectée. (*Nouvelle ovation à Brisson*). Et c'est grâce à lui que tous ceux qui ont à cœur les sentiments généreux de vérité et de justice, ont pu voir se réaliser leur vœu le plus cher, à savoir qu'un déni de justice fût réparé (*Vives acclamations*).

Si vous le permettez. citoyens, j'associerai la majorité républicaine du Sénat à la manifestation en faveur de la Chambre des députés sur le nom de Brisson. et je vous propose de joindre au député de Marseille, comme présidents également, M. Maurice Faure, sénateur de la Drôme, et M. Béraud, sénateur de Vaucluse. (*Vigoureux applaudissements.*)

Si vous le voulez bien également, je vous propose comme vice-présidents et secrétaires, les citoyens dont les noms suivent :

Vice-Présidents : MM. CHEVILLON (*Applaudissements*), ancien député de Marseille ;
BEAUQUIER, député du Doubs;
MOURMANT, conseiller municipal de Lille ;
J.-B. MORIN, délégué de Paris.
(Adopté).

Secrétaires : MM. BOYER, délégué de Troyes ;
BONNAFOUX. délégué du Tarn-et-Garonne ;
CASTEL, délégué de l'Aude ;
CHAUSSIER, délégué de Saône-et-Loire ;
GEX, délégué de la Savoie ;
MONGNET, délégué de Châlons-sur-Marne ;
ROLLAND, délégué de Saumur ;
ROCCA, délégué de Marseille ;
BARBIER, délégué de Lambesc.

MM. BOUFFANDEAU et RESCH, secrétaires permanents du Congrès.

Le Bureau définitif étant ainsi constitué, je prie M. Brisson et ses collaborateurs de monter au bureau et, avant de disparaître. je remercie, en mon nom personnel et au nom du Bureau qui a siégé hier soir et ce matin, le Congrès de la confiance que vous nous avez accordée et du concours que vous ne nous avez pas épargné.

(Le nouveau Bureau prend place à la tribune).

Allocution de M. Brisson

Citoyens, vous ne doutez pas de mes regrets d'arriver si tard. Je n'ai pas besoin de vous exprimer mes remerciements pour l'accueil que vous venez de me faire ; vous savez combien j'en suis touché. Je ne vous ferai pas un discours, car vos instants sont précieux. Si nous en avons le temps tout à l'heure, nous nous entretiendrons ensemble ; pour le moment je crois que le mieux serait de continuer l'ordre du jour. — Je donne la parole au citoyen Bérenger.

Reprise de la discussion

M. Henry BÉRENGER. — Permettez-moi de vous le dire ; je crois que tout le Congrès est heureux de ce que l'entrée de Henri Brisson se soit produite au moment même où nous vous dénoncions la nouvelle tactique de Bazile ; — Henri Brisson a été le grand combattant de la libre-pensée et son entrée souligne en quelque sorte le désir que nous avons tous de mener à bonne fin la campagne que nous avons entreprise

Je vous disais que, à mon avis, et de l'avis de la Commission, il y avait un bien plus grand péril à avoir, maintenant, en face de l'instituteur républicain non plus un religieux ou une religieuse, mais un laïque clérical.

C'est là ce qui peut perdre notre pays. Si nous laissions se créer un tiers-ordre, d'apparence laïque, mais religieux et clérical, dans le fond, qui pourrait enlever les élèves aux instituteurs et aux institutrices vraiment laïques ; qui, sous le couvert de la liberté, ramènerait à l'école congréganiste les enfants de la Nation, l'échec serait grave pour nous ; et j'affirme qu'il aurait mieux valu que la loi de 1901 ne fût pas votée, si elle devait aboutir à cette conclusion qu'à la place de la congrégation en robe nous ayons laissé s'organiser, dans toutes les communes de France, un tiers-ordre congréganiste en redingote.

Par conséquent, je crois que le Congrès doit protester avec énergie contre ces fausses sécularisations. Le parti doit donner des indications très nettes à ses représentants des deux Chambres et surtout à ses représentants au Sénat. Car, ne l'oublions pas, ce n'est plus la Chambre des députés qui est en cause, puisque la Chambre a adopté l'amendement Massé et a protesté avec courage contre ces fausses sécularisations, prouvant ainsi son désir d'en finir pour quelque temps avec cette comédie.

Au Sénat, il se pourrait que, par suite d'un faux libéralisme, la campagne politique, menée par certains hommes qui représentent un esprit d'individualisme exagéré, nous ayons à constater des défaillances. Oui, nous craignons que le Sénat, dont Clémenceau a été l'organe dans le dernier débat, nous craignons que cette Assemblée, par un excès de libéralisme, ne vote pas l'amendement Massé. C'est pourquoi nous demandons au parti de protester avec énergie contre les fausses sécularisations, de façon que la loi de 1901 produise tous ses effets, c'est-à-dire que les écoles congréganistes soient réellement fermées.

Je résume, en mon nom personnel et au nom de la Commission, notre opinion. Nous ne voulons pas qu'en France, en face de l'Ecole laïque communale il se crée une école laïque cléricale, et nous demandons au Congrès de dire qu'il est pour l'enseignement républicain contre l'enseignement clérical (*Vifs applaudissements*).

M. Henri BRISSON, *président.* — Personne ne demande plus la parole, je mets le vœu aux voix (*Adopté à l'unanimité*).

M. Henry BÉRENGER. — Au nom de la Commission de défense laïque j'ai à vous donner lecture du second vœu sur la laïcisation de l'université républicaine. — Le voici :

« *Le Congrès du parti radical et radical-socialiste,*

« *Considérant que la violation continue de la neutralité scolaire au profit des pratiques extérieures du catholicisme dans les écoles communales et les lycées nationaux constitue un danger permanent pour le développement de l'Université laïque et la sécurité des instituteurs et professeurs républicains,*

« *Emet le vœu:*

« *Que M. le Ministre de l'Instruction publique mette fin à la récitation du catéchisme et des prières dans les écoles et les lycées de la République* (Très bien et applaudissements);

« *Qu'il fasse enlever de ces mêmes établissements tous les crucifix et autres emblèmes religieux ;*

« *Qu'il propose dès cette année, par voie budgétaire, la suppression des aumôniers dans les lycées ;*

« *Qu'en un mot, M. Chaumié assure, avec plus d'énergie et d'esprit de suite que par le passé, la laïcisation intégrale de l'Université républicaine dont il a la garde* (Vifs applaudissements). »

CRIS. — Aux voix.

M. F. BUISSON. — Je demande la suppression du nom de M. Chaumié de ce vœu ; il me semble que dans le texte de la Commission il n'y avait pas de nom propre.

M. Henry BÉRENGER. — Je ne me rappelle pas si le nom de M. Chaumié était ou non dans le texte : ce que je puis répondre, c'est que le nom a été introduit dans la discussion par M. Debierre et par moi (*Bruit*) et que nous avons proposé d'ajouter, dans le vœu de la Commission, le nom de M. Chaumié.

Citoyens, chacun doit prendre ici ses responsabilités. Nous avons assisté depuis six mois à une sorte de défaillance continuelle du Ministre de l'Instruction publique, et il faut que nous affirmions que nous voulons introduire dans l'Université républicaine l'esprit de notre parti (*Applaudissements et bruit*).

Permettez-moi de vous dire que j'admets très bien que vous

soyez tenus de faire des réserves sur les noms des particuliers. Mais j'insiste au nom des instituteurs dont depuis de longues années j'ai pris la défense. j'insiste au nom du prolétariat universitaire sur le devoir que nous avons de protester contre des défaillances qui sont regrettables pour un Ministre d'action républicaine (*Nouveaux applaudissements*).

Étant donnée la forme modérée dans laquelle nous présentons ce vœu, je crois que le Congrès peut et doit exprimer sa volonté d'avoir un Ministre d'action républicaine qui prenne les mesures nécessaires pour en finir avec la congrégation (*Très bien !*)

M. Klotz. — Pour éviter de faire des personnalités, on avait supprimé le nom ; c'est une question délicate, nous ne sommes pas ici pour faire des procès individuels.

Cris. — Aux voix.

M. Henry Bérenger. — Dans le Ministre la personnalité privée s'efface ; nous ne nous adressons pas à M. Chaumié, mais au Ministre de l'Instruction publique, et nous lui disons énergiquement comment nous voulons que le programme de notre parti soit appliqué. Nous voulons que le poste de Ministre de l'Instruction publique soit occupé par un véritable radical et que notre esprit pénètre dans l'Université républicaine (*Applaudissements*).

Une voix. — Je demande le vote par divisions.

Cris. — Non, non.

La voix. — Je dépose un amendement demandant la suppression du nom.

M. Buisson. — Ceux qui lui succéderont seront liés par ce vœu (*Tumulte*).

Le Président. — Je mets aux voix l'ensemble du vœu avec le nom.

Adopté.

M. Henry Bérenger. — Je remercie l'Assemblée de la décision énergique qu'elle vient de prendre (*Bravos et vifs applaudissements*).

Le Président. — La parole est à M. Maurice Faure sur la question des petits séminaires.

M. Maurice Faure. — Vous avez adopté hier d'importantes résolutions tendant à restituer à l'Etat républicain sa prépondérance légitime dans l'éducation de la jeunesse française. Le monopole que vous avez voté et dont vous désirez l'application, implique non seulement des lois nouvelles. mais encore des mesures d'ordre gouvernemental, sans lesquelles ce monopole serait une simple duperie.

En effet, à l'heure actuelle, dans un grand nombre de nos facultés, dans plusieurs chaires de nos collèges et lycées (je ne parle pas de nos instituteurs primaires, qui tous ou presque tous sont de bons républicains et de vrais démocrates) (*Vifs applaudissements*) ; dans l'Université républicaine, il y a encore de nombreux professeurs qui sont des adversaires déclarés de la République. Dans l'Université parisienne n'avons-nous pas entendu dire, notamment par certain professeur, que la loi n'avait pas d'influence coercitive et légitime si elle ne prenait pas sa source dans l'idée de Dieu ? Ce ne sont pas là les seules théories antirépublicaines qu'on y soutienne. Il est des professeurs qui traitent injurieusement les lois sur le divorce et font l'apologie audacieuse des dictatures et des coups d'Etat. Il en est d'autres qui, parlant des lois scolaires, les traitent d'infanticide intellectuel.

Ces professeurs cléricaux, qui sont en trop grand nombre dans nos Universités, ont malheureusement des imitateurs et des émules dans nos chaires des lycées et collèges ; à tel point que dans maints établissements l'enseignement de l'histoire est tel que des pères républicains en retirent leurs enfants et les envoient dans une école bien connue, l'école Alsacienne, où il y a des professeurs tout dévoués à la République.

Il faut surtout, si le monopole est institué, que des mesures qui dépendent du gouvernement soient prises, pour que nos facultés ne deviennent pas de simples succursales des universités catholiques. La voilà la fissure par où s'infiltreraient dans notre Université, pour s'emparer d'elle, les influences réactionnaires. On appliquerait aux Universités le principe de la politique des ralliés, de telle sorte que c'est une Université cléricale en faveur de laquelle le monopole aurait été constitué.

C'est là un grave sujet de méditation. Il faut que tous ceux qui s'en préoccupent, au gouvernement ou ailleurs, s'inspirent des véritables intérêts du parti républicain et songent aux nécessités imposées par l'institution du monopole ; à savoir qu'à tous les degrés de l'enseignement national les maîtres de la jeunesse soient de dévoués républicains, fidèles aux idées de la Révolution et que, suivant la parole d'un ancien ministre, « les professeurs enseignent la République et la Démocratie. » (*Vifs applaudissements*).

C'est à ce point de vue spécial de la défense de l'Université républicaine par l'Etat lui-même avec les moyens dont il dispose, sans loi nouvelle, que votre Commission s'est placée en vous proposant de réclamer des mesures contre la concurrence des écoles secondaires ecclésiastiques, dites petits séminaires.

Cette question des petits séminaires fait apparaître une des phases les plus intéressantes de la lutte séculaire du parti clérical contre l'influence universitaire Quand l'Université se fut constituée, ce parti, désirant échapper aux obligations du monopole, voulut avoir des établissements dans lesquels, sous prétexte de religion, on enseignerait ce qui s'enseigne dans les collèges de l'Etat. Peu à peu, depuis la Restauration, les petits séminaires ont changé de caractère. Au lieu de rester, comme la loi le leur imposait, de simples écoles de préparation à la prêtrise, ils sont devenus de véritables foyers d'action antiuniversitaire ; et, à ce point de vue-là, leur existence, dans les conditions actuelles, est une violation flagrante de la loi.

Cette concurrence parut tellement inadmissible, tellement contraire aux principes sur lesquels les petits séminaires ont été institués, que les hommes de la Restauration furent obligés de protester contre son illégalité, et une ordonnance de Charles X dut obliger ces établissements à restreindre leur rôle à la préparation sacerdotale. A ce moment, il fut même décidé que le diplôme du baccalauréat ne donnerait pas accès pour leurs élèves aux carrières civiles.

Cette législation a subsisté jusqu'en 1850.

C'est alors que la loi Falloux, grâce à une formule équivoque résultant de la faiblesse de l'Assemblée nationale et de la trahison du gouvernement, a permis aux petits séminaires de reprendre le terrain qu'ils avaient perdu sous la Restauration elle-même.

A l'heure actuelle, ces établissements, par suite de l'incurie gouvernementale et la tolérance de certains ministères, comptent 25.000 élèves, qui forment le quart du contingent scolaire, sur lesquels les trois quarts ne sont pas des aspirants prêtres, mais tout simplement des élèves favorisés d'une sorte d'enseignement secondaire ecclésiastique. Nous avons le devoir, et nous avons le droit, la loi en mains, de faire rentrer les petits séminaires dans la légalité et de faire cesser leur concurrence déloyale autant qu'illégale. (*Vifs applaudissements*).

Il devrait en exister un tout au plus par département, qui devrait rester la pépinière du grand séminaire diocésain. Or, à l'heure actuelle, ils sont au nombre de 146, disséminés un peu partout. Le parti clérical a élevé contre la plupart de nos collèges des séminaires, c'est-à-dire des écoles secondaires cléricales favorisées. En effet, à raison de leur spécialité tendant à savoir à la préparation ecclésiastique, ils jouissent de la capacité civile de plein droit, c'est-à-dire qu'ils peuvent accepter des dons et legs, qui les rendent si riches qu'ils luttent à armes tout à fait inégales contre l'Université. Dans certaines régions, ils donnent l'enseignement gratuit.

D'autre part, alors que tous les établissements libres d'enseignement sont obligés de payer l'impôt, les petits séminaires sont soustraits par la loi même au paiement des quatre contributions directes.

Ils jouissent encore de privilèges considérables : illégalement, à côté des petits séminaires, on fonde, sans formalité d'ouverture, sous le nom de maîtrises, des écoles primaires, échappant aux règles communes. Les professeurs des petits séminaires ne sont pas même astreints au minimum de grade exigé de ceux de l'enseignement libre par la loi Falloux. Un simple cuisinier d'évêque peut devenir professeur de rhétorique dans les écoles secondaires ecclésiastiques. (*Rires et applaudissements*).

Il est urgent et de toute nécessité que le gouvernement s'occupe de faire cesser cet état de choses et mette fin à des agissements illégaux qu'on peut réprimer avec les lois existantes. Le jour où la séparation des Eglises et de l'Etat aura été réalisée, ces dispositions perdront leur raison d'être ; mais nous ne savons pas l'heure où sans doute cette séparation pourra devenir un fait législatif, et nous avons le devoir, en attendant, de signaler cette situation intolérable au Parlement et de réclamer des mesures contre la concurrence déloyale et illégale des petits séminaires. (*Vifs applaudissements*).

Le Congrès ayant hâte d'en finir, vous me permettrez, après cet exposé sommaire de la question, de vous lire les considérants ci-après qui résument la délibération de la Commission de défense laïque :

« Le Congrès,

« Considérant que les écoles secondaires ecclésiastiques dites petits séminaires, détournées de leur rôle légal et de leur but naturel, la préparation à la prêtrise, sont devenues, au lieu de rester la pépinière des grands séminaires, des foyers d'action antiuniversitaire et des instruments de lutte contre l'enseignement de l'Etat ;

« Considérant l'importance de ces établissements, dont la population, qui, d'après les statistiques de la Commission Ribot, s'élève à 23.497 élèves, forme plus d'un tiers du contingent total des établissements religieux de tout ordre (91.140) et constitue une proportion supérieure à un quart par rapport à l'ensemble de la population des lycées et collèges (84.745) ;

« Considérant que la plupart de ces 23.497 élèves ne se destinent pas en réalité à la prêtrise et reçoivent simplement dans lesdits établissements une instruction secondaire en vue de l'obtention des grades qui donnent accès aux diverses carrières civiles ;

« Considérant que si la concurrence des établissements privés congréganistes préoccupe justement le législateur républicain, à plus forte raison celle des petits séminaires appelle, de la part du gouvernement et du Parlement, de promptes et décisives mesures ;

« Considérant, en effet, que les établissements privés ordinaires, même avec les privilèges dont les a dotés la loi Falloux, ne sont pas indirectement soutenus et subventionnés par l'Etat, comme le sont les petits séminaires, qui, à raison de leur destination spéciale, jouissent de faveurs et d'avantages exceptionnels, résultant de lois ou décrets ;

« Considérant que plusieurs d'entre eux sont installés dans des bâtiments publics mis gratuitement à leur dispo-

sition et que les écoles secondaires ecclésiastiques constituent en fait des maisons d'enseignement libre qui ne sont soumises à aucune formalité d'ouverture et à aucune surveillance universitaire ;

« Considérant, notamment, que ces écoles sont pourvues de plein droit de la personnalité civile, ce qui leur permet de recevoir des dons et legs accroissant incessamment leurs ressources et leur donnant le moyen de dispenser l'enseignement presque à titre gratuit en certains cas et dans des conditions telles que les lycées et collèges ne peuvent lutter, à armes égales, contre ces établissements favorisés ;

« Considérant que ces établissements ont, en outre, le privilège d'être exemptés des contributions foncière, mobilière et des portes et fenêtres et ne sont astreints à aucune condition de grade en ce qui concerne leurs directeurs et professeurs, pas même au minimum exigé des établissements privés par les dispositions de la loi Falloux ;

« Considérant que le gouvernement a toujours considéré que les petits séminaires n'ont droit à ces avantages qu'à la condition d'être affectés exclusivement à la préparation à la prêtrise, comme l'indiquait M. Goblet dans une circulaire du 30 septembre 1885, et comme le rappelait fermement l'un de ses successeurs en ces termes : « Le Gouvernement est décidé à exiger, comme il en a le droit et le devoir, que les petits séminaires qui tiennent de leur titre même certains privilèges et des immunités spéciales, ne sortent pas du rôle en vue duquel seuls, ces privilèges et immunités leur ont été accordés. Il n'hésitera pas, si cela est nécessaire, à retirer leur titre à ceux de ces établissements qui manifestement n'y ont plus droit » ;

« Considérant que par suite de l'inertie ou de la faiblesse de l'administration supérieure, les prescriptions de ces circulaires sont demeurées lettres mortes ;

« Considérant qu'on ne saurait tolérer plus longtemps la concurrence illégale faite par les petits séminaires aux établissements universitaires en face desquels le parti clérical s'est efforcé d'élever, partout où il a pu, lesdites écoles secondaires ecclésiastiques privilégiées comme il a été dit plus haut (il existe 146 petits séminaires, alors qu'il devrait y en avoir un tout au plus par diocèse) ;

« Considérant que la Restauration elle-même n'avait pas supporté un tel état de choses et que par les ordonnances de 1828 elle avait astreint les séminaristes de tout

ordre au port de la soutane et déclaré leurs diplômes sans valeur pour l'accession aux carrières civiles ;

« Considérant qu'en attendant la séparation des Eglises et de l'Etat il importe de ne pas se montrer moins soucieux des droits et des intérêts de la société civile au regard des petits séminaires, que la Restauration elle-même, et qu'il convient de prendre sans retard des dispositions pour faire rentrer ces établissements dans la légalité,

« Emet le vœu :

« Que le gouvernement fasse strictement appliquer la circulaire du 30 septembre 1885, et prenne des mesures efficaces pour que les petits séminaires, ramenés à leur nombre normal, observent scrupuleusement la légalité et se renferment dans la missiou religieuse pour l'accomplissement exclusif de laquelle ces établissements ont été institués,

« Que les faveurs et priviléges dont ils jouissent à divers point de vue, leur soient retirés, dans les conditions fixées par la circulaire précitée,

« Que dans le projet actuellement soumis au Sénat, la Commission sénatoriale substitue à la disposition vague et imprécise qui figure dans l'exposé des motifs du projet gouvernemental, en ce qui concerne les petits séminaires, une formule nette comportant des sanctions claires et efficaces,

« Qu'à cette laconique formule ainsi conçue, qui n'est l'objet d'aucun texte dans le dispositif de la loi, « les écoles secondaires rentreront dans le droit commun », le Parlement ajoute des dispositions formelles, notamment en vue de l'abrogation des prescriptions des lois, décrets ou décisions administratives ayant eu pour objet de conférer à ces établissements des faveurs ou priviléges à l'aide desquels ils font aux établissements d'enseignement secondaire publics une concurrence illégale véritablement intolérable. (Vifs applaudissements).

LE PRÉSIDENT. — Je mets aux voix le vœu de la Commission de l'enseignement.

Adopté.

Mes chers concitoyens, vous avez encore neuf rapports à entendre et vous êtes obligés, m'a-t-on dit, de livrer la salle dans une heure; je donne la parole à M. Buisson pour son rapport sur la séparation des Eglises et de l'Etat.

M. F. Buisson monte à la tribune, salué par les applaudissements de l'assemblée.

Citoyens, la conclusion, la forme et les raisons des deux vœux que j'ai à rapporter vous sont tellement familières, que vous m'excuserez de ne faire aucun exposé des motifs; il est déjà fait dans la pensée de chacun de vous. Avant de donner lecture de ces deux vœux, la Commission m'a chargé de remettre sur le bureau, après vous en avoir donné connaissance, un vœu particulier se rapportant à un point de détails.

Ce vœu, concernant la demande d'autorisation formée par les moines de l'Ile Sainte-Honnorat-Lérins, a déjà été adopté par le Congrès. La Commission de Défense laïque a donc satisfaction.

M. F. Buisson. — Nous abordons maintenant la lecture du vœu que votre Commission, à l'unanimité, vous présente et vous prie de revêtir de votre sanction (*Très bien*) :

« *Le Congrès,*

« *Considérant que les lois de 1790 et de 1792 ont posé le seul principe que puisse admettre une société républicaine en matière d'association religieuse — principe que la loi du 1er juillet 1901 a remis en vigueur — à savoir que l'Etat garantit la liberté à toute association qui la garantit elle-même à tous ses membres, mais qu'une congrégation est un mode de groupement essentiellement anormal, puisque, loin d'associer des personnes en vue d'accroître leur liberté, elle exige d'elles le sacrifice de tout ou partie de leurs droits naturels ;*

« *Que l'acte constitutif d'une congrégation est un contrat contraire à tous les principes de la constitution, par conséquent nul de plein droit et auquel l'Etat ne peut accorder sa sanction en autorisant légalement le fonctionnement d'une institution de servage ;*

« *Que le seul fait qu'un individu aliène un des droits inaliénables de la personne humaine en s'engageant au célibat à perpétuité, suffit pour mettre hors la loi une prétendue association qui met ses membres hors du droit commun (Applaudissements) ;*

« *Considérant que le Ministère actuel a résolument usé de ses pouvoirs pour fermer les établissements congréganistes non autorisés, pour appliquer la loi aux congrégations non autorisées, et que par là il a bien mérité du pays et de la République, mais que ces diverses mesures partielles se retourneraient contre les intentions du Gouvernement et de la majorité, si elles avaient pour effet de consolider la situation des autres congrégations beaucoup plus nombreuses et plus puissantes, qui se prévalent d'anciennes autorisations, administratives, gouvernementales ou prétendues légales ;*

« *Qu'en effet la disparition d'un certain nombre de petites congrégations fait nécessairement refluer une partie de leur personnel, de leur clientèle et de leurs ressources sur les grandes congrégations prêtes à recueillir ce surcroît d'influence ;*

« *Que le résultat de cette application de la loi, si elle s'en tenait là, serait d'avoir groupé autour d'un nombre plus restreint de congrégations puissantes toutes les forces cléricales jusqu'ici dispersées et que ce résultat équivaudrait en fait à un second concordat avec l'Église, le concordat du clergé régulier ;*

« *Emet le vœu :*

« *Que les pouvoirs publics achèvent l'œuvre commencée et lui donnent sa véritable signification en retirant, dans la forme ou législative ou administrative qui conviendra, suivant le cas, toutes les autorisations en vertu desquelles se perpétuent les congrégations dites autorisées ;*

« *Qu'en particulier des mesures soient prises d'urgence pour supprimer le plus tôt possible toutes les congrégations enseignantes, que l'Etat inscrive au nombre des dépenses nationales de première nécessité celles qu'exigera le remplacement des écoles congréganistes par des écoles laïques ;*

« *Qu'il s'applique de même à assurer par un personnel laïque tous les services d'assistance publique confiés aux congrégations hospitalières ou charitables ;*

« *Mais qu'en tout état de cause et quels que soient les délais qu'entraînera la complète disparition des congrégations, il soit, sans aucun délai, procédé à la fermeture de tous les noviciats et petits noviciats dont l'activité redouble en vue de grossir par de nouvelles recrues l'effectif congréganiste* ». (Applaudissements.)

(Ce vœu est mis aux voix et adopté).

M. F. Buisson donne lecture du vœu suivant sur la dénonciation du concordat et la séparation des Eglises et de l'Etat :

« *Le Congrès,*

« *Considérant que la liberté de conscience est là première des libertés garanties par toute constitution républicaine ; que la libre manifestation des opinions, soit religieuses, soit politiques, fait partie de droits naturels du citoyen ; que par conséquent la liberté des cultes ne s'arrête qu'au point où elle porterait atteinte à l'ordre public ;*

« *Considérant que, dans un pays où les opinions sont*

divisées, l'Etat ne doit prendre parti pour aucune ni contre aucune, et que, par suite, la reconnaissance d'une ou de plusieurs Eglises en qualité d'Eglises nationales revêtues à quelque degré que ce soit d'un caractère officiel, entretenues ou subventionnées aux frais des contribuables est en contradiction manifeste avec les principes de la démocratie et avec la Déclaration des droits de l'homme;

« *Sans d'ailleurs aborder l'examen approfondi des divers projets dont le Parlement est saisi,*

« *Emet le vœu :*

« *Que le Parlement mette à son ordre du jour, le plus prochainement possible, les projets de loi relatifs à la dénonciation du concordat et à la séparation des Eglises et de l'Etat;*

« *Qu'il élabore simultanément une loi sur l'exercice des cultes ayant pour caractères essentiels de garantir à tous les citoyens la liberté de conscience, mais en même temps de refuser à toute personne et à toute association, sous quelque prétexte que ce soit, un caractère officiel constituant à son égard une préférence ou un privilège d'ordre matériel ou moral, notamment sous la forme d'affectation exclusive ou de location privilégiée d'immeubles nationaux à un culte unique* (Très bien et applaudissements) *de mesures spéciales de police en faveur d'aucun culte* (Très bien) *ou encore de protection spéciale des Ministres du culte en dehors du droit commun, l'Etat devant garder entre tous la plus stricte et la plus égale neutralité* (Très bien);

« *Que du reste, cette loi ménage libéralement par des mesures transitoires, en ce qui concerne les personnes, le passage du régime concordataire au régime de la liberté et de l'égalité dans le droit commun* ». (Vifs applaudissements.)

(Ce vœu est mis aux voix et adopté).

Le Président. — La parole est au citoyen Caseneuve.

M. Caseneuve. — J'ai l'honneur de présenter un vœu au nom de mon excellent collègue M. Baudon et au mien, concernant l'affectation des 43 millions au budget des cultes.

« *Le Congrès du parti radical et radical-socialiste émet le vœu que les 43 millions destinés au budget des cultes et qui deviendraient libres par la séparation des Eglises et de l'Etat servent pour 30 millions à gager un emprunt de 500 millions, intérêts et amortissement compris, dont la destination exclusive servirait à concourir :*

« *1° A l'édification de Maisons de retraite et d'assistance pour les vieillards, les infirmes et les incurables ;*

« *2° A l'édification de Maisons d'écoles primaires, primaires supérieures ou professionnelles, à celle de bâtiments pour nos lycées et collèges, aussi bien que pour compléter les constructions nécessaires à l'expansion croissante de notre enseignement supérieur.*

« *Les 13 millions complémentaires figureraient au budget de l'Intérieur, à titre d'annuité, pour attribuer des pensions de retraite aux vieillards, infirmes et incurables* (Très bien !) »

Nous avons un clergé qui ne veut pas se renfermer dans son rôle et qui a concouru, avec les congrégations, à la propagande cléricale. Ses millions nous allons les employer pour la diffusion de la science et la mise en pratique de la solidarité sociale.

Il faut qu'au budget ces 43 millions figurent comme une pierre blanche marquant d'une façon mémorable la séparation des Eglises et de l'Etat (*Applaudissements*).

(Adopté).

Le citoyen FABIANI émet le vœu que les sœurs soient supprimées dans les prisons.

Ce vœu est adopté.

LE PRÉSIDENT. — La parole est au rapporteur de la Commission des finances.

Les Finances du parti

Le citoyen DECHA, rapporteur, donne lecture du rapport de la Commission chargée de la vérification des comptes du Congrès de Lyon.

« La Commission s'est réunie le 9 octobre, sous la présidence de M. Jacquier, ex-député, pour procéder à la vérification des comptes qui lui ont été soumis. »

Un rapporteur a spécialement été désigné pour procéder à la vérification du relevé des comptes de la Commission lyonnaise du deuxième Congrès annuel.

Il résulte de cet examen que les recettes se sont élevées à.. 2.713 35
Les dépenses à................................... 1.999 55

D'où un reliquat de.............................. 713 80

Sur ce reliquat, il a été engagé une dépense de 700 francs représentant l'expédition de 5,000 brochures du Congrès de Lyon.

La Commission croirait manquer à tous ses devoirs en ne vous invitant pas à adresser ses félicitations à M. Gaidon jeune, pour la façon claire dont les comptes ont été tenus et pour le dévouement dont il a fait preuve. Il lui est donc donné décharge de la gestion qui lui avait été confiée.

M. CADET, rapporteur, donne ensuite lecture du rapport de la Commission des finances qui a vérifié les comptes et la gestion financière du Comité Exécutif pour l'année 1902-1903.

Les comptes sont approuvés.

M. GILBERT-RENAUD, rapporteur du projet de budget pour l'année 1903-1904, dans un rapport très étudié, expose l'économie du projet de budget, les prévisions de ressources et de dépenses.

Ce projet du budget présenté par la Commission des finances, d'accord avec le Bureau du Comité Exécutif, est approuvé à l'unanimité.

Fixation du siège du prochain Congrès

La parole est à M. Maurice SARRAUT. — Messieurs, si je me permets de prendre la parole pour deux secondes, c'est parce que je n'aperçois pas ici celui qui serait tout naturellement désigné pour vous rendre compte de notre réunion de ces jours-ci. M. Ignace, rapporteur du règlement. Nous nous sommes réunis dès les premiers jours du Congrès à la commission du règlement ; là, nous avons soulevé la question du choix du siège du prochain congrès, et, après un échange d'observations, il a été décidé d'un commun accord qu'on proposerait au Congrès de venir à Toulouse.

Citoyens, je ne rappelle en aucune façon certains engagements qui auraient pu être tenus l'année dernière ; je reconnais que ces engagements ne peuvent rien contre votre volonté souveraine. Mais je fais appel à votre esprit d'équité et de justice, pour vous demander si vous voulez faire à cette région du Sud-Ouest, qui a soutenu tous les assauts de Méline (*Très bien*), qui a permis à notre politique de vivre et qui a donné une majorité à M. Combes ; je vous demande si vous voulez faire à nos populations républicaines, après les avoir fait attendre pendant deux ans, l'injure de renoncer à aller chez elles.

Quelques-uns de nos camarades sont sans fortune ; ils sont allés déjà à Paris et à Lyon et ils se trouvent également à Marseille ; cela leur occasionne une dépense d'au moins 200 fr.

Je vous demande de venir chez nous, vous y serez accueillis par une municipalité radicale-socialiste, et j'espère que nous y continuerons la bonne besogne que nous avons commencée (*Applaudissements*).

M. Debierre. — Je rappelle pour ceux qui n'étaient pas au Congrès de Lyon que la question du choix du siège du Congrès a été laissée à l'assemblée de Marseille. La question n'est donc pas engagée. On a prononcé, l'année dernière, en effet, le nom de deux villes ; une du Nord, Lille, une du Sud, Toulouse, pour le Congrès de 1904.

Voici ce qui s'est passé : nous avons choisi Marseille pour cette année et nous avons déclaré aussi que ce serait au Congrès de Marseille à fixer le lieu du Congrès de l'année prochaine.

J'ajoute un mot : si vous croyez juste et rationnel qu'après avoir été dans le sud de la France, en venant de Paris et de Lyon, il faille encore aller à Toulouse, sous prétexte que Marseille n'est pas dans le Midi, je m'inclinerai devant votre décision.

Mais, si, d'autre part, vous croyez juste qu'après être descendus ici, en allant du Nord au Midi, il serait plus rationnel de faire une part au nord, qui, jusqu'à présent, n'a pas été compris dans nos excursions ; si vous pensez que c'est juste et rationnel, je me permets de vous dire que tous les radicaux-socialistes de ce pays vous recevraient avec autant de chaleur que vous pouvez l'être dans le Midi de la France ; j'ajoute que vous serez reçus tous avec une cordiale sympathie et que la meilleure hospitalité vous sera réservée.

Vous avez décidé aussi, dans un de nos Congrès, qu'il était dans vos désirs et dans vos intentions de porter surtout l'action du Congrès là où était le plus manifeste le péril clérical et nationaliste (*Applaudissements*). Eh bien ! à ce sujet, il n'y a pas de doute : c'est dans le département du Nord, qui comprend près de deux millions d'habitants (*bruit*), que le péril clérical est le plus évident et le plus dangereux.

Je le répète, le Congrès est souverain. Mais si vous voulez venir à Lille, vous y serez bien reçus. Je m'en rapporte à la décision souveraine de vos délibérations.

M. Bachelar, délégué de la Charente-Inférieure. — J'ai l'honneur de vous demander de vouloir bien venir l'année prochaine à Rochefort-sur-Mer. Dans cette ville, vous trouverez une population républicaine et radicale, vous serez reçus par les républicains d'un département qui compte à l'heure actuelle au nombre de ses représentants, le chef acclamé du gouvernement, de plus, l'un des membres les plus sympathiques du cabinet. Pelletan appartient à la Charente-Inférieure ; comme son père, il est également né dans la Charente-Inférieure. Vous savez avec quel courage Pelletan soutient sans hésitation, sans peur et sans faiblesse le plus terrible combat que jamais la réaction ait livré aux républicains (*Applaudissements*).

Notre département, qui s'était illustré pendant la Révolution, avait eu la honte de tomber dans le bonapartisme le plus excessif. Il s'est ressaisi, il a une représentation exclusivement républicaine et vous devez maintenant assurer l'avenir. Vous nous y aiderez en venant à Rochefort.

D'ailleurs, vous êtes allés dans le Nord, à Paris ; dans l'Est, à Lyon ; vous êtes dans le Midi, à Marseille ; vous devez maintenant venir dans l'Ouest républicain et radical, cette forteresse de l'idée républicaine (*Applaudissements et bruit. Cris : aux voix*).

M. Maurice SARRAUT. — Je demande la priorité pour Toulouse. (*Cris divers :* Toulouse! Lille! Rochefort!)

LE PRÉSIDENT. — La priorité a été demandée pour Toulouse; je mets aux voix le nom de Toulouse pour la réunion du prochain Congrès radical et radical-socialiste.

La ville de Toulouse est adoptée comme siège du prochain congrès du parti (*Applaudissements*).

Réformes électorales

LE PRÉSIDENT. — La parole est au citoyen Hector Depasse, rapporteur de la commission des réformes électorales et administratives.

Rapport de M. Hector Depasse

Citoyens, au nom de la septième Commission, je dois vous présenter un rapport sommaire sur les réformes électorales les plus urgentes, qui nous paraissent la préface nécessaire et la condition même de ces autres réformes administratives et gouvernementales dont notre parti poursuit et poursuivra la réalisation à travers tous les obstacles qui pourront lui être opposés.

Ni la septième Commission, ni le Comité Exécutif dans

ses études préparatoires, n'ont eu un seul moment la pensée de préparer des projets de lois : ce n'est pas l'affaire de nos Congrès ; mais ce qui leur appartient en propre — et ce qui est assez digne de leur noble zèle — c'est d'indiquer l'orientation de notre grand parti, et j'allais presque dire l'idéal où tendent nos pensées républicaines radicales et radicales-socialistes.

Si l'attention du gouvernement n'est pas appelée de la manière la plus pressante sur la question électorale, au milieu de tant d'autres problèmes d'une importance capitale, nous assisterons encore une fois à un avortement et à une faillite des réformes les plus nécessaires, à la veille des élections municipales, comme on l'a vu avant les élections législatives de 1902. Et cette fois-ci la faute sera d'autant plus lourde que les abus se sont révélés plus criants et plus intolérables, dans les enquêtes parlementaires, si indulgentes qu'elles aient pu être.

Les débats ont éclairé dans plusieurs circonscriptions des vices si profonds, des habitudes électorales si déplorables, que la Chambre découragée, devant la gravité du mal, a préféré couper court à une procédure dont elle n'attendait aucun remède, aucune sanction capable de satisfaire à nos idées d'équité et au respect du suffrage universel.

Après plus de cinquante ans d'exercice du suffrage universel, que les républicains français ont les premiers proclamé, et après plus de trente années de gouvernement républicain, nous avons jusqu'à ce jour laissé le suffrage à l'état inorganique, le droit électoral à l'abandon, la liberté et la sécurité des électeurs ouvriers, principalement dans certaines campagnes, à la merci des possesseurs terriens, le pacte de la cure et du château supprimant en fait la liberté politique du prolétariat agricole et des petits fermiers ; et de cet état de choses est venue, à n'en pas douter, la plus grande partie des échecs et des déceptions que les républicains ont éprouvés dans leur victoire même. (*Applaudissements*).

Nous voulons assurer la liberté et la sécurité du vote, l'égalité de tous devant le scrutin, l'intégrité et la dignité du suffrage, autant qu'on peut l'assurer par des lois particulières, en dehors de l'influence de l'éducation politique d'une grande démocratie ; nous assurerons, disons-nous, les droits du suffrage universel, par une organisation plus sérieuse des opérations électorales, en réalisant le principe du secret du vote, comme on l'a fait depuis longtemps en d'autres pays : le modèle légal et identique du bulletin de vote et le compartiment réservé où l'électeur se retire avant le vote étant au nombre des moyens qui peuvent être employés (*Très bien !*). Nous complèterons cette organisation en mettant à l'abri de toute manœuvre dolosive le dépouillement du vote, et peut-être en le transportant au chef-lieu de canton, comme plusieurs d'entre nous le demandent.

Nous donnerons des garanties également indispensables à la liberté et à l'égalité par la limitation des dépenses électorales, dont les abus scandaleux tendent à rendre l'éligibilité illusoire aux citoyens sans fortune et finiraient par transformer la démocratie française, initiatrice de tous les progrès politiques et sociaux en une ploutocratie qui aurait pour tout idéal des sacs d'écus et des liasses de banknotes (*Très bien !*) Nous arrêterons ce fléau menaçant de dépenses, qui rejetterait véritablement hors de la cité électorale la majorité des citoyens, par l'organisation d'un mode plus équitable non seulement des bulletins, mais des affiches ; ensuite, par l'application sérieuse des lois contre les délits et les crimes électoraux de menaces, d'intimidation, de retrait d'emploi et d'ouvrage aux citoyens qui gagnent leur vie par le travail, ou de corruption et d'achat de votes au grand jour et sur le marché public, comme cela s'est pratiqué dans plusieurs circonscriptions.

Si les lois actuelles ne suffisent pas, nous demandons qu'on les renforce ; mais elles suffiraient si elles étaient appliquées ; par malheur, une négligence générale du devoir civique et une complaisance coupable pour tous les abus, et particulièrement pour les abus de l'argent, ont fait tomber ces lois en désuétude. (*Très bien !*)

Plusieurs d'entre nous demandons et proposons que les candidats, dont l'élection aurait été invalidée à la suite de tels crimes contre la souveraineté du peuple et contre la liberté des citoyens, soient frappés d'inéligibilité pour un certain temps (*Très bien ! Applaudissements*).

Ces réformes, ces garanties sont aussi nécessaires aux élections municipales qu'aux élections législatives. Nous en demandons au Gouvernement, au ministère Combes, sur lequel nous pouvons beaucoup compter — nous en demandons, par son intervention active, la réalisation immédiate, avant l'ouverture de la période électorale (*Très bien !*)

Ensuite, se présente à nous la question du mode de scrutin. Il est indéniable que les abus ont été singulièrement favorisés par le scrutin d'arrondissement ; non seulement les abus électoraux, mais aussi les abus administratifs.

La réforme administrative est intimement liée à la réforme électorale.

Tant que le scrutin d'arrondissement se perpétuera, il sera impossible de supprimer les arrondissements. qui ne répondent plus à aucun besoin, dans l'état nouveau de l'économie générale du pays, grâce aux progrès de l'industrie savante ; mais tous les progrès les plus magnifiques des sciences deviennent inutiles à la démocratie républicaine, si elle s'attarde dans une routine qui appartient au dix-huitième siècle.

L'improportionnalité des arrondissements fait que tel collège électoral, dans le Nord, par exemple, nomme un député par 20,000 suffrages, et tel autre collège par 2,000 électeurs seulement. C'est le moindre tort de ce mode de votation, dont le défaut le plus grave paraît être d'empêcher tout remaniement des services publics, d'augmenter les dépenses improductives et d'arrêter le mouvement légitime et nécessaire de la vie politique dans la nation, pour y substituer une lutte d'intérêts matériels entre les individus (*Applaudissements*).

Nous sommes convaincus que la réforme du mode de scrutin est indispensable à la rénovation de la vie politique de la démocratie ; que le mode de scrutin d'arrondissement est épuisé et se montrera de plus en plus stérile ; et que, si nous ne le renouvelons pas aujourd'hui, nous aurons perdu l'une des chances les plus favorables qui nous ait jamais été offertes par le pays.

Le système de nos départements est d'ailleurs aussi imparfait, aussi arriéré que le système de nos arrondissements. Notre carte administrative tout entière est condamnée par le développement des sciences et par le développement admirable des relations économiques. Comment la République et la démocratie pourraient-elles vivre et prendre leur vigueur dans une organisation essentiellement appropriée à la Monarchie et à l'Empire ? C'est impossible.

Un grand et noble travail sollicite les efforts de la majorité républicaine radicale et radicale-socialiste aujourd'hui au pouvoir et soutenue par l'adhésion du pays qui a mis en nous ses espérances et qui ne sera pas trompé ; ce serait de constituer un mode de circonscriptions électorales conforme à l'équité et à la nature des choses, en ne tenant compte ni des arrondissements, ni des départements ; et cette carte électorale de la France républicaine deviendrait la base d'une nouvelle carte administrative (*Bravos*).

Messieurs, on vous oppose à toute réforme un argument flatteur dont vous ferez justice ; on vous dit : « De quoi vous plaignez-vous et quelle n'est pas votre imprudence puisque votre majorité est sortie de ce système que vous voulez remplacer. »

Vous répondez que la majorité républicaine radicale-socialiste est sortie de ce système, malgré tous les abus, non à cause de ces abus ; que votre victoire est le fruit de votre patience, de votre travail et de votre sagesse soutenue pendant plus de vingt années, que vous voulez, dans cette situation victorieuse, organiser enfin l'exercice du suffrage universel, et que vous ne travaillez pas seulement en vue de vos intérêts propres et de votre génération, mais pour l'avenir républicain d'une démocratie en marche vers une forme de société meilleure (*Applaudissements*).

Messieurs, il nous a paru digne de ce grand Congrès de Marseille de proclamer ce fait d'expérience politique, c'est que notre système administratif est aussi défectueux, au sommet de l'échelle, dans l'organisation surannée de nos ministères, que dans les départements et dans les arrondissements ; lorsque nous voyons les premiers ministres successifs, les présidents du Conseil, chefs responsables de la politique, toujours si absorbés par une seule partie de leur tâche, qu'il leur est impossible d'embrasser l'ensemble de la situation et du gouvernement ; et que les uns après les autres viennent échouer sur des incidents particuliers, quelquefois sur un malentendu, sur une simple manœuvre de nos adversaires, sur un prétexte ; et obligés d'abandonner leur poste, au milieu de leur ouvrage, ne laissant derrière eux que des tronçons de politique, des lambeaux d'action, des velléités éphémères, des commencements de construction qui ressemblent presque à des ruines.

Messieurs, vous avez tout à faire ; vous avez à organiser véritablement la mise en action du suffrage universel et le gouvernement de la Souveraineté nationale ; vous ne porterez jamais trop haut vos ambitions légitimes pour le bien du pays et la grandeur de la République Française dans le monde.

Et la première condition de votre avenir politique c'est la réforme de votre régime électoral.

C'est en nous inspirant de ces considérations sociales et

de divorce sur la demande formée par l'un des époux, sans requête et par assignation à bref délai en chambre du conseil. » (*Applaudissements*).

Ce vœu est mis aux voix et adopté.

M. Maurice Faure communique quelques listes de délégués des départements qui n'avaient pas encore été données : Cher, Corse, Ille-et-Vilaine, Indre, Jura, Loire-Inférieure, Loiret, Lot, Lozère, Meuse, Morbihan, Nièvre, Haute-Savoie, Deux-Sèvres, Tarn.

Hygiène sociale

La parole est au rapporteur de la 5ᵉ Commission sur la question *Hygiène sociale* (*Cris : oh ! oh !*)

LE RAPPORTEUR. — J'en ai pour deux minutes et même moins. Je vous prie d'adopter ma proposition. Je suis rapporteur de la 5ᵉ Commission, qui a adopté à l'unanimité les conclusions du rapport sur l'Hygiène sociale. Elle a aussi voté l'impression de ce rapport ; si vous voulez bien ratifier ses propositions le projet sera mis à l'étude l'année prochaine.

Adopté.

Déclaration du Parti

M. Hector Depasse a la parole et soumet au Congrès la déclaration suivante qu'il a été chargé de préparer avec M. le Dʳ Ch. Debierre.

M. Hector DEPASSE :

Citoyens,

Le Congrès républicain de Marseille, troisième Congrès du parti républicain, radical et radical-socialiste, achève ses travaux ; son histoire est accomplie ; elle a été heureuse et glorieuse. Notre union a gardé dans le champ toujours plus large et plus fécond de nos initiatives, sa fermeté et sa verdeur des premiers jours. Surmontant sans les briser les variétés de caractère et d'opinion naturelles dans un si grand parti, elle s'est montrée capable de concentrer pendant longtemps encore toutes nos forces contre l'ennemi commun — oui, demain et après-demain et toujours — aussi longtemps que cet ennemi commun prétendra faire obstacle à notre marche en avant vers une forme de société meilleure, vers la cité future de la justice, de la paix et de la liberté pleine de l'esprit humain (*Vifs applaudissements.*)

Héritiers de la Révolution française, nous voulons la continuer, nous en reprenons les principes souverains trop souvent méconnus, altérés par un faux enseignement, et, comme c'est notre devoir et notre fonction, pour la grandeur de la France et pour l'avenir de la République démocratique, nous voulons conduire ces principes en leur obéissant, en nous y montrant fidèles jusqu'à leur épanouissement total (*Nouveaux applaudissements*).

Nous ne traçons point de limite arbitraire dans notre esprit et dans nos vues à ce développement de la Révolution française, et, si nous ne disons pas que nous voulons la mener jusqu'au bout, c'est qu'en effet il n'y a pas de bout ni d'extrémité à nos espérances et à nos ambitions pour le bonheur des peuples et pour l'affranchissement de l'humanité (*Bravos et acclamations.*)

Depuis le premier de nos Congrès, la marche en avant s'est manifestée de la manière la plus probante : la méthode est donc bonne, il faut la garder, il faut la développer. Nos idées sont dans tout le feu de l'action, notre politique est au pouvoir, dans l'activité de sa réalisation féconde. On dit que nous sommes le gouvernement : nous acceptons le mot, bien qu'il soit loin encore d'être exact ; nos responsabilités sont grandes, nous savons les devoirs qu'elles nous imposent. Nous en sentons le poids, nous nous sentons l'énergie, la volonté et la conscience nécessaires pour le porter dignement, et quoi qu'il arrive désormais, au milieu des résistances et des manœuvres, ou évidentes ou occultes, qui nous environnent, ce que nous pouvons dire, c'est que nous ne faillirons pas à nos devoirs devant la nation.

Nous avons affirmé hautement le double devoir de l'État républicain dans l'enseignement de la démocratie à tous les degrés, dans la formation entière et complète d'un régime d'instruction nationale civique, laïque, rationnel, et aussi dans la réalisation de ces pensées de solidarité humaine, qui nous émeuvent et nous passionnent (*Bravos*).

Dans ces deux sphères de notre activité — Instruction de tous les enfants de la Nation, prévoyance, assurance sociale, retraites et aide nationales aux plus faibles, aux déshérités, aux invalides du travail — nous entendons

que la République soit capable, par elle-même, de remplir
toutes ses fonctions, tous ses devoirs, sans attendre la
collaboration incertaine et souvent perfide de sociétés particulières, de corps étrangers, dont nous n'avons pas
besoin ; nous voulons la suppression de toutes les congrégations, comme l'avaient voulu et ordonné les hommes de
la Révolution française, l'abrogation immédiate de la loi
Falloux et de la loi de 1875 sur la liberté de l'enseignement
prétendu supérieur, la suppression du budget des Cultes,
la séparation des Eglises et de l'Etat, séparation absolue,
radicale de la législation et du dogme, de la politique et
de la religion, pour l'affranchissement de la conscience
nationale. pour la libre allure de l'esprit humain et pour
la véracité et la haute loyauté morale de la République
Française devant le monde moderne. Pour remplir toute sa
fonction politique et sociale dans ces deux sphères, la
République devra modifier le régime de ses impôts — non
seulement parce qu'elle aura besoin de ressources égales à
l'étendue de ces grands devoirs — mais encore parce que
ce régime de nos impôts ne répond plus à nos conceptions ni économiques ni sociales.

Les capitaux et les revenus devront combler le vide
produit dans les caisses de l'Etat par la diminution des
impôts de consommation, des taxes qui pèsent sur le
commerce et sur l'agriculture ; d'autre part, les héritages
qui sont une prime toujours grandissante aux mains de ceux
qui n'ont pas travaillé à les constituer, doivent procurer à
l'Etat républicain le surplus nécessaire pour l'accomplissement des devoirs qu'il assume et que la nation lui impose.

Les questions qui se rapportent aux destinées de l'a-
griculture dans notre pays, au sort des cultivateurs, des
fermiers et du prolétariat agricole — vraie et première
force de la terre française, espérance de la nation — ainsi
que les problèmes concernant l'outillage de nos ports,
notre navigation intérieure, le régime de nos voies ferrées,
tout cet ensemble si vaste de considérations a occupé la
plus large place dans le Congrès de Marseille.

Le Congrès estime que le Parlement ne saurait attacher
trop d'importance à la réforme électorale, qu'il est nécessaire de la réaliser dans le plus bref délai possible,
avant les élections municipales du mois de mai prochain,
pour garantir la liberté et la sécurité du vote et assurer la
dignité du suffrage universel.

Trop de défaillances parmi les fonctionnaires, et notamment parmi les magistrats, ont ému l'opinion républi-

caine. La République a le droit d'exiger de ceux qui la servent et qu'elle paye, la plus entière loyauté et une fidélité à toute épreuve. Nous nous étonnons à ce point de vue du maintien en fonctions d'un grand nombre de préfets de la République qui sont mieux disposés peut-être pour la réaction que pour le service du pays.

Dans l'armée, la discipline est absolument nécessaire. Mais si les simples soldats sont tenus à cette discipline, le sentiment de la justice et de l'égalité ainsi que l'intérêt supérieur du pays commande que les chefs, officiers supérieurs et généraux qui leur doivent l'exemple, soient les premiers soumis impérieusement à cette même discipline.

Nous sommes à peine au commencement de notre œuvre politique et sociale, nous voulons la République républicaine. Nous nous en fions au suffrage universel, éclairé par les expériences du passé; nous nous en fions au développement continu de la souveraineté du peuple. La République a été faite pour la justice, pour la paix et pour le bonheur non pas seulement de quelques privilégiés, mais de tous les hommes, de toutes les familles et de l'universalité de la nation. (*Vifs applaudissements.*)

Nous nous glorifions à bon droit d'avoir fondé la République trentenaire, désormais inébranlable, victorieuse de tous les assauts de ses ennemis, et d'avoir ainsi réalisé un événement historique, sans exemple et sans précédent, fruit original du génie de la France; — et cependant, lorsque ces réformes seront accomplies, lorsque la séparation des Eglises et de l'Etat sera faite, lorsque les conditions essentielles de la justice, de la liberté et de la paix auront été garanties, c'est alors que nous croirons seulement avoir fondé la République en fait et en vérité. *(Acclamations prolongées.)*

Allocution de M. Henri **BRISSON**

Citoyens,

La troisième session du Congrès du parti républicain radical et radical-socialiste va se clore, elle est close. Je vous exprime mes regrets d'avoir pris une si faible part à vos travaux, retenu que j'étais par une indisposition.

A l'expression de mes regrets, j'ajoute mes remerciements au Congrès tout entier, qui a bien voulu me nommer président dans deux séances. Je voyais tout à l'heure et je cherche mon ami Berteaux (*M. Berteaux se montre*) ; je le remercie de s'être fait ici l'interprète de sentiments qui m'ont touché, lui qui porte si brillamment et tout seul, dans le département de Seine-et-Oise, le drapeau de la République (*Vives acclamations.* Cris : *Vive Berteaux !*)

Dès que le compte rendu de votre première séance m'est arrivé, j'ai remarqué que le premier besoin éprouvé par le Congrès du parti radical et radical-socialiste avait été d'envoyer au Gouvernement, et à son chef vaillant, le citoyen Combes, ses félicitations pour la façon dont il sert la République démocratique et laïque (*Nouvelles acclamations*).

Il y a un mois à peine, Marseille recevait M. Combes avec enthousiasme ; tout à l'heure en recevant la poignée de main de M. de Kerguézec, conseiller général de Tréguier, je me rappelais qu'au moment où nous défilions dans cette ville, sur cette terre de Bretagne où l'on avait annoncé que le chef du Gouvernement recevrait des pommes cuites, il n'avait plu de toutes les fenêtres que des acclamations et des fleurs (*Bravos*).

Aujourd'hui, sans doute, certainement, l'Auvergne républicaine salue de nouveau le chef du Gouvernement, c'est-à-dire la République agissante au nom du peuple français (*Vifs applaudissements*).

Ici, dans ces congrès, se soudera cette alliance entre toutes les fractions du bloc républicain, que l'on a, je ne sais pourquoi, essayé de ridiculiser. Ce mot de bloc est en effet très heureusement choisi.

Oui, il y a quatre ou cinq ans, nous éprouvions encore le besoin de nous unir pour résister à l'ennemi plus solidement et plus vaillamment que jamais ; nous avons composé ainsi, entre radicaux, radicaux-socialistes et socialistes républicains restés fidèles à la cause de la Révolution, un métal plus dur que l'airain et qui ne se dissoudra pas (*Vives acclamations.*)

La mission dont vous nous chargez, dont vous chargez vos élus est certainement de veiller sur cette union qui a fait et fera le salut de la République ; nous accomplirons cette mission sans faiblesse et nous reviendrons l'année prochaine, à Toulouse, constater les nouveaux progrès de la démocratie (*Ovation*).

Cris : Vive Brisson ! Vive la République !

La séance est levée, à 11 heures, aux cris répétés de : Vive la République !

DÉPARTEMENTS	DÉLÉGUÉS
	MM.
Ain	Pierre Goujon, conseiller général de l'Ain.
	Francisque Girard, conseiller général de l'Ain.
	Curtil, président de la Fédération de Bourg.
Aisne	Paul Doumer, député.
	Magniaudé, député.
	Morlot, député.
	Durozoy, publiciste, à Château-Thierry.
	Piermé, publiciste, à Paris.
	Gras-Brancourt, à Laon.
Allier	Régnier, député.
	Delarue, député.
	Péronneau, député.
	A. Givois, conseiller général à Vichy.
	Docteur Cahen, à Vichy.
	Bournet, pharmacien, à Vichy.

DÉPARTEMENTS	DÉLÉGUÉS
	MM.
Alpes (Basses)..... .	Hubbard, député.
	François Rey, négociant à Manosque.
Alpes (Hautes)	Euziére, député.
	Victor Peytral, conseiller général des Hautes-Alpes.
Alpes-Maritimes	Julian, médecin-vétérinaire, à Nice.
	Dufrêne, publiciste, à Nice.
	Grangeon, à Puget-Théniers.
	Ghilini, publiciste, à Nice.
Ardèche.... .	Astier, député.
	Albert Le Roy, conseiller général de l'Ardèche.
	Isidore Cuminal, à Paris.
	Chabannes, négociant, à Paris.
Ardennes	Meunier, directeur du *Petit Ardennais*, à Charleville.
	Vaulet, industriel, à Revin.
Ariège	Delpech, sénateur.
	Tournier, député.
	Steeg, professeur agrégé de l'Université, à Paris.
	Merle, avocat, à Paris.

Aube................	Arbouin, député. Charonnat, député. Bachimont, député.
Aude...............	Sauzède, député. Albert Sarraut, député. Maurice Sarraut, de la *Dépêche de Toulouse*, à Paris. Vitalis-Brun, à Carcassonne.
Aveyron.............	Fabre, maire de Villefranche-de-Rouergue. Belmon, président de l'Association laïque, à Rodez. Cabanac, publiciste, à Rodez. Parayre, secrétaire du Comité radical de Villefranche-de-Rouergue.
Bouches-du-Rhône..	Leydet, sénateur. Henri Brisson, député. Henri Michel, député. Estier, conseiller général, à Marseille. Victor Jean, conseiller général, à Marseille. Le Blanc, président de la Fédération Marseillaise. Girard, adjoint au maire de Salon. Billès, à Marseille.
Calvados...........	Franklin-Bouillon, publiciste, à Paris. Gustave Strauss, publiciste, à Paris. François Combes, à Charenton (Seine). Nœth, à Paris.

DÉPARTEMENTS	DÉLÉGUÉS
	MM.
Calvados (*Suite*).....	Mathieu, à Paris.
	Gournay, à Paris.
Cantal..............	Linthilac, sénateur.
	Hugon, député.
	Rigal, député.
	Emile Martin, à Paris.
Charente	Jarton, ancien conseiller général, à La Rochefoucauld.
	Burot, ingénieur, à La Varenne-St-Hilaire (Seine).
	Louis Roger, négociant, à Jarnac.
	Dereix, à Paris.
Charente-Inférieure.	Braud, député.
	Réveillaud, député.
	Marianelli, maire de Rochefort-sur-Mer.
	Jaumier, adjoint au maire, à Rochefort-sur-Mer.
	Giron, adjoint au maire, à Rochefort-sur-Mer.
	Bachelar, à Rochefort-sur-Mer.
Cher	Pauliat, sénateur.
	Girault, sénateur.

Cher (*suite*).........	DEBEAUNE, député.
	CANNIER, maire de Saint-Satur.
	MITTERAND, à Bourges.
	GÉRARD-DUCREUX, à Paris.
Corrèze	TAVÉ, député.
	BUSSIÈRE, député.
	DELMAS, député.
	DE SAL fils, avocat, à Paris.
Corse..............	MALASPINA, député.
	BARTOLI, conseiller municipal, à Propriano.
	STRETTI, entreposeur de tabacs, à Bastia.
Côte-d'Or	Docteur TAINTURIER, conseiller général, à Dijon.
	Jules SENNE, président du Comité radical de Précy-sur-Thil.
	Fernand MICHAUD, à Châtillon-sur-Seine.
Côtes-du-Nord......	Docteur BAUDET, député.
	De KERGUÉZEC, conseiller général de Tréguier.
	Docteur BOYER, directeur du *Réveil*, à Saint-Brieuc.
	Armand DAYOT, à Paris.
	RORET, à Saint-Maur (Seine).
	SARRAN, avocat, à Paris.
Creuse.	DEFUMADE, député.
	SIMONET, député.
	CHATAIGNON, à Paris.

DÉPARTEMENTS	DÉLÉGUÉS
	MM.
Creuse (*suite*)	André Tessier, homme de lettres, à Paris.
Dordogne	Sireyjol, député.
	Dubois, maire de Bourg-du-Bost.
	Puppo, percepteur, à Sainte-Aulaye.
	Lasserre, huissier, à Mussidan.
Doubs	Beauquier, député.
	Léon Janet, député.
	Elysée Cusenier, maire d'Etalans.
	Thourot, maire de Montbéliard,
Drôme	Maurice Faure, sénateur.
	Charles Chabert, député.
	Puissant, conseiller d'arrondissement, à Montélimar.
	Nestor Barbier, président du Comité radical d'Alixan.
Eure	Gros-Fillay, conseiller général, à Nonancourt.
	Abel Lefèvre, conseiller général, à Evreux.
	Quérité, président du Conseil d'arrond^t d'Evreux.
	Coudevillain, conseiller d'arrondissement.
	Sourbelle, à Evreux.

Eure-et-Loir........	PEIGNÉ, conseiller d'arrondissement, à Bonneval.
	BOISANFREY, conseiller d'arrondissement, à Dreux.
	OULIF, à Dreux.
	JOUANNEAU, avocat, à Paris.
Finistère...........	ISNARD, député.
	LE BAIL, député.
	AUBERTIN, publiciste, à Dijon (Côte-d'Or).
	Myrtil STIRN, avocat, à Paris.
	Charles PHILIPPE, avocat, à Paris.
	VIGNOT, capitaine de frégate, en retraite.
Gard...............	BONNEFOY-SIBOUR, sénateur.
	DESMONS, sénateur.
	POISSON, député.
	CROUZET, maire de Nîmes.
	Jules BOSC, conseiller général, à Nîmes.
	MARTEL, avocat, à Paris.
Garonne (Haute)....	Raymond LEYGUE, député.
	BEPMALE, député.
	MARROT, conseiller d'arrondissement, à Toulouse.
	SARRAUTE, conseiller d'arrondissement, à Toulouse.
	Docteur GARRÈS, maire de Launac.
	CAZASSUS, adjoint au maire de Saint-Gaudens.
Gers...............	DESTIEUX-JUNCA, sénateur.
	LATERRADE, sénateur.

DÉPARTEMENTS	DÉLÉGUÉS
	MM.
Gers (*Suite*)..........	DELIEUX, maire de Monferrau-Savès.
	LUCCIARDI, rédacteur en chef de l'*Eclaireur*, à Auch.
Gironde..............	Docteur DUPEUX, conseiller d'arrond^t, à Bordeaux.
	Laurent SENS, conseiller municipal, à Bordeaux.
	ROUSSIE, conseiller d'arrondissement, à Bordeaux.
	DERIVAUD, adjoint au maire de Bordeaux.
	Jean BORDES, ancien conseiller général, à Bordeaux.
	PALENGAT, vice-président du Comité radical du 4ᵉ canton à Bordeaux.
	SARRAUTE, président d'honneur du Comité radical du 3ᵉ canton de Bordeaux.
	LAVILLE, secrétaire du Comité radical du 2ᵉ canton de Bordeaux.
	PINEL, président du Comité radical de Talence.
	MOLINA, du *Cercle Voltaire* de Bordeaux.
	LAFFERRE, député.
Hérault..............	MAS, député.
	Jules CAUBY, maire de Florensac.

Hérault *(Suite)*......	Paul Ravoire, à St-Paul-Trois-Châteaux.
	Gariel, directeur du *Petit Méridional*, à Montpellier.
	Railhac, maire de Lodève.
Ille-et-Vilaine......	Brune, maire de Pleine-Fougère.
	Jouhanneaud, à Paris.
	Hervoche, maire de Lantrelin.
Indre.............	Alban David, député.
	Bellier, député.
Indre-et-Loire......	Pic-Paris, sénateur.
	Tiphaine, député.
	Arrault, directeur de la *Dépêche de Tours*.
	Brizard, à Tours.
Isère.........	Chenavaz, député.
	Rajon, député
	Vallier, conseiller général, à Grenoble.
	Fernand Dutruc, conseiller général.
	Bergès, ingénieur, à Lancey-Villard.
	Docteur Dufour, à Grenoble.
Jura...............	Mollard, député.
Landes............	Bourceret, publiciste, à Paris.
	Henry Bérenger, directeur de l'*Action*, à Paris.
	Soubabère.
	Fabius de Champville, publiciste, à Paris.
Loire.............	Riocreux, conseiller municipal, à Firminy.

DÉPARTEMENTS	DÉLÉGUÉS
	MM.
Loire (*Suite*)........	DELASALLE, à Saint-Etienne.
	DUPORT, à Saint-Bonnet-le-Château.
	Marcel BERNARD, à Paris.
Loire (**Haute**).......	JOUBERT-PEYROT, conseiller d'arrondissement, à Tence.
	Paul MALLAT, avocat, à Brioude.
	LEDRU, à Paris.
	BOUQUET, à Paris.
Loire-Inférieure....	SALIÈRES, directeur du *Populaire*, à Nantes.
	GRIVEAUD, maire de Chantenay.
Loiret..............	Fernand RABIER, député.
	VAZEILLE, député.
	GUINGAMP, député.
	ANDREU, à Orléans.
Lot.....	COCULA, sénateur.
	Pierre CABANES, à Salviac.
	Paul DEGOUY, rédacteur au *Voltaire*, à Paris.
	Elie MALBEC, à Paris.
Lot-et-Garonne......	DAUZON, député.

Lot-et-Gar. (*suite*)...	Léo Meillet, ancien député, à Marmande.
	Lagasse, ancien député, à Paris.
	Montmayraut, à Agen.
Lozère...............	Jourdan, député.
Maine-et-Loire......	Bichon, député.
	Peton, maire de Saumur.
	Milon, conseiller général, à Saumur.
	Roland, directeur du *Courrier de Saumur*.
	Jagot, directeur du *Patriote de l'Ouest*, à Angers.
	Renard-Rouvert, à Nogent-s-Marne (Seine).
Manche............	Docteur Bourgogne, à Cherbourg.
	Dumoncel, adjoint au maire, à Octeville.
	Le Tréguilly, publiciste, à Avranches.
	Cavron, horticulteur, à Cherbourg.
	Ringard. négociant, à Cherbourg.
	Bellanger, à Paris.
Marne..............	Georges Dailly, directeur de l'*Eclaireur de l'Est*, à Reims.
	Gaillemain, notaire, à Epense.
	Charles Arnould, maire de Reims.
	Pozzi, adjoint au maire de Reims.
	Haudos, avocat, à Paris.
	Charles Bernard, industriel, à Châlons-sur-Marne.
Marne (Haute).......	Bizot de Fonteny, sénateur.
	Dutailly, ancien député, à Paris.

DÉPARTEMENTS	DÉLÉGUÉS
	MM.
Marne (Haute) (*Suite*)	Docteur MILLÉE, à Paris.
	PERCHERON, président du comité radical d'arrondisse-ment de Wassy.
Mayenne............	Docteur JULIA, à Paris.
	DOMINIQUE, fils, avocat, à Paris.
	GUY, avocat, à Paris.
	Léon RICHARD, à Paris.
Meurthe-et-Moselle..	CHAPUIS, député.
	BERNARDIN, juge de paix, à Pont-à-Mousson.
	Jean GRILLON, avocat, à Nancy.
	Louis GÉRARD, avocat, à Nancy.
Meuse.........	Pol CHEVALLIER, maire de Longeville.
	LAURENT, vétérinaire, à Bar-le-Duc.
Morbihan...........	GUIEYSSE, député.
	JABOB, ancien député.
	TALVAS, à Lorient.
	MARTINE, avocat, à Vannes.
Nièvre...............	PETITJEAN, sénateur.

Nièvre (*Suite*)	Massé, député.
	Goujat, député.
	Nuguet, conseiller d'arrondissement, à Luzy.
	Docteur Brouillet, conseiller général, à Dornes.
	Victor Guéneau, à Nevers.
Nord..............	Maxime Lecomte, sénateur.
	Defontaine, député.
	Lepez, député.
	Dehove, président du conseil d'arrond^t, à Preux-au-Sart.
	Duflot, conseiller d'arrondissement, à Somain.
	Wilmot, conseiller général, à Sin-le-Noble.
	Leleu, conseiller municipal, à Lille.
	Vandenbroucque, maire de Bourbourg.
	Docteur Charles Debierre, à Lille.
	Fanyau, à Lille.
	Cliquennois, à Lille.
	Mourmant, à Lille.
	Herlemont, à Le Quesnoy.
	Brizzolara, négociant, à Somain.
	Ernest Gamelin, président de la *Ligue républicaine*, à Estaires.
	Degoix, ingénieur, à Lille.
	Vasseur, négociant, à Lille.
	Hayem, à Lille.

DÉPARTEMENTS	.	DÉLÉGUÉS
		MM.
Oise...............		Baudon, député.
		Chopinet, ancien député, maire de Crépy-en-Valois.
		Dupuis, conseiller général, aux Ageux.
		Félix, adjoint au maire de Noyons.
		Renard, délégué cantonal, à Ferrières.
Orne..............		André, directeur de l'*Avenir de l'Orne*, à Alençon.
		Fourbet, conseiller municipal, à Mortagne.
		Docteur Bagourd, conseiller municipal, à Argentan.
		Docteur Lévy, à Gacé.
Pas-de-Calais......		Mill, député.
		Emile Lemaître, conseiller général, à Boulogne-sur-Mer.
		Georges Robert, rédacteur en chef du *Progrès du Nord*, à Lille.
		Sevin, à Arras.
		Courageux, négociant, à Arras.
		Lefranc, publiciste, à Sceaux-Robinson (Seine).
		Lecouffre, fils, à Lillers.
		Mériat, architecte, à Berck-sur-Mer.

Pas-de-Calais (*suite*).	Georges BODEREAU, directeur de la *Dépêche de Rouen*.
	Henri SALLES, à Montrouge (Seine).
Puy-de-Dôme.......	B. NOURRISSON, à Pèghes, par Job.
	Docteur BLATIN, à Paris.
	JACQUIER, avocat, à Paris.
	LOUISIER, à Paris.
	BOUCHERON, à Paris.
	Joseph SALLES, à Joinville-le-Pont (Seine).
Pyrénées (Hautes)...	PÉDÉBIDOU, sénateur.
	DASQUE, député
	FITTE, député.
	FRILET, conseiller général, à Luz-Saint-Sauveur.
Pyrénées (Basses)...	D'IRIART D'ETCHEPARE, député.
	CABANNES, à Pau.
	MONSIS, à Pau.
	Charles PHILIPPE, avocat, à Paris.
	FABIANI, avocat, à Paris.
	MOURGEON, à Paris.
Pyrénées-Orientales.	Elie DELCROS, sénateur.
	BOURRAT, député.
	Marcel HUART, rédacteur en chef de *La République*, à Perpignan.
Rhin (Haut)........	Charles SCHNEIDER, député.
	Laurent THIERRY, réd. en chef de *La Frontière*, à Belfort.

DÉPARTEMENTS	DÉLÉGUÉS
	MM.
Rhône...............	GENET, député.
	CAZENEUVE, député.
	BRUNARD, député.
	Docteur Jean LÉPINE, à Lyon.
	JACQUET, à Lyon.
	CADET, à Lyon.
	BLEIN, receveur-buraliste, à Régnié.
	Camille MICHAUD, chimiste, à Villefranche.
	PONTEILLE, à Châtillon-d'Azergues.
	Philibert DAILLOUX, à Belleville-sur-Saône.
Saône (Haute).......	René RENOULT, député.
	Edouard SCHWOB, conseiller général, à Héricourt.
	SIMONNET, à Champlitte.
Saône-et-Loire......	MAGNIEN, sénateur.
	F. DUBIEF, député.
	PETITJEAN, député.
	SIMYAL, député.
	PROTAT, conseiller général, à Mâcon.

Saône-et-Loire (*suite*)	Myard, conseiller général, à Buxy.
	Richard, avocat, à Chalon-sur-Saône.
	Poirson, imprimeur, à Autun.
Sarthe	Postel, conseiller municipal du Mans, à Nantes.
	Ajam, conseiller général, au Mans.
	Pailhoux, à Paris.
	Chéradan, à Paris.
	Chesseron, à Paris.
	Mourgeon, à Paris.
Savoie	Chambon, député.
	Ferdinand Dolin, président du comité rép. de Chambéry.
	Gaide, président de l'*Espérance Savoisienne*, à Chambéry.
	Bailly, publiciste, à Chambéry.
Savoie (Haute)	Fernand David, député.
	Berthet, député.
	Ferrero, conseiller municipal, à Annecy.
	Charrières, avoué, à Saint-Julien-en-Génevois.
Seine	Tuillier, sénateur.
	Charles Bos, député.
	Ferdinand Buisson, député.
	Féron, député.
	Gervais, député.
	Edouard Lockroy, député.
	Maujan, député.

DÉPARTEMENTS	DÉLÉGUÉS
	MM.
Seine (*Suite*)	Messimy, député. Louis Puech, député. Achille, conseiller général. Bellan, conseiller général. Blanchon, conseiller général. Brenot, conseiller général. Chérioux, conseiller général. Mossot, conseiller général. Patenne, conseiller général. Ranson, conseiller général. Henri Rousselle, conseiller général. Jaunet, conseiller d'arrondissement. Mascuraud, président du comité républicain du commerce et de l'industrie. Hector Depasse, publiciste. Léon Francq, ingénieur. Bergougnan, publiciste. Chabannes, négociant.

Seine (*Suite*)........ .	Ferdinand CAHEN, négociant.
	Lucien LE FOYER, avocat.
	J.-B. MORIN, professeur.
	BELLANGER, négociant,
	ELIE-MANTOUT, négociant.
	Armand CHARPENTIER, homme de lettres.
	Edouard IGNACE, avocat.
	A. BERTHELOT, ancien député.
	QUÉROY.
	VERGLAS.
	RENEUX, dessinateur.
	Louis BONNET, publiciste.
	Charles LEBOUCQ, avocat.
	Edmond STRAUSS, publiciste.
Seine-et-Marne......	Louis GIROD, député.
	Emile CHAUVIN, député.
	Louis MÉNARD, conseiller municipal, à Coulommiers.
	RÉMY Frère, à Paris.
Seine-et-Oise........	BERTEAUX, député.
	Eugène LE ROY, maire de Rosay.
	Paul FALOT, président de la Fédération de Seine-et-Oise, à Rueil.
	MONNIER-DUCASTEL, à Neuilly-sur-Seine (Seine).

DÉPARTEMENTS	DÉLÉGUÉS
	MM.
Seine-et-Oise *(Suite)*.	Rochefort, à Boulogne (Seine).
	Lemoine-Rivière, à Paris.
	Génevois, à Paris.
	Gustave Lefèvre, avocat, à Paris.
Seine-Inférieure.....	Gaudel, maire de Saint-Étienne-du-Rouvray.
	Bénard, conseiller municipal, à Pavilly.
	Gustave Cahen, avoué, à Paris.
	Denis Guillot, conseiller général, au Havre.
	Léonce Petit, au Havre.
	Emmanuel Foy, maire d'Yport.
	Lenormand, à Rouen.
	Loyer, à Neuville-les-Dieppe.
	Vernay, à Dieppe.
	Cléré, à Dieppe.
Sèvres (Deux).......	Gentil, député.
	Rougier, député.
	Ménard, maire de Thouars.
Somme..............	Klotz, député.

Somme (*Suite*).......	Fiquet, député.
	Archain, conseiller général de la Seine.
	Gouverneur, à Amiens.
	Tilloy, maire de Bresle.
Tarn....	Gouzy, député.
	Andrieu, député.
	Vieu, maire de Castres.
Tarn-et-Garonne....	Sénac, député.
	Capéran, député.
Var.....	Louis Martin, député.
	Docteur Aubin, conseiller général, à Cuers.
	Georges Jourdan, avocat, à Toulon.
	Fassy, banquier, à Barjols.
Vaucluse...........	Béraud, sénateur.
	Coulondre, député.
	Vialis, député.
	Edouard Ignace, avocat, à Paris.
Vendée............	Guillemet, conseiller général, à Fontenay-le-Comte.
	Batiot, ancien député, maire de Talma.
	Gigot, avocat, à Paris.
	Henry Bérenger, directeur de l'*Action*, à Paris.
	Maximillien Foy, à La Roche-sur-Yon.
	Laplaud, à *La Garenne-Colombes* (Seine).

DÉPARTEMENTS	DÉLÉGUÉS
	MM.
Vienne............	GODET, député.
	VALLET-DÉCHERAT, conseiller municipal, à Poitiers.
	Guillaume POULLE, conseiller général, à Paris.
	A. LACROIX, conseiller municipal de Béruges.
Vienne (Haute)......	TOURGNOL, député.
	NOILLER, directeur du *Petit-Centre*, à Limoges.
	Félicien PARIS, avocat, à Paris.
	BRULPORT, à Paris.
	ROUX, conseiller général, à Limoges.
	BALANS, au Parc-Saint-Maur (Seine).
Vosges....	LARDIER, conseiller général, maire de Rambervillers
	Camille DUCEUX, maire de Saint-Dié.
	GILBERT-RENAUD, à Epinal.
	A. LAPICQUE, vétérinaire, à Epinal.
	GÉRARD, à Saint-Dié.
	ESCHENBREMER, à Gérardmer.
Yonne....	COLLINOT, sénateur.

| **Yonne** (*Suite*)........ | Bienvenu MARTIN, député.
JACOB, maire de Tonnerre.
LENOIR, président du conseil d'arrond[t], à St-Florentin. |

ALGÉRIE

Alger..............	GÉRENTE, sénateur. THIVET-HANCTIN, maire de Saint-Denis (Seine). SILVY, avocat, à Paris. TAFFONNEAU, à Paris. LAMBERT, avocat, à Paris.
Constantine.........	AUBRY, député. Paul CUTTOLI, conseiller général, à Constantine. Jules CUTTOLI, avocat, à Constantine. BERTRAND, présid[t] de l'*Emancipation d'Hippone*, à Bone.
Oran	César TROUIN, député. André SALIÈRES, secrétaire du comité radical, à Oran. Francis MATHIEU, à Paris. MÉNUDIER, président du comité radical, à Oran. LAURENT, trésorier du comité radical, à Oran.

DÉPARTEMENTS	DÉLÉGUÉS
	## COLONIES
	MM.
Cochinchine.........	Deloncle, député.
	Loisy, à Viré-les-Mâcon.
Martinique	Clément, député.
	Blumenthal, avocat, à Paris.
Inde française.......	Henrique Duluc, député.
	Marini, à Paris.
	Georges Coulon, à Paris.
Guyane	Ursleur, député.
	Malesset, juge au Tribunal de commerce de la Seine.
Guadeloupe	Cicéron, sénateur.
	Gerville-Réache, député.
	Philippe Henry, publiciste, à Neuilly-sur-Seine (Seine).
	Louel, à Lorient.
Sénégal	Carpot, député.
	Laplanche, publiciste, à Paris.

TABLE DES MATIÈRES

PREMIÈRE SÉANCE

DEUXIÈME SÉANCE

TROISIÈME SÉANCE

QUATRIÈME SÉANCE

CINQUIÈME SÉANCE

SIXIÈME SÉANCE

SEPTIÈME SÉANCE

Alençon. — Imprimerie Veuve Félix GUY et Cⁱᵉ.

BROCHURES DE PROPAGANDE

Alençon. — Imp. Vve Felix Guy et Cie, 11, rue de la Halle-aux-Toiles.